汽车顾问式销售

主　编　孙丽君　郑善亮　张东芹
副主编　王慧君　李维营
参　编　张　婕　单一窍　刘成好
　　　　苏　青

北京理工大学出版社
BEIJING INSTITUTE OF TECHNOLOGY PRESS

内 容 简 介

本书针对高等院校学生，从高职应用型、技能型人才培养出发，贯彻立德树人理念，以培养优秀的销售顾问为目标，工学结合，培养学生可持续发展的能力和职业迁移能力。

本书根据汽车销售顾问岗位职责，以汽车销售流程为主线，分为七大项目，17 个任务，盖了汽车销售所有业务。同时，教材从社会主义核心价值观出发，融合中华传统文化，融合吃苦耐劳、精益求精的工匠精神，融合职业素养，将课程思政融入课程特色模块及学习拓展。并以习近平主席对青年一代勤学、修德、明辨、笃实的期待为奋斗目标，建设教师寄语思政资源，树立学生正确的价值观。

任务从职场问题导入开始，通过任务分析—学习目标—任务准备—任务实施—任务评价—任务小结—任务巩固—任务创新—学习拓展—自我分析与总结 10 个环节，有效完成任务学习及检测，每个项目最后有项目成果检测工单。

任务实施结合 1+X 证书-汽车营销评估模块标准，确定本次任务的实施要点及标准，教材盖含案例分析、知识应用、自主学习资源、学习引导、创新创业、立德树人六个特色版块，强化实施过程，完成任务。任务评价从过程评价、结果评价完成对知识、技能、素质的全面考核，实现不可视指标可评价化。

图书在版编目（CIP）数据

汽车顾问式销售 / 孙丽君，郑善亮，张东芹主编
. --北京：北京理工大学出版社，2022.10
ISBN 978-7-5763-1778-7

Ⅰ. ①汽…　Ⅱ. ①孙…　②郑…　③张…　Ⅲ. ①汽车-
销售　Ⅳ. ①F766

中国版本图书馆 CIP 数据核字（2022）第 195542 号

出版发行 / 北京理工大学出版社有限责任公司
社　　　址 / 北京市海淀区中关村南大街 5 号
邮　　　编 / 100081
电　　　话 / (010) 68914775（总编室）
　　　　　　 (010) 82562903（教材售后服务热线）
　　　　　　 (010) 68944723（其他图书服务热线）
网　　　址 / http://www.bitpress.com.cn
经　　　销 / 全国各地新华书店
印　　　刷 / 三河市龙大印装有限公司
开　　　本 / 787 毫米×1092 毫米　1/16
印　　　张 / 19
字　　　数 / 440 千字
版　　　次 / 2022 年 10 月第 1 版　2022 年 10 月第 1 次印刷
定　　　价 / 89.00 元

责任编辑 / 钟　博
文案编辑 / 钟　博
责任校对 / 周瑞红
责任印制 / 李志强

前　言

　　本书针对汽车销售顾问这一岗位，以培养优秀的汽车销售顾问为目标，以4S店培养汽车销售顾问为模式，注重培养学生可持续发展的能力和职业迁移能力，按照汽车销售流程的主线，将新入职汽车销售顾问存在的职场问题作为导向，把汽车销售顾问所应具备的知识、技能和素质融入教材内容。本书共分为客户开发与管理、展厅接待、需求分析、车辆展示、试乘试驾、报价成交、交车与售后服务七大项目，涵盖了汽车销售的所有业务。

　　本书具有以下几个特点。

　　（1）结构活。校企联合开发，项目来源于岗位一线，以企业真实生产项目、典型工作任务为载体进行设计，并将汽车销售中的岗位标准、1+X标准、汽车营销大赛标准、人才培养标准，四标有机融合，有针对性地加强学生职业能力的培养和素质的养成，保持教学内容的先进性和适用性。

　　（2）精神活。思政案例突出立德树人，教材内容从社会主义核心价值观出发，融合中华传统文化、吃苦耐劳、精益求精的工匠精神以及职业素养，"润物细无声"地将课程思政融入课程特色模块及学习拓展。以习近平主席对青年一代勤学、修德、明辨、笃实的期待为目标，通过思政案例实现对学生的价值引领，并使学生通过扫描"教师寄语"二维码，树立正确的价值观。

　　（3）空间活。立体化资源丰富，二维码包含知识准备、技能提升、任务巩固、资源拓展等多维资源，将数字资源与纸质教材通过微视频、动画等二维码关联，与数字化教学平台关联，线上线下互通互补，给学生学习提供极大的便利。

　　（4）形式活。一个项目就是一个完整的技能训练过程，可根据实际教学实训需要将教材内容抽出或加入新书页，且学习任务结构灵活，通过接受任务、任务分析、任务实施、任务评价、任务小结、任务巩固、任务创新、学习拓展、自我分析与总结、

全环节有效完成任务学习及检测，学生根据所学，随时记笔记及纠错。

（5）内容活。将企业真实案例引入教材，可以不断更新内容，从而使学生接触最新技术前沿。在任务实施中，根据任务要求，结合 1+X 证书–"汽车营销评估与金融保险服务技术"模块对技术和知识的要求标准，确定任务的实施要点及标准，在实施要点中融入案例分析、知识应用、自主学习资源、提示引导、创新创业等特色版块，以提示、引导、应用、思路拓展、提升素养等方式强化实施过程。

编　者

目　录

项目一　客户开发与管理

 项目导读

　　客户开发是销售的起点，也是汽车销售的入口。怎样开发潜在客户？怎样管理客户？怎样电话拜访潜在客户？这一系列问题会很自然地摆在每一位汽车销售顾问的面前。本项目主要解决潜在客户的开发及管理相应问题，这也是汽车销售顾问在汽车销售领域站住脚，在汽车销售方面获得成功的前提条件。

 项目目标

　　(1) 根据客户开发的方法，能准确地选择开发客户的渠道。
　　(2) 针对到店客户，进行客户信息记录及筛选，能对客户进行有效管理。
　　(3) 按照电话礼仪，能够有效邀约客户到店。

 项目实施

　　有效的客户开发能不断地为自己积累大量的客源，客户开发的方法有很多，要选择合适以及适合自己的方法，有了充足的客源还要进行客户的筛选与管理，开发有效客户，邀约客户到店，提高成交量。

	任务 1	开发客户
项目一　客户开发与管理	任务 2	筛选客户
	任务 3	邀约客户

学习笔记

任务1 开发客户

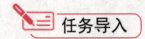 **任务导入**

　　"五一"将近，北汽4S店准备举办"五一"促销活动，销售总监在晨会上公布了活动销售目标，并做了相应工作安排。晓宁作为汽车销售新人，对她来说这是开发客户的一个好机会，请制定一个潜在客户开发方案，帮助晓宁完成销售任务。

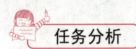 **任务分析**

　　作为汽车销售顾问，每天在4S店等待客户上门看车，是消极被动的，也无法获得更多的客户资源。主动出击，利用有效的方法，进行潜在客户开发，可以获得更多销售机会。通过本任务的学习，同学们应该学会通过恰当的客户开发渠道进行潜在客户开发的方法，并能够制定有效的潜在客户开发方案。

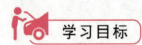 **学习目标**

【知识目标】

（1）了解潜在客户开发的渠道；

（2）掌握潜在客户开发的具体方法；

（3）运用所学知识制定有效的潜在客户开发方案。

【能力目标】

（1）能熟练运用潜在客户开发的渠道进行客户开发；

（2）能熟练运用具体的潜在客户开发方法，有效进行客户开发；

（3）能针对具体任务制定详细的潜在客户开发方案，并付诸实施。

【素质目标】

（1）具有不怕被客户拒绝的良好心理素质；

（2）脚踏实地地工作，认真做好每一件事；

（3）具有坚持不懈、爱岗敬业的职业精神。

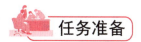

任务准备

一、工具准备

（1）客户信息表、车型资料、销售政策、汽车企业资料、竞品资料等销售资料。

（2）笔、本、名片等销售工具。

二、知识储备

根据本任务要求，结合1+X证书-"汽车营销评估与金融保险服务技术"模块-汽车销售流程-客源开发对技术和知识的要求标准，确定本任务的知识储备内容及实施要点。

1+X 开发客户
模块考核标准
及融合

步骤1：了解潜在客户开发的渠道

潜在客户，指对某类产品（或服务）存在需求且具备购买能力的待开发客户，这类客户与企业存在销售合作机会。经过企业及销售人员的努力，可以把潜在客户转变为现实客户。

那么，在哪儿可以找到所售车辆的潜在客户呢？

1. 4S 店内部渠道

1）4S 店展厅渠道

通过该渠道开发的客户主要是指在各大汽车品牌专卖店或各大汽车销售卖场的展厅接待的客户，其又可分为来店看车客户和来电咨询客户。

来店看车客户一般具有很强的购车意向且最终成交率较高，因此正规4S店对于来店看车客户的接待都有很高的标准。在客户进门的瞬间，汽车销售顾问要礼貌相迎，询问客户的需求，给客户创造良好的看车环境，运用专业的销售技巧推介汽车产品。

来电咨询客户一般对相关车型已经有了一定了解，可能已经通过网络或其他渠道物色好了中意车型，打电话只是想进一步了解具体信息，如是否有货、具体价位、优惠政策等。对于此类客户，汽车销售顾问应尽力争取他们来店看车的机会，并询问客户的姓名、电话等信息，随后记录到专用的来电客户登记表上，以方便日后回访和跟踪。

2）公司销售记录

汽车销售顾问可查阅公司历年的销售记录，对于购车5~10年以上的客户，可电话回访，询问这些客户是否需要更换产品，并介绍新车置换政策，力求留住这部分老客户，让其在再次有购车需求时第一时间想到自己。

3）4S 店服务部门

4S店服务部门（如售后服务部、公关部、市场部）的相关工作人员也掌握着大量客户资料，汽车销售顾问可对这些资料进行汇总、筛选，锁定潜在客户并进行开发。例如：在4S店有重大事故维修记录的客户或频繁进行汽车维修的客户，可能有重购汽车的潜在需求。

学习笔记　知识应用

知识应用——借助基盘客户获得潜在客户资料

汽车销售顾问：李先生，您好啊！我是××4S店的小李，最近工作挺顺利的吧？

客户：啊！是小李啊！最近一段时间老加班。

汽车销售顾问：这说明你们公司业务相当好啊！平时还要多注意休息，虽然您的身体比我强壮。

客户：是啊！谢谢你关心。最近车卖得不错吧？

汽车销售顾问：托您的福，上次您介绍的那位朋友最终买了一款跟您相同型号的车，今天他来保养的时候还提到您呢。谢谢您给我介绍了那么多朋友。对了，上次曾听您介绍过，××单位的老总是您的朋友，正好我们公司有点业务方面的事情想麻烦他，您能不能把他的联系方式告诉我一下？

客户：你等一等，我找一下，他的办公电话是×××××××，手机号码是××××××××××。要不要我先打个电话给他？

汽车销售顾问：谢谢了！等哪天有空的时候我专程去拜访他一下，就说您介绍的，可以吗？

客户：没有问题。

汽车销售顾问：要不今天先到这里，您工作也忙，改天等您有空时我专程登门拜访。

客户：好的。

汽车销售顾问：那谢谢了！再见！

2. 媒介渠道（图1-1）

图1-1　媒介渠道

1）书面资料渠道

（1）报刊类渠道。其主要指各类地方报纸，以及颇具影响力的汽车类报纸和杂志等。4S店可将新车上市、促销活动、最新政策动态等信息在报刊上发布，吸引顾客关注。注意要在醒目位置留下有效的联系方式，以方便客户咨询。

学习笔记

（2）名录类资料。其主要指各大企事业单位内部成员名录或社会上各种正式或非正式团体的会员名录，如职员名录、同学名录、协会名录、电话黄页、企业年鉴等。汽车销售顾问应该对这类信息进行分类筛选，对于购车概率比较高的客户进行电话开发。如能通过朋友介绍成为相关协会的一员，或经熟人介绍进行汽车产品推介，会大大提高成功的概率。

2）广告渠道

汽车广告可根据目标客户的媒体习惯、兴趣爱好、消费习惯等进行精准投放。汽车广告应做到投放广泛、耳熟能详，能给客户留下一定印象，使客户在有购买需求的时候，第一时间想到相关汽车品牌。

3）网络渠道

利用网络渠道开发客户有以下四种形式。

（1）公司网站。公司网站就是一个公司对外展示的窗口，内容包括公司的历史沿革、产品、订购方式、联系方式等方面的信息。通过对网络浏览器的浏览次数统计，可以发现对公司产品感兴趣的准客户。4S 店要及时查看门户平台上客户的交流信息，解答客户疑虑，收集客户信息。汽车销售顾问负责跟进客户，进一步开发客户，吸引客户来店看车。

（2）门户网站的汽车频道，如网易汽车、搜狐汽车、新浪汽车等。由于网络之便，很多客户在计划买车前，都会在网上查看相关品牌和车型的信息，进行对比筛选，确定几款中意车型后再到 4S 店看车，以节约时间成本，提高效率。

（3）专业汽车网站及应用程序，如汽车之家、车行 168、易车、懂车帝等。专业汽车网站或应用程序的评论会对客户购车产生一定的导向作用。

（4）自媒体频道，如抖音、西瓜视频、蓝微、探底等。年轻一族更偏好使用自媒体频道，所以可有选择地利用自媒体频道进行相关车型的推广。

知识应用

知识应用——通过媒介渠道开发客户

汽车销售顾问：您好！请问是××公司的刘先生吗？

客户：有什么事吗？

汽车销售顾问：我是××4S 店的汽车销售顾问××。听说贵公司准备采购一辆新车，正好我们公司经销的汽车与贵公司的采购条件较符合，所以特地打电话向您请教这方面的情况。

客户：你是怎么知道我的电话的？你是怎么知道我们准备采购汽车的？

汽车销售顾问：正如您所知道的，要做好销售必须要有敏锐的眼光，我们汽车销售人员也不例外。从最近某媒体对贵公司的报道来看，随着贵公司业务迅速发展，贵公司必定会有添车的需求，所以我就打了这个电话。这不，正好有这样的机会让我能够为贵公司提供服务。

客户：真是这样的吗？不过，我们已经看好一款车了，如果以后再有这样的机会，我会主动与你联系的。

学习笔记

> 汽车销售顾问：我理解您的要求，也感谢您接了我的电话。其实今天打电话的目的不是来向您销售我们的汽车，只是找一个机会把××公司为什么预先选定了某款车但后来又重新调整了选择的情况向您汇报一下。
>
> 客户：是这样的！今天下午刚好开完业务会后我有点空，你下午4点来我的办公室，我们具体谈一下，顺便带上产品资料和报价单。
>
> 汽车销售顾问：好的，下午4点我会准时到达。再请教一下，贵公司的地点是××吗？您的办公室在××楼吗？
>
> 客户：在××，306室。
>
> 汽车销售顾问：好的！谢谢您！我们下午见！

3. 汽车展会渠道（图1-2）

汽车展会是由政府机构、专业协会或主流媒体等组织，在专业展馆或会场中心进行的汽车产品展示展销会或汽车行业经贸交易会、博览会等，如上海国际汽车工业展览、北京国际汽车博览会等。汽车展会是汽车销售顾问收集潜在客户信息的一种重要途径。在参展前，一定要做好充分的准备，如准备纸、笔、名片、产品宣传册、客户信息登记表、笔记本电脑、相机等。

图1-2 汽车展会渠道

4. 连锁介绍渠道

连锁介绍法又称为客户引荐法或无限连锁法，是通过老客户的介绍来寻找有可能购买该产品的其他客户的方法。这是寻找新客户的有效方法，被称为黄金客户开发法。在销售工作中，企业如能以优质的产品、周到的服务取信于客户，获得客户的信赖，客户会自愿成为企业和产品的宣传员，把汽车产品和汽车销售顾问推荐给有需求的朋友。

连锁介绍法有很多，如可以请现有客户代为转送海报、资料和名片等，促使现有客户的朋友转为意向客户，也可请老客户代写一封推荐信，由销售顾问持推荐信进行走访，上门服务。

每个人都有一些关系网，还可以通过家人、朋友的帮忙，获得新客户资源。同时，汽车销售顾问也要努力建立自己的社交关系网，从其他专业销售或服务人员那里获得更多机会。

5. 汽车售后服务渠道（图1-3）

　　汽车售后服务的内容很多，既包括汽车生产商、汽车经销商和汽车维修企业所提供的质量保修、汽车维修维护等服务，也包括社会其他机构为满足汽车用户的各种需求所提供的服务，如汽车保险、汽车贴膜、汽车改装、汽车美容与装饰、汽车租赁、汽车俱乐部、道路救援和拖车、驾照培训等各种服务。这些汽车服务企业通常拥有大量的客户信息，汽车销售顾问可以想方设法收集到相关客户信息，并进行筛选、汇总，制订有效的客户开发方案来开发客户。例如，汽车租赁公司客户登记表上名字出现频率较高，租车时间较长的客户可能是优质潜在客户；刚在驾驶培训学校（以下简称"驾校"）拿到驾驶证的客户、在汽车维修企业有大修记录的客户，都是汽车销售顾问应该重点挖掘的客户。

图1-3　汽车售后服务渠道

创新创业

你能创业——开发客户

　　李响是一家汽车4S店的内训师，平常主要负责员工的培训、入职培训、公司经营理念的学习等。他自己开发了一门"驾驶员礼仪"课程，联系了一家驾校，免费为新驾驶员进行培训，受到驾校的欢迎，其他驾校听说后也纷纷找他培训。

　　在培训中，李响结交了很多新驾驶员朋友，大家知道他是资深汽车销售顾问，常常向他咨询买车的问题，很多新驾驶员最后发展成李响的现实顾客。

步骤2：选择合适的客户开发方法

　　了解了相应的客户开发渠道后，就要选择合适的客户开发方法进行潜在客户的开发。潜在客户的开发方法如下。

1. 地毯式搜寻法

　　地毯式搜寻法也称为地毯式访问法、挨门挨户走访法、走街串巷寻找法、全户走访法、普遍寻找法等，俗称"扫街"。它是指推销人员寻找顾客时，在其特定地区内或职业范围内，对预定的可能成为客户的企业或组织、家庭乃至个人，普遍地、无一遗漏地进行访问，从中寻找客户的方法。这种看似笨拙的方法被认为是所有寻找客户

视频：地毯式搜寻法

的方法中最有成效的方法。

地毯式搜寻法的优点是信息量大，能够获得客观、全面的信息；其缺点是成本较高、费时费力、具有盲目性、容易导致客户的抵触情绪。

提示引导

重点提示——职场提示

作为一名汽车销售顾问，你要做的是走到哪里，都要让别人知道你的职业。在电梯里、高铁上、餐厅里、等待服务项目时，要保持微笑，主动与身边的人交谈，友好而热情地进行自我介绍，尝试结识周围的陌生人。当他们对你的工作和产品表现出兴趣时，可以适时递上自己的名片。虽然我们知道，并不是每次交谈都能带来销售机会，但我们可以通过人格魅力给对方留下良好的印象，说不定对方正好有汽车产品需求，又恰巧没有合适的人咨询，这时就会自然而然地想起你。

---

2. 连锁介绍法

连锁介绍法（图1-4）是指通过他人的直接介绍或者提供的信息，特别是依靠现有客户来推荐和介绍他（她）认为有可能购买产品的潜在客户的一种方法。在应用连锁介绍法时，要首先运用专业的服务、诚信的品质赢得现有客户的信赖，他们会心甘情愿地为你介绍自己周围的潜在客户。除此之外，还可以请新客户推荐，请那些拒买你产品的客户介绍，请你的竞争对手介绍，请同事介绍，请你的销售商、供应商介绍，请陌生人介绍潜在客户。

视频：连锁
介绍法

自主学习资源

跟大师学——乔·吉拉德250定律

美国汽车销售大王乔·吉拉德说："买过我的汽车的客户都会帮我推销。"他的60%的业绩来自老客户及老客户推荐的客户。他有一个著名的250定律，就是在每个客户的背后都有"250个人"，这些人是他们的亲戚、朋友、同事、邻居。如果你能发挥自己的才能，拥有一个客户，就等于拥有了250个关系（客户），其中就有可能有要购买你的产品的人。

---

3. 中心开花法

中心开花法（图1-5）是指在某一特定的推销范围内寻找和发展一些具有较大影响力的中心人物（或名人）来消费所推销的产品，然后再通过他们的影响和帮助，把该范围内的其他个人、组织发展成为推销人员的准客户的方法。它是连锁介绍法的一种推广与运用。一般而言，中心人物有：政界要人、企业名人、文体明星、知名学者等。该方法遵循"光晕效应"，一些中心人物的购买与消费行为，可能在其崇拜者中形成示范与先导作用，从而引发崇拜者的购买行为。

中心开花法的优点有：节约时间和精力、扩大产品的影响力、提高产品的知名度和美誉度。其缺点也比较明显，如中心人物难以确定、中心人物难以接近和说服。

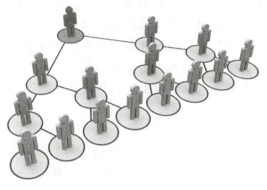

图1-4　连锁介绍法

图1-5　中心开花法

4. 广告开拓法

广告开拓法是指利用各种广告媒介来寻找准客户的方法，即利用广告宣传攻势，向广大的消费者告知有关产品的信息，刺激或诱导消费者的购买动机，然后，推销人员再向被广告宣传所吸引的客户进行一系列的推销活动。

广告可分为开放式广告、封闭式广告和物品广告。开放式广告又称为被动式广告，如电视广告、电台广告、报纸杂志广告、路牌广告等；封闭式广告又称为主动式广告，它直接传给特定的对象，具有一定的主动性，如邮寄广告、邮件广告、电话广告等。物品广告是指印刷在各种日用品上的广告，如印制在手提袋、购物袋、衣服、雨披、雨伞、水杯、扇子等物品上的广告。

视频：开发客户
的其他方法

5. 委托助手法

委托助手法又称为"猎犬法"，就是推销人员委托、雇佣他人帮助寻找、推荐客户的一种方法。这种方法在西方国家运用得十分普遍。汽车销售顾问常常雇佣有关人士来寻找准客户，自己则集中精力从事具体的销售访问工作。

6. 资料调查法

资料调查法是指通过收集、整理、查阅各种情报资料，获取潜在客户信息，寻找准客户的一种方法，如调查企业名录、产品目录等。这种方法主要利用他人所提供的资料或机构内已经存在的可以提供线索的一些资料。要注意对资料的来源和提供者的可信度进行分析，同时注意所收集资料的时效性。

 提示引导

职场提示——可查阅的资料

工商企业名录、企业领导人名片集、产品目录书、电话号码簿、各种大众传播媒介公布的财经信息、年鉴及经济资料、各种专业性团体的成员名册、黄页、商标公告、政府及主管部门提供的可供查阅的资料等均可成为资料调查法的信息源。

📝学习笔记

视频：个人
观察法

视频：网络搜
寻法

视频：交易会
寻找法

7. 个人观察法

个人观察法也称为现场观察法，就是推销人员依靠个人的知识、经验等，通过自己对周围环境的观察和判断来寻找客户的方法。对于汽车销售顾问来说，个人观察法是一种简便、易行、可靠的方法。例如：汽车销售顾问开着一辆新车在街道上转来转去，寻找旧汽车，向旧汽车的主人推销。它是一种古老且基本的方法，运用这种方法的关键在于推销员的自身素质和职业敏感性，要求推销员具备敏锐的观察力和洞悉事物的能力。

8. 网络搜寻法

网络搜寻法就是借助互联网寻找潜在客户的方法。它是信息时代的一种非常重要的寻找客户的方法。近些年来，随着互联网技术的发展和移动终端的普及，各种形式的网络营销和电子商务开始盛行。汽车销售顾问利用各种网络资源，如搜索引擎、微信、微博、公司主页、各种汽车频道、应用软件等，可以搜寻到大量的客户资源。

9. 交易会寻找法

交易会寻找法是指利用各种交易会寻找准客户的方法。国际国内每年都有不少交易会，如每年在北京、上海、广州、深圳等地都有几百个大大小小的车展。这是一个绝好的商机，要充分利用，通过交易会不仅可以实现交易，更重要的是可以寻找客户、联络感情、沟通了解。参加交易会，往往会让汽车销售顾问在短时间内接触大量潜在客户。因此，在参加交易会前，一定要做好充分的准备，保持热情的态度，认真对待每一位参展人员。

在参会前，汽车销售顾问要全程参与整个交易会的方案设计，了解交易会的整个流程和具体环节，有针对性地设计潜在客户信息收集问卷或表格，预测客户的兴趣点，并准备一些客户关心较多的问题，以便实现最佳现场解答。此外，要准备好专门的客户信息收集工具。比如纸、笔、名片、公司宣传册、客户信息登记表、相机、笔记本电脑等。

除此以外，客户开发方法还有很多，如企业各类活动寻找法、人际关系寻找法、市场信息咨询机构寻找法等。汽车销售顾问具体用什么样的客户开发方法去开发客户，要根据实际情况进行有效的判断，并根据市场变化随时调整。

📖 **吃苦耐劳**

推销之神的成功之道

顶尖的推销员都是提前行动的楷模。早起的推销员不一定会做得比别人好，可是由于他们的时间比别人充裕，他们就可以拜访更多客户，做更多的事情，积累更丰富的经验，得到最快的成长。

被日本人尊称为"推销之神"的原一平，在人寿保险界连续15年保持全国业绩第一的纪录。原一平在65岁时应邀作公开演讲，当有人问起他推销成功的秘诀时，他当场脱掉鞋袜请提问者摸他的脚底板。提问者不禁因为他脚底厚厚的老茧而惊讶地尖叫起来，原一平解释说："这就是我成功的秘诀！"

学习笔记

乔·吉拉德常常在演讲中提到乔·甘道夫、约翰·保罗·盖帝和原一平这三个人的名字。他的成功秘诀又怎是一个"勤"字了得？几十年来，乔·吉拉德凭借勤奋的双脚，马不停蹄地访问、推销。他平均每个月要发出 1 000 张以上的名片，每天要访问 15 位以上的客户，寒来暑往，从不间断。如果没有访问完毕他就不休息，50 年来，他积累的客户已达 2.8 万个。

步骤 3：制定有效的客户开发方案

1. 制定客户开发目标

目标管理是一种有效的管理方法，有了明确的目标，才会有压力和动力。汽车销售顾问可以使用数字目标管理方法进行客户开发。

假如汽车销售顾问一天打 20 个电话，在这 20 个客户里面，要找出 5 个意向客户，则一周 5 天中就会找到 25 个意向客户。在这 25 个意向客户中，有两人成功购买了汽车，那么一个月就会卖出 8 辆汽车，一年 12 个月就能卖出 96 辆汽车。再加上从其他渠道获得的客户，一年业绩过百是很轻松的。当然，可以根据实际情况随时对目标数字进行修正。

2. 选取合适的客户开发渠道

客户开发渠道多种多样，汽车销售顾问要根据自己的实际情况，选取合适的渠道进行客户开发。例如：年轻的汽车销售顾问对互联网的应用更加得心应手，可以巧用互联网开发渠道；年长一些、有一些客户资源的汽车销售顾问要善用自己的资源，采用连锁介绍法、汽车售后服务渠道等进行客户开发。此外，要用好汽车展会渠道，这是获得意向客户的最基本、最简单的渠道。在日常工作间隙，要随时查阅书面资料，善于发现潜在的销售机会。

3. 巧用相应的客户开发方法

在选取好合适的客户开发渠道后，就要选择相应的客户开发方法，进行潜在客户开发。例如：新入职的汽车销售顾问虽然手头的客户资源比较少，但精力比较充沛，工作热情比较高涨，可以采用地毯式搜寻法、资料调查法等手段进行客户开发；年纪稍大一些的汽车销售顾问因为有了一定的客户资源，可以不再使用看似笨拙的方法，而选用连锁介绍法、中心开花法、委托助手法等方法进行客户开发。此外，网络搜寻法、个人观察法、交易会寻找法等都是非常有效的客户开发方法，要根据实际情况合理有效地加以利用。

4. 电话邀约或拜访客户

找到潜在的意向客户后，就应该及时进行跟进，趁热打铁，避免时间过长导致遗忘，从而增加后期跟进成本。电话邀约来店看车、试乘试驾是一种非常有效的跟进方法。如果客户比较繁忙，或身份地位比较尊贵，可以采用登门拜访的方式进行跟进，但一定要征得客户的同意，不能贸然打扰。该部分内容将在本书后面章节中进行具体论述。

 **任务实施**

结合1+X证书-"汽车营销评估与金融保险服务技术"模块-汽车销售流程-客源开发对技术和知识的要求标准,以学习小组为单位,讨论制订工作计划,小组成员合理分工,完成任务并记录。

项目一	客户开发与管理		任务1		开发客户	
组别（姓名）				成绩		日期
接受任务	作为汽车销售新人,开发客户是一个难关,你怎样寻找你的客源?制定一个潜在客户开发方案,完成销售任务吧。					
小组分工					知识检测	
场地及工具						

制订计划	序号	工作流程	操作要点
	1	确定潜在客户开发的渠道	
	2	确定客户开发的方法	
	3	针对客户开发的方法制定有效方案	

实施过程	实施要求: （1）小组讨论汽车销售中常见的客户开发方法; （2）根据小组团队特点,制定适合团队的客户开发方案; （3）小组展示分享、评价; （4）小组将客户开发方案上传到平台。
任务完成情况反馈	

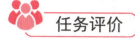 任务评价

任务名称			开发客户			
考核项目			评分要求	分值 100	实际得分	扣分原因
					内部评价	外部评价	
过程评价	素质评价	学习态度	态度积极，认真完成任务	5			
		语言表达	表达流畅，内容有条理、逻辑性强；用词准确、恰当，语调语气得当	5			
		团结协作	分工协作，安排合理，责任人明确	5			
		创新能力	开发客户方案具有创新性思维	5			
	技能评价	信息搜集能力	开发客户渠道的选择恰当	5			
			客户开发方法的选择恰当	5			
		分析能力	充分利用开发客户渠道	10			
			客户开发方法有效	10			
		方案可行性	开发客户准备完善	10			
			客户开发方案的可实施性强	10			
结果评价	工单质量	知识掌握	扫描"任务实施"中的知识检测二维码，检测知识掌握情况	20			
		实施计划	要点齐全、准确、可执行，填写认真	5			
		任务反馈	完成任务，反馈及时有效	2			
		填写质量	记录规范、书写整洁	3			
总分			100 分				

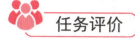 任务小结

本任务介绍了多种寻找客户的方法与技巧，它们均具有很大的实用性，但是在具体使用时又因产品、企业、推销人员的不同而有所差异。汽车销售顾问要根据实际情况选择具体的方法，并根据市场变化随时调整。通过本次任务的实施，查找并总结自己在技能上和知识上需要加强的地方，并对照知识体系图，对所学内容进行再次梳理（图1-6）。

图1-6　项目一任务1知识体系图

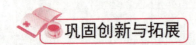

一、任务巩固

完成练习，巩固所学知识。

二、任务创新

目前社交平台已经成为客户获取信息的重要渠道，作为汽车销售顾问，怎样通过社交平台或者新媒体来寻找客户？

三、学习拓展

创新篇——每天500次陌生拜访带来的成功

周小异是一名上海女性，她在日本经过十几年的奋斗，凭借出色的业绩成为美国百万圆桌协会会员，并被评为日本生命保险相互会社终身优秀营销员。周小异在25岁时前往日本留学，通过一个偶然的机会走进日本生命保险相互会社，成为保险营销员。结婚后不久，周小异的丈夫在日本经营的房地产公司倒闭，欠下巨债。丈夫提出离婚，但周小异没有接受。她开始拼命工作，以出色的工作业绩为丈夫还清债务，成为业界传奇人物。

在做保险营销工作之初，前辈们没有把周小异放在眼里，甚至有人不屑地问："你能用日语给客户详细说明情况吗？"但是，周小异凭借自己的执着和不懈的努力，每天最多访问500户人家，有的客户连门都不开，有个客户让她把日语学好了再来推销保险。

　　2个月之后，周小异终于获得第一份保险合约，同时也获得了最初的自信。之后周小异不断变换思路，用易于理解的语言，以交朋友的心态敲开一扇扇关闭的大门。这些年来，周小异的业绩不断攀升。出色的成绩使她10次被评选为优秀员工、公司终身优秀营销员。

　　思考：汽车销售顾问面对失败时如何越战越勇？谈谈坚持和自信对汽车销售顾问的重要作用。

自我分析与总结

学生改错	学习完成度	
	学习收获	自我成就	我理解了
			我学会了
			我完成了
		同学认可	（小组贡献、树立榜样、进步方面等）
		教师鼓励	（突出表现、进步方面、重要创新等）

学生总结及目标

学习笔记

学习笔记

任务2 筛选客户

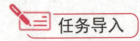 任务导入

　　晓宁通过公司举办的促销活动，获得了一大批客户资料。晓宁如获至宝，拿着手里的客户资料，跃跃欲试，这时，经理过来了，说："晓宁，你可以把你手里的客户信息筛选一下再跟进，这样会得到事半功倍的效果。"晓宁恍然大悟，但是面对大量的客户信息，该从何下手，如何进行客户筛选呢？我们来一起准备一下吧。

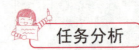 任务分析

　　汽车销售顾问通过各种途径，运用有效方法，可以开发出大量潜在客户。如果对每位客户都进行跟踪回访，必然会耗费大量人力物力，效果也不够理想。这时，就要巧用潜在客户的评估方法，筛选出最有可能产生购买行为的客户，优先进行跟进。通过本任务的学习，同学们应该学会通过 MAN 法则筛选客户，并能根据客户的购买时间，判断客户的优先等级。

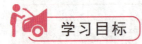 学习目标

【知识目标】

（1）掌握潜在客户评估的 MAN 法则；

（2）掌握根据购买时间判断客户优先等级的具体方法。

【能力目标】

（1）能熟练运用 MAN 法则进行客户评估；

（2）能根据购买时间判断客户的优先等级，并采取不同的跟进策略。

【素质目标】

（1）具有分析客户数据的逻辑能力；

（2）具备保护客户隐私及相关信息的销售从业人员意识；

（3）具有认真细致、扎实严谨的职业素养。

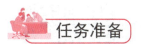
任务准备

一、工具准备

（1）客户信息表、车型资料、销售政策、汽车企业资料、竞品资料等销售资料。

（2）笔、本、名片等销售工具。

1+X 筛选客户模块考核标准及融合

二、知识储备

根据本任务要求，结合 1+X 证书-"汽车营销评估与金融保险服务技术"模块-汽车销售流程-客源开发对技术和知识的要求标准，确定本任务的知识储备内容及实施要点。

步骤 1：评估客户购买潜力

汽车销售顾问对于收集到的潜在客户信息，可以利用 MAN 法则进行评估，即从客户的购买能力、决策权、需求三个方面进行判断，从而筛选出最有可能产生购买行为的客户，并根据情况采取不同的策略加以跟进。

案例分析

> ### 案例分析——职场案例
>
> 李响在汽车之家手机 App 上，发现一位顾客咨询 2021 款大众迈腾轿车的底价。第二天，他来到 4S 店，给这位顾客回了电话。他了解到，这位张姓顾客有一辆桑塔纳 2000 轿车，已经开了 10 年了，近期想换一辆。李响非常热情地介绍了大众迈腾的各种优势，并表示可以为顾客提供旧桑塔纳置换服务。顾客表示自己对大众品牌非常青睐，但迈腾轿车确实有些超出预算了，想先了解一下底价。李响邀请顾客到店商谈，顺便可以试乘试驾。几天后，客户到店看车，并进行了试乘试驾，对迈腾轿车的各项性能、指标都非常满意。了解到顾客是事业单位工作人员，李响为顾客提供了三年无息贷款服务，顾客办完各项手续，满意地提走了新车，并表示如果周围有朋友买车，一定推荐给李响。
>
> **分析**：分析一下这位客户具备哪些购车条件。

1. 购买能力（Money）

客户所具有的购买汽车和服务的经济能力，即购买能力（图 1-7）或筹措资金的能力。客户购买能力的评价目的在于选择那些具有推销价值的目标客户，防止呆账、坏账，降低企业风险，提高推销工作的实际效益。对于没有购买能力的客户，汽车销售顾问的一切努力都是徒劳的。

视频：购买力
分析

购买能力的评价包括两个方面。

1）现有购买能力的评价

对个人客户现有购买能力的评价，主要可以从客户的居住条件、职业类型、供职企业、薪资水平、学历水平等方面加以衡量，也可以通过对客户表象和沟通交流的观察做出估计，如客户的实际收入、消费、个人爱好、着装档次、配饰品牌、谈吐等，从而对客户的购买能力做出初步判断。如询问客户

图1-7　购买能力

有什么爱好，客户回答喜欢打高尔夫球，则可以初步判断客户的经济状况应该不错。

对集团购买的客户，可以从单位的性质、规模、所属行业、生产条件、经营状况、上级单位等方面对购买能力加以判断。如电力、石油、通信、烟草行业的企业一般实力比较雄厚，一般无须过多担心其购买能力。

2）潜在购买能力的评价

在现实推销活动中，有些客户因为流动资金短缺、贷款暂时无法收回、产品库存暂时积压等原因，会出现暂时的支付困难。如果经过一段时间后情况得到缓解，可以支付货款，称为具有潜在购买能力。对于具有潜在购买能力的客户，应保留其准客户的资格，并根据风险大小选择推销策略。确定客户值得信任并具有潜在支付能力时，应主动协助其解决支付问题，如对其进行赊销，准许其分期付款或延期付款等；有一定风险时，可建议客户利用银行贷款或其他信用方式购买；风险较大时，可适当延缓推销，待客户经济好转后再行推销，要注意与客户保持必要的联系。

2. 决策权（Authority）

视频：决策权
分析

决策权（图1-8）即客户所具有的购买资格和购买决定权力。在成功的销售过程中，准确了解真正的购买决策人是销售成功的关键。对客户购买决策权评价的目的在于缩小推销对象的范围，避免盲目推销，进一步提高推销效率。

图1-8　决策权

对个人消费者来说，汽车多数涉及家庭购买行为，一般来说是夫妻共商，汽车品牌由丈夫做主的概率比较高，妻子会对颜色、款式等特定属性加以界定，成年子女的

作用也不可小觑，其他朋友、家庭成员也可能提出参考意见。所以，汽车销售顾问要做到面面俱到，尽量照顾到每一个家庭成员。

对于集团消费者来说，找到负责采购的最终决策人，从而进行有针对性的推销十分关键。可以通过知情人了解单位的采购流程、职责分工，了解采购者、参谋者、使用者（或拍板人、关键人、推荐人，如图1-9所示）分别是谁。有些购买决策需要集体研究决定，有的还要报上级部门批示。汽车销售顾问要对此有所了解，避免浪费多余的时间。

图1-9 有针对性的推销

3. 需求（Need）

需求评价的目的在于确定客户是否真正需要汽车销售顾问所推销的汽车产品。事实上，需求评价是进行潜在客户评估的首要内容，如果此项不能成立，其他方面的评估就毫无意义。需求评价一般包含两个方面。

视频：需求审查

1）客户需求可能性评价

如果客户正好对汽车销售顾问推销的产品有需求，其无疑就是目标客户。在现实中，对于表示没有需求的客户，要进一步做出判断。

（1）如果客户确实没有需求，可以停止继续跟进。

（2）如果客户本身有需求，但自己没有意识到，则要善用推销技巧，争取让客户认识到自己的这种潜在需求，从而产生购买行为。要知道，需求是可以创造的，现代推销工作的实质就是要探求和创造需求。

（3）如果客户出于某种原因暂时不准备购买，比如刚购进同类产品或资金困难，暂时无力购买，则需要保留其准客户资格。

2）客户需求量评价

客户需求量评价多用于评估集团客户。评价客户的需求量便于找到高价值客户，将推销的重点放在那些需求量大，或有长期需求，或有多次需求的客户身上。同时，也要关注这类客户的潜在需求量。

在评估潜在客户时，同时具备需求、购买能力、决策权这三个条件的客户是绝对的优质客户，需要重点跟进。对于只具备两个甚至一个条件的客户，可以采取不同的应对策略。用大写字母表示具备某项条件，用小写字母表示缺乏某项条件，则潜在客户条件分析及应对策略。

表1-1　潜在客户条件分析及应对策略

条件组合	客户类别	应对策略
M+A+N	理想客户	紧密跟踪，快速反应，成功的可能性很大
M+A+n	有望客户	积极争取，用熟练的销售技巧创造需求，有成功的希望
M+a+N	培育客户	可以接触，设法找到有决策权的人
m+A+N	培育客户	可调查其信用状况，适时为其提供信用条件
m+a+N	接触客户	应长期观察培养，待其具备其他两个条件时及时反应
m+A+n	接触客户	应长期观察培养，待其具备其他两个条件时及时反应
M+a+n	接触客户	应长期观察培养，待其具备其他两个条件时及时反应
m+a+n	非客户	停止接触

 案例分析

案例分析——MAN法则的应用

汽车销售顾问小张手上有5个客户的资料。其中一个15岁，一个73岁，另外三个都有驾驶证。其中一个25岁，月收入为5 000元，但此人刚刚买了一处房产，每个月的债务是1 200元，他很想有一辆新车。另外两个人中，有一个为40岁，经济条件完全合格，可是此人刚买了一辆新车；另一个为55岁，年收入可观，又不负债，每三年就换一辆新车，目前这辆车已经用了两年半。

分析：哪个客户是最理想的客户？

 扎实严谨

跟大师学——扎实严谨

乔·吉拉德刚开始从事销售工作时，搜集了很多目标客户的资料。那时，他只是将这些资料写在纸上，然后塞进抽屉里。直到有一天，他发现由于自己没有及时整理那些资料，忘记了追踪一位非常重要的客户而失去了一笔大生意，他才用日记本和卡片将客户资料整理好。

步骤2：判断客户优先等级及跟进管理

汽车销售顾问应该根据客户购买时间的不同，采取相应的跟进策略，切不可眉毛胡子一把抓，不分轻重缓急，统一采取相同的销售策略。按照客户可能购买的时间，可以把客户分为几个等级，见表1-2。

表1-2　按照购买时间划分客户等级

级别	定义	销售策略
O级	当场签约或缴纳定金的客户	采用适当让利、赠送精品等手段，迅速促成交易
H级	7日内可能购车的客户	每天保证与客户沟通，紧紧抓住顾客需求，用促销手段促使客户下单
A级	15日内可能购车的客户	保持与客户的紧密联系，组织试乘试驾活动，提高接触频率，利用促销手段促使其下单
B级	30日内可能购车的客户	经常保持联系，依靠老客户进行说服，邀请其多次来店
C级	2~3个月内可能购车的客户	保持跟踪，不断发送各种新车和促销信息
N级	暂时没有购车打算的客户	保持跟踪

　　虽然说客户比较好分类，但是要真正辨别一个客户的级别，单凭首次接待客户可能并不是那么容易掌握，甚至具有五六年工作经验的汽车销售顾问也无法辨别，因为客户未必都说真话，所以要辨别一个客户真正的意向级别，最好的办法就是第二天或者当天打个电话询问，如问客户现在汽车看得怎么样、对自己的汽车是不是喜欢，这个时候客户可能会说真话。通过首次回访，可以很容易地辨别客户意向，然后即可制订行动计划。

 认真细致

小记录有大文章

　　李波是一家4S店的销售总监，一天他翻看到店登记簿的时候，注意到有些客户已经来过两三次，但仍然没有购车，他又对以前的记录做了详细的统计，发现购车客户多数都是来店两次以上的。这个信息提醒了他，他让汽车销售顾问对记录中所有到店客户的来店次数进行了详细的统计，按照来店次数和电话询问次数划分潜在客户等级，并且加强了跟踪和邀约，结果当月的成交量就提升了20%。这给了李波极大的启发，之后他把来店记录和电话记录的分析作为挖掘潜在客户的重要途径。

教师寄语

 任务实施

　　结合1+X证书-"汽车营销评估与金融保险服务技术"模块-汽车销售流程-客源开发对技术和知识的要求标准，以学习小组为单位，讨论制订工作计划，小组成员合理分工，完成任务并记录。

学习笔记

项目一	客户开发与管理		任务 2	筛选客户	
组别（姓名）			成绩		日期

接受任务

公司促销会结束了，你获取了大量的客户信息，为了提高效率，怎样初步筛选客户，判断客户的级别，以便于下一步的回访呢？以下面客户信息为例进行分析。

客户名称	职业	现有车型	婚姻	配偶职业	有无子女	消费类型	购车目的
张文（男）	个体户	奔驰	已婚	家庭主妇	一个男孩	经济独立	孩子开始上学，妻子需要接送孩子
郑杰（男）	自由职业	朗逸	未婚	—	无	家人支持	换车
李好（女）	教师	无	未婚	—	无	经济独立	上下班
孙帆（男）	公司职工	无	未婚	未婚妻为公司职工	无	经济独立/家人支持	结婚前打算买车

小组分工

场地及工具

知识检测

制订计划

序号	工作流程	操作要点			
	客户信息	M	A	N	客户等级
1	张文				
2	郑杰				
3	李好				
4	孙帆				

实施过程

实施要求：
（1）根据信息表中的客户信息，小组对筛选客户的三个要素进行分析；
（2）小组根据要素的分析确定客户的级别；
（3）小组展示判定结果；
（4）教师及小组间进行评价。

任务完成情况反馈

学习笔记

任务评价

任务名称			筛选客户				
考核项目			评分要求	分值 100	实际得分		扣分 原因
					内部 评价	外部 评价	
过程评价	素质评价	学习态度	态度积极，认真完成任务	5			
		语言表达	表达流畅，内容有条理、逻辑性强；用词准确、恰当，语调语气得当	5			
		团结协作	分工协作，安排合理，责任人明确	5			
		创新能力	成果展示具有创新性思维	5			
	技能评价	信息搜集能力	客户信息齐全	5			
		分析能力	购买能力分析	10			
			需求分析	10			
			决策权分析	10			
		判断能力	客户等级判定	10			
			初步回访计划	5			
结果评价	知识掌握		扫描"任务实施"中的知识检测二维码，检测知识掌握情况	20			
	工单质量	实施计划	要点齐全、准确、可执行，填写认真	5			
		任务反馈	完成任务，反馈及时有效	2			
		填写质量	记录规范、书写整洁	3			
总分			100 分				

任务小结

通过本任务的学习可以了解客户资格审查的方法，只有同时具备购买能力（Money）、决策权（Authority）和需求（Need）这三要素才是真正的有效客户，可以根据客户的不

学习笔记 同情况确定客户的级别，根据不同级别的客户采取不同的跟进措施，避免推销时间的浪费，提高销售工作效率。通过本任务的实施，查找并总结自己在技能上和知识上需要加强的地方，并对照知识体系图，对所学内容进行再次梳理（图1-10）。

图1-10　项目一任务2知识体系图

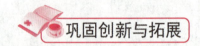 巩固创新与拓展

一、任务巩固

完成练习，巩固所学知识。

二、任务创新

战败分析：某家4S店一个月战败100批客户，其中70批战败于不考虑本店，分析其原因，找出应对策略。

三、学习拓展

修德篇——土豪大妈背旅行袋装金条购豪车

2013年11月17日，在南昌国际会展中心某豪车展位，打扮朴素的大妈背旅行袋闲逛，销售人员并未理会。大妈说要买车，销售人员还是没理会。大妈打开旅行袋，一堆金条露出来，震惊全场，最后大妈定了一款豪车后飘然而去。

对于这个案例，你有什么体会？

教师寄语

自我分析与总结

学生改错		学习完成度	
	学习收获	自我成就	我理解了
			我学会了
			我完成了
		同学认可	（小组贡献、树立榜样、进步方面等）
		教师鼓励	（突出表现、进步方面、重要创新等）

学生总结及目标

任务3　邀约客户

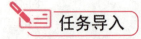 任务导入

　　汽车销售顾问晓宁分析从促销会上获得的大量客户信息，最终筛选出了最有可能产生购买行为的 10 位准客户，晓宁打算电话邀约客户到店，为了顺利邀约客户到店，晓宁应该怎么做？从电话邀约准备开始，来制定一个邀约客户的方案吧。

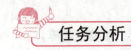 任务分析

　　汽车销售顾问筛选出最有可能产生购买行为的准客户后，要马上采取跟进措施。采取恰当的方式邀约客户到店，争取与准客户面谈的机会，进而进行后续的销售环节。通过电话约见准客户是一种最常用的约见方式。通过本任务的学习，同学们应该学会如何提前做好约见准备，如何选择恰当的方式约见客户，并能熟练运用电话约见技巧和话术约见准客户。

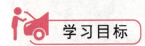 学习目标

【知识目标】

（1）了解约见准客户前的准备；

（2）掌握约见准客户的六种方式；

（3）掌握电话约见准客户的技巧和话术。

【能力目标】

（1）能在约见准客户前做好充分的准备；

（2）能熟练选择恰当有效的方式约见准客户；

（3）能熟练运用相关技巧和话术电话约见准客户。

【素质目标】

（1）提高沟通能力；

（2）具有保护客户隐私及相关信息的销售从业人员意识；

（3）具备礼貌规范、百折不挠的职业素养。

学习笔记

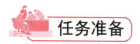 任务准备

一、工具准备

（1）客户信息表、车型资料、销售政策、汽车企业资料、竞品资料等销售资料。

（2）笔、本、名片等销售工具。

1+X 邀约客户
模块考核标准
及融合

二、知识储备

根据本任务的要求，结合 1+X 证书–"汽车营销评估与金融保险服务技术"模块–汽车销售流程–客源开发对技术和知识的要求标准，确定本任务的知识储备内容及实施要点。

步骤1：做好约见前的准备

通过了潜在客户资格审查的客户，即成为公司的准客户。在确定准客户之后，汽车销售顾问便可以开始约见准客户了。约见有助于避免冒昧前往而让客户产生不快心理，避免因客户不在而浪费时间，避免与客户的其他事项发生冲突，同时可以给客户一个准备时间；此外，约见有助于汽车销售顾问统筹安排销售时间，制订合理的推销计划，提高成交的概率。约见顾客前需要做的准备如下。

1. 个人客户的资料准备

对于客户的姓名、性别、职业特征、家庭状况、民族禁忌、出生地、工作经历等，要尽可能多地进行了解。要让客户认识到你对他（她）的重视，甚至让客户觉得你很喜欢他（她）、关心他（她），愿意真诚地为他（她）服务。

2. 集团客户的资料准备

要了解企业的经营状况、组织结构、经营范围、购买状况、采购习惯、联系方式等。约见集团客户时，要尽可能约见有购车决策权的当事人，避免进行过多无谓的周旋。同时，对于要约见的决策者的个人情况也要有一定了解。

3. 拟定推销方案

（1）设定与访问对象见面的时间和地点。要提前规划好可供选择的若干时间组合，确定会面地点是在 4S 店、办公室、家里，还是饭店等场所。

视频：约见准备

（2）选择接近的方式。一般来说，应尽量做到与准客户当面洽谈。汽车是大宗商品，做出购买决定前，要考虑车型、参数、性能、价格等多项内容，电话里很难说清楚，所以应尽量避免电话推销。可以邀请客户到店，顺便进行试乘试驾，以使客户对汽车有最直观的体验。如果客户实在难以抽出时间，可以登门拜访，简要说明，找适当时机再邀请客户到店。

（3）产品介绍的内容要点。与客户当面洽谈时，需简要介绍产品的功能、特点、规格、价格、售后服务等内容，因此要做到对自己销售的汽车产品了如指掌。

（4）异议及其处理。要事先设想客户可能提出的异议，初步拟定处理客户异议的方法和策略，做到有备无患。如果当场无法解答，应避免盲目承诺，可事后详细了解

学习笔记 后再谨慎解答处理。

（5）预测推销中可能出现的问题。比如：客户虽有对产品的需求，却拒绝会见来访的汽车销售顾问；客户虽有购买决策权，却让无决策权的人与汽车销售顾问周旋；客户虽不需要产品，却热衷于与汽车销售顾问争论。

（6）做好必要的物质准备。仪表与服饰要干净整洁，文件资料、样品、价目表、合同、笔记本电脑等要随身携带，以备不时之需。

步骤2：确定约见准客户的方式

进行准客户约见的方式通常有以下六种。

1. 信函约见

信函约见即利用各种信函约见客户。信函包括个人书信、传真、会议通知、社交请柬、广告函件等。例如，销售人员要到某地拜访客户时，通常提前写信或发传真与对方联系，告诉对方见面的时间与地点。但一般来讲，信函约见要想收到好的效果，其约见信函应文辞恳切、简明扼要、内容准确、文笔流畅、书写工整秀丽，投其所好，如果是打印出来的信函，其落款还要亲笔签名。

2. 当面约见

当面约见（图1-11）是指销售人员和客户面对面地约定下次见面的时间、地点、方式等的一种约见方式。这种方式简便易行，销售人员可利用各种与客户见面的机会进行约见。如在各种社交场合不期而遇时、见面握手时、分手告别时或被第三方介绍认识时，销售人员都可借机约见。这种约见方式的优点是可以快速得到答复，成功率较高，传递信息准确，容易得到客户的信任；其缺点是受地理、时机限制，被拒绝后会很被动，且花费时间和精力较多。

3. 电话约见

电话约见（图1-12）即通过电话约见客户，这是现代销售常用的约见方式。电话约见时，由于客户是不见其人只闻其声，故重点应放在"话"上。销售人员一方面要做到口齿清楚、语调亲切、表达得体，另一方面要做到长话短说、简单明了。这种约见方式的优势是短时间内可以接触更多潜在顾客，其缺点是容易遭到顾客的推脱和拒绝。

图1-11　当面约见

图1-12　电话约见

4. 委托约见

委托约见即销售人员通过自己的朋友、同学、亲戚或以前的同事等第三方来约见客户。例如，销售人员拜托自己在准客户公司就职的同学先与准客户打招呼，然后去正式拜访，其效果通常较好。

5. 广告约见

广告约见即利用各种广告媒介约见客户。其主要用于贸易洽谈会、汽车展销会、新产品发布会、广而告之的通知和寻找新产品代理的广告等。

6. 网上约见

网上约见即利用互联网约见客户。网上约见通常采用包括设立专门网站或网址、用微博发布汽车产品相关信息，然后通过电子邮件、微博等技术手段传达约见信息。网上约见的便捷和效率必然促使其成为今后销售约见的重要方式。

汽车销售顾问可以根据准客户信息的来源，准客户所在的地理位置，准客户的职业、身份、地位，自己与准客户的各种联系等信息，进行综合研判，确定该选用何种方式约见准客户。例如，小李最近通过某媒体对某公司的报道，发现该公司业务迅速发展，判断出该公司可能有购置新车的需求。小李可以设法找到自己与该公司有联系的人脉关系，通过人脉关系提前与该公司领导沟通交流。如果实在无法找到相关人脉关系，可以尝试直接拨打该公司领导电话，看是否能争取到与领导面谈的机会。

步骤 3：电话约见的步骤及应用技巧

1. 电话约见的步骤

要做好电话约见，首先要了解电话约见的步骤。一般情况下，电话约见准客户可以遵循以下 9 个步骤。

（1）寒暄致意；

（2）自报家门；

（3）确认对象；

（4）进行介绍；

（5）引起兴趣；

（6）约请见面；

（7）排除异议；

（8）再次确认；

（9）友好道别。

 案例展示

视频：约见流程

案例展示——邀约基盘客户到店话术展示

××先生/小姐，您好！我是××4S店汽车销售顾问×××。本周末我公司即将开展"×××"店内促销活动。特邀您和您的家人来参加，希望为您呈上春天的开心购车礼。除了部分车价特别优惠之外，我们还准备了多重礼品。这是订购×××、×××及其他车系最好的时机，另外活动中一辆任何品牌二手车置换一辆×××车型均可享双重大礼，现场惊喜连连，周末等待您的光临！

2. 电话约见的注意事项

电话约见客户时，有以下注意事项要时刻铭记于心，遵循电话约见准客户的基本原则。

（1）事先对客户的背景资料有初步了解；

（2）要有积极良好的心态，不要考虑对方的反应，自己的思想与举止应该满怀喜悦，让客户感到自己的热忱；

（3）拟好电话讲稿，明确所说内容；

（4）电话约访的唯一目的是争取面谈的时间和地点，不要在电话里进行产品说明；

（5）充分准备电话预约的必备工具：日历表、电话记录表、准客户名单、工作日志、讲稿、镜子、录音机等；

（6）掌控时间，每通电话尽量不超过 4 分钟；

（7）每天有固定的时间预约准客户；

（8）在一个安静的区域打电话，环境不要过于嘈杂；

（9）避免在电话中与准客户争辩；

（10）记录每一通电话的结果；

（11）说话的语速、语调、声音要控制好，平时多加训练。

◎ **思路拓展**

思路拓展——学会目标管理

下面介绍一种目标管理的方法：数字目标。

（1）数字的含义。1、15、7、8、96 这一串数字的含义是：一位销售人员一天要打 15 个电话；在这 15 个电话里面，要找出 7 个意向客户，一个星期 5 天，就会找到 35 个意向客户；在这 35 个意向客户中，有 2 个客户能够购买你的产品，以一个月 4 个星期计算，就是 8 个客户能够购买产品，一年 12 个月即可销售 96 件产品。这个数字很有用。

（2）数字的调整。如果今天打了 15 个电话，并没有找出 7 个意向客户，可能只找出 3 个意向客户，甚至更少。这时需要对数字信息进行调整，多打电话，15 个电话不行，就打 20 个电话，直到获得 7 个意向客户为止。

（3）数字的积累。当然，数字是有一定积累的。对于新的销售人员，要想天天获得 7 个意向客户是有一定难度的，那就需要不断地接触客户，如把名片发给尽可能多的潜在客户。

---

3. 电话约见的具体话术

电话约见准客户时，可以参照表 1-3，根据实际情况设计具体话术。当然，如果遇到特殊情况要随机应变，具体情况具体分析，不能过于教条。

表1-3 电话约见话术

顺序	基本用语	注意事项
1. 准备	—	确认对方的姓名、电话号码，准备好要讲的内容，说话的顺序和所需要的资料、文件等
2. 问候，自报家门	"您好！我是××汽车公司的汽车销售顾问×××。"	一定要报出自己的姓名，讲话时要有礼貌
3. 确认电话约见对象	"请问是××先生吗?" "麻烦您，我想找××先生。"	必须确认电话约见对象。如与要我的人接通电话后，应重新问候
4. 通话	"今天打电话是想……"	应开门见山，将要说的事情告诉对方，如是比较复杂的事情，请对方做好记录，对时间、地点、数字等进行准确的传达。说完后可总结所说内容的要点
5. 结束通话（结束语）	"谢谢" "麻烦您了" "那就拜托您了" "那明天见" 等	语气诚恳、态度和蔼
6. 放下电话听筒	—	等对方挂电话后再轻轻放下电话听筒

 知识应用

融会贯通——接待不同需求来电客户的规范要求

1. 如果客户要找的人不在现场

（1）将电话转到恰当的人，告知客户其电话将予转接，并告知其转接电话人的姓名。若接电话的人在附近则用手遮住话筒，再请被访者接听，简单向被访者说明客户的需求，以省客户的时间，使其不必重复所说的话。

（2）如果被访者正忙，就询问客户是否愿意等一下，但不能让客户等待超过10秒，否则应转回来和客户谈话，并问客户是否可以再等一等。

（3）如果被访者不在，则记录信息，询问客户怎么给被访者回电话。

2. 如果客户询问相关事宜

（1）回答客户询问前先问："请问先生（小姐）贵姓?"必要时重述来电者问题以示尊重，并做确认。

（2）亲切地回答问题，若无法回答则请客户稍等，向同事问清答案后再回答，或请同事代为回答。

（3）客户咨询车的价格、配置等相关问题时，一定要非常流利、专业地回答。回答报价问题时，应遵循汽车销售公司所规定的统一报价，其他费用明细应报得非常准确。

视频：邀约实战

学习笔记

（4）如果客户咨询售后服务方面的问题，应尽可能地帮助解决，不能解决的应让客户留下联系电话，并马上交给售后服务部负责跟进。同时，业务代表在"来店（来电）登记表"上注明相关内容。

（5）主动邀请客户来店并尽可能留下客户资料（但不可强求），可说："××先生（小姐），为了让您能有更加深入的了解，请您留下电话或地址，我们会再和您联络或寄资料给您。"

跟大师学

职场素养——汽车销售大王的认真负责和敬业精神

汽车销售大王乔·吉拉德在将汽车卖给客户数周后，就从客户登记卡中找出对方的电话号码，开始与对方联系："以前买的车子情况如何？"白天打电话，接听的多半是购买者的太太，她大多会回答："车子情况很好。"乔·吉拉德接着说："假使车子振动得厉害或有什么问题，请送回我这儿来修理。"他还请她提醒她的丈夫，在保修期内送来检修是免费的。

同时，乔·吉拉德也会问对方是否知道有谁要买汽车。若对方说有位亲戚或朋友想将旧车换新，他便请对方告知这位亲戚或朋友的电话号码和姓名，并请对方打个电话替他稍微介绍一下，且告诉对方如果介绍的生意能够成功，可得到25美元的酬劳。最后，乔·吉拉德没有忘记对对方的帮助表示感谢。

乔·吉拉德认为，即使是质量上乘的产品，在装配过程中也可能发生一些小差错，虽经出厂检验也难免有疏漏，这些小故障维修起来并不困难，但对客户来说就增添了许多麻烦。把汽车卖给客户后，对新车是否有故障的处理态度和做法将成为客户向别人描述购车体验的重点。客户可能会说："我买了一辆雪佛兰新车，刚买回来就出故障！"但如果主动问询对方对汽车的评价，客户就会对别人说："乔·吉拉德这个人服务挺周到，时时为我的利益着想，出了点小故障，他一发现就马上给我免费修好了。"

思考：从这则案例你得到了什么启示？一个人应该以什么样的态度对待自己的工作？对于自己所从事的工作，自身应该具备什么样的职业素养？

任务实施

结合1+X证书-"汽车营销评估与金融保险服务技术"模块-汽车销售流程-客源开发对技术和知识的要求标准，以学习小组为单位，讨论制订工作计划，小组成员合理分工，完成任务并记录。

项目一	客户开发与管理	任务3	邀约客户

组别（姓名）			成绩		日期	

| 接受任务 | 促销会结束，晓宁想邀约孙先生到店进一步看车，完成任务吧！ |||||||

	客户名称	职业	现有车型	婚姻情况	配偶职业	消费类型	购车目的
	孙帆（男）	公司职工	无	未婚	未婚妻为公司职工	经济独立/家人支持	结婚前打算买车

小组分工	
场地及工具	

知识检测

制订计划	序号	工作流程	操作要点
	1	制订约见计划	
	2	打电话前准备事项	
	3	打电话流程	

实施过程	实施要求： （1）做好打电话前的准备； （2）设计有吸引力的开场白； （3）每个小组找出一位同学扮演汽车销售顾问，一位同学扮演客户，模拟展示电话邀约过程； （4）扮演汽车销售顾问和潜在客户的学生分别描述所扮演角色的心理活动和体会，帮助大家理解汽车销售顾问的心理和潜在汽车客户的心理； （5）教师及小组间进行评价。

任务完成情况反馈	

学习笔记

任务评价

任务名称			邀约客户			
考核项目			评分要求	分值100	实际得分 内部评价 / 外部评价	扣分原因
过程评价	素质评价	学习态度	态度积极，认真完成任务	5		
		语言表达	表达流畅，内容有条理、逻辑性强；用词准确、恰当，语调语气得当	5		
		团结协作	分工协作，安排合理，责任人明确	5		
		创新能力	电话邀约时具有创新性思维	5		
	技能评价	制订约见客户计划	计划目的明确，有预见性、可行性，能指导任务实施	5		
		打电话前准备工作齐全	客户资料	5		
			开场白	5		
			应对话术	5		
		打电话流程	精神饱满面带微笑，保持热情	3		
			用语礼貌	2		
			自我介绍，表达谢意	5		
			说明来意：开场白能引起顾客的兴趣	5		
			拒绝处理	5		
			确认邀约的时间、地点	5		
		电话结束	表示感谢，把确认事项发给客户	3		
			客户先挂电话	2		
结果评价	知识掌握		扫描"任务实施"中的知识检测二维码，检测知识掌握情况	20		
	工单质量	实施计划	要点齐全、准确、可执行，填写认真	5		
		任务反馈	完成任务，反馈及时有效	2		
		填写质量	记录规范、书写整洁	3		
总分			100分			

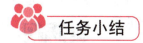 任务小结

通过本任务的学习可以了解约见客户的常见方法，应用最广的为电话邀约。电话邀约前应该提前做好准备（应对方案及有吸引力的开场白），运用电话礼仪，顺利邀约客户到店。通过本任务的实施，查找并总结自己在技能上和知识上需要再加强的地方，并对照知识体系图，对所学内容进行再次梳理（图1-13）。

图1-13　项目一任务3知识体系图

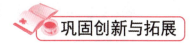 巩固创新与拓展

一、任务巩固

完成练习，巩固所学知识。

二、任务创新

公司要举办十周年庆典活动，进店即有好礼相送，优惠多多。设计邀约内容，邀约你的基盘客户到店参加庆典吧！

三、学习拓展

职场法则——帕金森定律

一位老太太要给侄女寄明信片，她用了1个小时找明信片，用了1个小时选择明

**学习笔记** 信片，找侄女的地址又用了 30 分钟，用了 1 个多小时写祝词，决定去寄明信片时是否带雨伞，又用去 20 分钟。做完这一切，老太太劳累不堪。同样的事，一个工作特别忙的人可能花费 5 分钟在上班的途中就顺手做了。

帕金森定律表明：只要还有时间，工作就会不断扩展，直到用完所有的时间。这其实是一种工作范围的蔓延，对时间管理有害，对项目成本和人力管理也会带来问题，应该杜绝帕金森现象。

教师寄语

针对这一定律，面对职场，同学们有什么思考呢？

自我分析与总结

学生改错	学习收获	学习完成度	
		我理解了	
		自我成就	我学会了
			我完成了
		同学认可	（小组贡献、树立榜样、进步方面等）
		教师鼓励	（突出表现、进步方面、重要创新等）

学生总结及目标

项目学习成果实施与测评

项目学习成果名称：客户开发与管理			
班级：	组别（姓名）：		成绩：
小组分工		知识检测	
场地及工具			

一、接受任务

　　"十一"黄金周将至，北汽 4S 店决定举办促销活动，公司在 4S 店官网、垂直网站、车载交通广播及抖音、快手等相应自媒体网站都发布了活动信息，作为新入职的汽车销售顾问，请依托此活动，确定初步的客户开发方案，活动后进行客户跟踪，针对意向比较强的客户，进行电话邀约，邀请客户到店看车。

二、任务准备

　　(1) 写出公司针对"十一"黄金周促销活动的宣传渠道。

　　(2) 写出评估的 MAN 法则。

　　(3) 写出电话邀约的流程。

三、制订计划

序号	工作流程	操作要点
1	根据公司针对"十一"黄金周促销活动的宣传渠道及客户开发的常用方法确定适合汽车销售及团队的客户开发方案。	(1) 公司渠道 (2) 其他方法

汽车顾问式销售

学习笔记

续表

序号	工作流程	操作要点
2	筛选一批意向级别高的客户，写出客户信息。	可参考《4S店来店/电客户登记表》记录客户信息
3	邀约客户到店。	（1）开场白 （2）异议处理 （3）电话邀约注意事项

四、任务实施

（1）根据小组团队特点，制定适合团队的客户开发方案。

（2）根据信息表中的客户信息及客户筛选的三要素进行分析，小组筛选一组意向级别比较高的客户。

（3）做好打电话前的准备。

（4）设计有吸引力的开场白。

（5）每个小组找出一位同学扮演销售顾问，一位同学扮演客户，模拟展示电话邀约过程。

（6）扮演汽车销售顾问和潜在客户的学生分别描述所扮演角色的心理活动和体会，帮助大家理解汽车销售顾问的心理和潜在汽车客户的心理。

（7）录制电话邀约视频，组间、教师进行评价。

（8）将方案及视频上传到平台。

五、质量检查

根据实施评价标准检查项目完成情况，并针对实训过程中出现的问题提出改进措施及建议

六、反思总结

任务完成情况	
团队合作情况	
通过实训创新思维及接打电话能力有何变化	
需要改善的方面	

项目成果评价标准

项目名称		客户开发与管理				
考核项目		评分要求	分值100	实际得分 内部评价	实际得分 外部评价	扣分原因
素质评价	学习态度	态度积极，认真完成任务	5			
	语言表达	表达流畅，内容有条理、逻辑性强；用词准确、恰当，语调语气得当	5			
	团结协作	分工协作，安排合理，责任人明确	5			
	创新能力	成果展示具有创新性思维	5			
过程评价	技能评价	能够准确地确定开发客户的目标	5			
		能够准确地选择开发客户的渠道	5			
		能够选择合适的客户开发方法确定准客户	5			
		能够运用客户开发技巧，吸引客户成为准客户	5			
		能够运用客户信息筛选审查技巧，确认客户信息，制作客户信息表	5			
		做好电话邀约前的准备	5			
		按照电话礼仪完成电话邀约并记录信息	5			
		电话邀约话术有吸引力	5			
		灵活处理客户的异议	5			
结果评价	知识掌握	扫描"任务实施"中的知识检测二维码，检测知识掌握情况	20			
	工单质量 实施准备	要点齐全准确，填写认真	5			
	工单质量 实施计划	言之有物、可执行，填写认真	5			
	工单质量 反思总结	任务完成，训练有效性及改善情况	2			
	工单质量 填写质量	记录规范、书写整洁	3			
总分		100分				

项目二　展厅接待

 项目导读

本项目完成汽车销售中的展厅接待。展厅接待是给客户留下良好的第一印象的首要环节，本项目要求能够以汽车销售顾问的专业职场形象，按照展厅接待的标准流程完成不同情境下不同客户的展厅接待。

 项目目标

（1）根据汽车销售前需要做的准备工作，能完成汽车销售前的准备。

（2）掌握展厅接待的要点、流程和标准，能熟练运用展厅接待技巧和礼仪完成汽车销售展厅接待。

 项目实施

展厅接待是店内销售的第一个环节，汽车销售顾问提前做好接待准备，在客户到来时进行热情、周到、专业的接待服务，给客户留下良好的第一印象。

项目二　展厅接待	任务1	礼仪礼节准备
	任务2	展厅接待准备
	任务3	客户接待

学习笔记

任务1 礼仪礼节准备

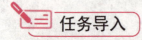

任务导入

热情、开朗的晓宁刚入职北汽新能源汽车4S店，作为一名职场新人，晓宁积极上进，非常重视自己的职场形象，为了给客户树立专业的顾问形象，留下良好的第一印象，他需要怎么做？

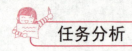

任务分析

专业形象是留给客户良好的第一印象的基础，在进行汽车销售之前，一定要把自己的仪容、仪表、服务礼仪准备好，作为准汽车销售顾问要学会整理仪容仪表、练习仪态及服务礼仪，树立一个汽车销售顾问职业人的专业形象。

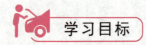

学习目标

【知识目标】

（1）了解接待的仪容仪表的含义及仪表修饰的原则；

（2）掌握正确的仪表着装，进行展示；

（3）理解专业汽车销售顾问的肢体语言在汽车销售过程中的重要性，掌握肢体语言的运用标准；

（4）掌握汽车销售展厅的客户接待礼仪。

【能力目标】

（1）能根据汽车销售顾问仪容仪表仪态要求，整理自己的仪容仪表仪态；

（2）能根据汽车销售顾问服务礼仪要求规范自己的服务礼仪。

【素质目标】

（1）具备无论自己或家里发生什么事，面对客户仍保持微笑的职业态度；

（2）遵守汽车销售顾问的职业礼仪规范。

任务准备

一、工具准备

（1）正装、衬衫、领带、丝巾、化妆用品；
（2）音响设备、镜子和多媒体（配合演练）。

1+X 礼仪礼节
模块考核标准
及融合

二、知识储备

根据本任务的要求，结合 1+X 证书-"汽车营销评估与金融保险服务技术"模块-汽车销售礼仪礼节及行为规范对技术和知识的要求标准，确定本任务的知识储备内容及实施要点。

步骤 1：整理仪容仪表

为了给客户留下良好的第一印象，汽车销售顾问的仪容仪表非常重要。

切记要以身体为主，服装为辅。如果让服装反客为主，汽车销售顾问本身就会变得无足轻重，在客户的印象里也只有服装而没有销售人员。正如著名的时装设计大师夏奈儿所说："一个女人如果打扮不当，您会注意她的衣着，要是她穿得无懈可击，您就会注意这个女人本身。"因此，要根据时间、场合、事件的不同，分别穿着不同的服装。

无论怎样着装，着装目的要清楚，就是要让客户喜欢而不是反感。

1. 男性汽车销售顾问（图 2-1）的衣着规范及仪表

西装：深色。如有经济能力最好能选购高档一些的西装。

衬衫：纯色。以白色、浅色或中色为主，注重领子、袖口清洁，并熨烫平整。一定要每天更换。

领带：以中色为主，不要太花或太暗，注意和衬衣或西装的反搭配协调。

视频：男士着装

图 2-1　男性汽车销售顾问

长裤：选用与上衣色彩、质地相衬的面料。裤长以盖住鞋面为准。

便装：中性色彩，干净整齐，无油污。

皮鞋：黑色或深色，注意和衣服搭配。如有经济能力最好选购一双名牌皮鞋，且要把鞋面擦亮，把皮鞋底边擦干净。

短袜：黑色或深色，穿着时不要露出里裤。

身体：要求无异味，可适当选用好一些的男士香水，但切忌香水味过于浓烈。

头发：头发要梳理整齐，不要挡住额头，更不要

学习笔记

有头皮屑。

眼睛：检查有没有眼屎、眼袋、黑眼圈和红血丝。

嘴：不要有烟气、异味、口臭。出门前可多吃口香糖。

胡子：胡须必须刮干净，最好别留胡子。

手：不留长指甲，指甲中无污泥，手心干爽洁净。

2. 女性汽车销售顾问（图2-2）的衣着规范及仪表

头发：干净整洁，不留怪发，无头皮屑。

视频：女士着装

视频：女士站姿

视频：男士站姿

图2-2　女性汽车销售顾问

眼睛：不要有渗出的眼线、睫毛液，无眼袋、黑眼圈。

嘴唇：可以涂些口红，并且保持口气清新。

服装：西装套裙或套装，色泽以中性为好。不可穿着过于男性化或过于性感的服装，款式以简洁大方为宜。

鞋子：黑色中跟淑女鞋，保持鞋面光亮和鞋边干净。

袜子：连裤丝袜，色泽以肉色最佳。

首饰：不可太过醒目和珠光宝气，最好不要佩戴三件以上的首饰。

身体：不可有异味。可选择使用淡雅的香水。

化妆：一定要化妆，否则是对客户的不尊敬。以淡妆为宜，不可浓妆艳抹。

步骤2：调整仪态

在没有正式接待客户之前，对销售人员的基本接待礼仪一定要规范并做培训以便以标准的接待礼仪去接待客户，让客户感受到专业人员的接待以增加对销售人员的信任。

（1）正确的站立姿势：头正，颈直，两眼平视前方，上体自然挺拔，表情自然明朗，收下颚，闭嘴，双腿张开与肩同宽，两臂自然下垂，双手握于小腹前。错误的站立姿势：垂头，垂下巴，含胸，腹部松弛，肚腩凸出，臀部凸出，耸肩，驼背，屈腿，斜腰，依靠物体，双手抱在胸前。

（2）正确的坐姿：落座时动作要轻柔，坐下时不要太快、太重，应大方自然，切忌发出大声。坐满椅子的2/3，不要靠着椅背，下颌内收，双肩放松，眼睛平视，挺胸收腹，坐下后上身应保持直立，微微前倾，应与桌子保持一个拳头左右的距离，双手轻握于腿上或两手分开放于膝上，双脚的脚后跟靠拢，膝盖可分开一个拳头宽，平行放置。若是坐在较软的沙发上，则应坐在沙发的前端；若往后仰，则显得对客户不尊重。离座时，若邻座有人，须先示意，方可离座。女性汽车销售顾问的标准坐姿如图2-3所示。

坐姿应该避免：脊背弯曲，瘫坐在椅子上，跷二郎腿时频繁摇腿，双脚大分叉，双脚交叉，足尖翘起，半脱鞋，两脚在地上蹭来蹭去，手中不停地摆弄东西，坐在椅子上前缩后仰。

（3）正确的走姿：方向明确，速度适中，不要过快或过慢，头正颈直，两眼平视前方，双臂自然下垂摆动，面色爽朗。男士应脚步稳重、有力。女士应步履轻盈自然，步伐从容，步态平衡。男士应步履稳健，坚定自信，避免走"八"字步。走姿应避免：速度过快或过慢，笨重，身体摆动不优美，上身摆动过大，含胸，歪脖，斜腰，挺腹。

（4）迎客的姿势（图2-4）：伸出自己的手，身体略微前倾，看着客户的眼睛，握手需要握实，摇动的幅度不要太大，时间以客户松手的时刻为准。

视频：女士走姿

视频：男士走姿

图2-3　女性汽车销售顾问的标准坐姿

图2-4　迎客的姿势

📋 提示引导

步骤3：规范礼仪

1. 问候礼仪

客户走进门，汽车销售顾问应该迎上去，用尊称称呼，面带微笑，和颜悦色，给人以亲切感，不能面孔冷漠，表情呆板，给客户以不受欢迎之感。

欢迎词如："早上好！欢迎光临！""您好！我是汽车销售顾问××，很高兴为您服务，有什么可以帮您的吗？"等。

与客户讲话时视线落在对方的鼻间，偶尔可以注视对方的双眼。注视是沟通中对客户的尊重，切忌心不在焉，斜视他物。

学习笔记　🎓 自主学习资源

职场贴士——问候技巧

交谈者可根据不同的场合、环境、对象进行不同的问候，常见的问候语如下。

（1）表现礼貌的问候语。如"您好！""早上好！""节日好！""新年好！"之类。

根据问候对象的不同，如从年龄上考虑，对少年儿童要问："几岁了？"或者问："上几年级了？"对成年人问："工作忙吗？"从职业上考虑，对老师可以问："您今天有课吗？"。

（2）表现思念之情的问候语。如"好久不见，您近来怎样？"等。

（3）表现对对方关心的问候语。如"最近身体好吗？""来这里多长时间了，还住得惯吗？""最近工作进展如何，还顺利吗？"。

（4）表现友好态度的问候语。如"生意好吗？""在忙什么呢？"等貌似提问的话语，并不表明真想知道对方的起居行为，往往只表达说话人的友好态度，听话人则把它当成交谈的起始语予以回答，或把它当作招呼语而不必详细作答，其只不过是一种交际的媒介。

2. 握手礼仪

握手（图2-5）是汽车销售顾问日常工作中常见的行为，表示欢迎。在遇见长辈、男士时应主动伸出手，在遇见女士时待对方伸手再握

图2-5　握手

手，握手的顺序是先尊后卑，先长辈后晚辈，先女后男，多人同时握手时应按顺序进行，切忌交叉握手。握手只可以用右手，切忌用左手。与长者和职位高者握手应稍欠身相握，以示尊重。握手时不能戴手套，如果戴着手套，握手前要先脱下手套。

在握手的同时要注视对方，态度真挚亲切，切不可东张西望。握手的力度要适中，要以整个手握住对方的手，时间一般以 1～3 秒为宜，只用手指部分漫不经心地接触对方的手是不礼貌的。与女士握手时，一般只宜轻轻握女士手指部位。在任何情况下拒绝对方主动要求握手的举动都是无礼的，但手上有水或不干净时，应谢绝握手，同时必须解释并致歉。

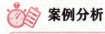案例分析

职场案例——小王的名片

小王是一家 4S 店的汽车销售顾问，上个月他换了新的电话号码，因为这段时间一直比较忙，所以没顾得上重新印制一套名片。因此，每到送名片的时候，为了让对方知道自己最新的电话，小王需要在名片上临时用钢笔加注新换的电话号码。

这段时间，小王的销售业绩直线下滑。小王累得筋疲力尽，业绩却没有丝毫的好转，后来经人指点，他才明白问题出在哪儿。

原来他自己递送给客户的名片不合规范。为了图省事，小王错误地用钢笔在自己的名片上加注刚换的电话号码。本想这样联系起来更方便、更有效，可是在客户看来，名片犹如一个人的"脸面"，对其任意涂改，只能表明此人对工作敷衍了事、马马虎虎。

思考：这个案例对你有什么启发？你觉得礼仪的作用重要吗？

3. 名片礼仪

名片用来说明一个人身份，是汽车销售顾问接待客户和拜访客户时的必备之物。

（1）名片的递送（图2-6）。递送名片是自我介绍的简便方式，首先进行自我介绍，名片的递送应在自我介绍之后。递送名片时应将名片正面朝上，文字面向对方，双手奉上。眼睛应注视对方，面带微笑，稍欠身，注视对方，用双手的拇指和食指分别持握名片上端的两角将名片送给对方，如果正在坐着，应当起立或欠身递送，递送时可以说："我是××，这是我的名片，请笑纳。""这是我的名片，请您收下。""这是我的名片，请多关照。"

图 2-6　递送名片

（2）出示名片的时机。当与对方初次相识，进行自我介绍或别人代为介绍时可出示名片；当双方谈得较融洽，表示愿意建立联系时就应出示名片；当双方告辞时，可顺手取出自己的名片递给对方，以示愿结识对方并希望能再次相见，这样可加深对方对你的印象。名片的递送先后虽没有太严格的礼仪讲究，但也是有一定顺序的。一般是地位低的人先向地位高的人递名片，男性先向女性递名片。

当对方不止一人时，应先将名片递给职务较高或年龄较大者；或者由近至远依次递送，切勿跳跃式地进行，以免对方产生厚此薄彼的感觉。

（3）名片的接受。接受名片时应起身，面带微笑，注视对方。接过名片时应说："谢谢！"随后面带微笑地阅读名片，阅读时可将对方的姓名职衔念出声来，并抬头看看对方的脸，使对方产生一种受重视的满足感，然后回敬对方一张本人的名片，如身上未带名片，应向对方表示歉意。

（4）名片的存放。接过别人的名片后切不可随意摆弄名片或将名片扔在桌子上，也不要将名片随便塞在口袋里或丢在包里。应将名片放在西服左胸的内衣袋或名片夹里，以示尊重。一般来说，把自己的名片放于容易拿出的地方，不要将它与杂物混在一起，以免要用时手忙脚乱，甚至拿不出来；若穿西装，宜将名片置于左上方口袋；若有手提包，可将名片放于包内伸手可得的部位。另外，不要把别人的名片与自己的名片放在一起，否则，一旦慌乱，误将他人的名片当作自己的名片送给对方，会十分尴尬。

4. 引领礼仪（图2-7）

当客户需要服务时，接待员应引领客户到其他办公室或工作区域。

（1）在走廊引领时，接待人员应在客人二三步之前，指明道路，配合步调，让客人走在内侧。

学习笔记

（2）在楼梯上引领时，当引领客人上楼时，应该让客人走在前面，接待人员走在后面。当下楼时，应该由接待人员走在前面，客人走在后面。上下楼梯时，接待人员应该注意客人的安全。

（3）在电梯中引领时，接待人员应先进入电梯，按住按钮或用手挡住门侧，以防电梯门关闭夹人。

（4）在客厅中引领时，当客人走入客厅时，接待人员应用手指示，请客人坐下，看到客人坐下，行点头礼后才能离开。

图 2-7　引领礼仪

5. 送别礼仪

客户离开时，无论交谈是否顺利、成功，汽车销售顾问都应主动上前礼貌地送别客户。送别时，应感谢客户的光临，如客户有购车意向，请其留下通信方式，以方便进一步交流。要把客户送出店门、电梯门，握手道别。道别后不要马上转身离去，应该目送客户远去，或者等客户都进入电梯，电梯门关闭后，再转身回去。对于开车的客户，待其开车远去再离开。如果是重要客户，要询问其返程的交通是否方便，如果客户没有开车，周到的做法是给客户打一辆出租车，并告诉驾驶员客户要去的地方。

📖 文化传承

传统文化——用礼仪涵养爱国主义情怀

不学礼，无以立。——《论语·季氏》

人有礼则安，无礼则危。——《礼记》

君子之修身，内正其心，外正其容。——欧阳修

君子不失足于人，不失色于人，不失口于人。——《礼记》

在五千年的历史长河中，中华民族创造了灿烂的文化，是"文明古国，礼仪之邦"。《礼记·乐记》中称："礼者，天地之序也。"古人甚至认为礼是人类区别于禽兽的标志，是文明与野蛮的区分，礼是整个中国人世界里一切习俗行为的准则。礼仪是宣示价值观、教化人民的有效方式，礼仪教育在过去几千年中华文明史中承担着继承和发扬中国传统美德的使命，同时对规范社会秩序也起到了极其重要的作用。

教师寄语

任务实施

结合 1+X 证书-"汽车营销评估与金融保险服务技术"模块-汽车销售礼仪礼节及行为规范对技术和知识的要求标准,以学习小组为单位,讨论制订工作计划,小组成员合理分工,完成任务并记录。

项目二	展厅接待		任务 1	礼仪礼节准备	
组别（姓名）			成绩	日期	
接受任务	你作为 4S 店的一名汽车销售顾问,为了给客户树立专业的职业形象,留下良好的第一印象,进行礼仪礼节训练展示。				
小组分工			知识检测		
场地及工具					

制订计划	序号	工作流程	操作要点
	1	整理仪容仪表	
	2	调整仪态	

实施过程	实施要求: （1）按照标准的礼仪礼节要求进行练习; （2）小组内互相训练检查; （3）小组间进行展示并拍摄视频; （4）组间及教师评价; （5）将训练视频上传至平台
任务完成情况反馈	

 学习笔记

任务评价

任务名称			礼仪礼节准备			
考核项目			评分要求	分值100	实际得分	扣分原因
					内部评价 / 外部评价	
过程评价	素质评价	学习态度	态度积极，认真完成任务	4		
		语言表达	表达流畅，内容有条理、逻辑性强；用词准确、恰当，语调语气得当	4		
		团结协作	分工协作，安排合理，责任人明确	4		
		创新能力	合理、灵活地运用职场礼仪	4		
		职业素养	传承文化，得体大方，礼仪规范	4		
	技能评价	站姿	身体各部位的正确姿态 头部、颈部、面部	1		
			两肩、胸部	1		
			腰部、臀部	1		
			手位、两脚	1		
			不同站姿的动作要领展示	5		
		坐姿	坐姿基本要领展示	2		
			脚的摆放方式（女性四种，男性两种）	5		
			入座后姿态的整体保持效果	2		
			入座前、后的其他礼仪要求	2		
		走姿	身体姿态	1		
			跨步的均匀度	1		
			手位摆动的情况	1		
			身体与手、脚的协调配合	1		
			动态美感	1		
		蹲姿	高低式蹲姿	5		
		鞠躬	鞠躬姿势正确	5		
		介绍	礼貌地进行自我介绍或为他人做介绍	5		
		名片	规范地使用名片	5		
		握手	握手动作准确、自然大方	5		

续表

任务名称		礼仪礼节准备				
考核项目		评分要求	分值100	实际得分		扣分原因
				内部评价	外部评价	
结果评价	知识掌握	扫描"任务实施"中的知识检测二维码，检测知识掌握情况	20			
	工单质量 实施计划	要点齐全、准确、可执行，填写认真	5			
	工单质量 任务反馈	完成任务，反馈及时有效	2			
	工单质量 填写质量	记录规范、书写整洁	3			
总分		100分				

 任务小结

通过本任务的实施，查找并总结自己在技能上和知识上需要加强的地方，并对照知识体系图（图2-8），对所学内容进行再次梳理。

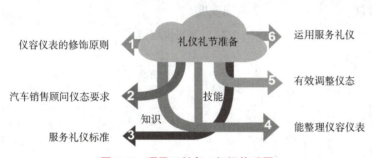

图2-8 项目二任务1知识体系图

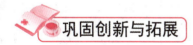 **巩固创新与拓展**

一、任务巩固

完成练习，巩固所学知识。

学习笔记

二、任务创新

毕业将近，一年一度的求职热开始了，假如你是毕业生，为汽车销售顾问岗位的面试准备一个2分钟自我介绍，并按照相应的礼仪礼节进行模拟。

三、学习拓展

职场法则——机会总是留给有准备的人

天上一闪即逝的东西是什么？是流星，生活中像流星那样稍纵即逝的是什么？是机遇。机遇有时就如同流星，它只存在于划破静寂夜空的一瞬间，过后便很快消失得无影无踪。那些对机遇的猝然来访毫无准备的人，那些不善于把握机遇、利用机遇的人，机遇是常常会与他们失之交臂。西方有位科学家说过："机遇只偏爱有准备的头脑。"只有那些有充分准备的人，才能敏锐地发现机遇并果敢地捕捉机遇，届时便能一往无前地勇闯成功之门。

老师寄语

自我分析与总结

学生改错	学习收获	学习完成度	
		自我成就	我理解了
			我学会了
			我完成了
		同学认可	（小组贡献、树立榜样、进步方面等）
		教师鼓励	（突出表现、进步方面、重要创新等）

学生总结及目标

学习笔记

任务2　展厅接待准备

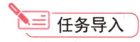任务导入

北汽4S店新晋汽车销售顾问晓宁非常积极上进，他认真对待每一项工作，经过前几天的电话邀约，终于有了成效，今天张先生打电话说明天要跟太太来店看车，晓宁非常高兴，心想一定要提前做好准备。在接待客户之前，汽车销售顾问需要提前准备什么呢？

任务分析

机会总是留给有准备的人，在展厅接待之前，需要对车、人、物进行完善的准备，通过本任务的学习，同学们应该做好展厅接待准备，保证作为汽车销售顾问的自己以及展厅处于接待客户的最佳状态，为成功销售打下基础。

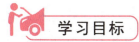学习目标

【知识目标】

(1) 掌握汽车销售顾问的自我准备内容；

(2) 了解展厅、展车准备的意义，掌握展厅、展车的准备内容；

(3) 掌握汽车销售工具的准备内容。

【能力目标】

(1) 根据汽车销售顾问的自我准备内容，能以良好的精神状态展现汽车销售顾问的形象；

(2) 能挖掘4S店展厅布置亮点，完成展车的准备；

(3) 能完成汽车销售工具的准备。

【素质目标】

(1) 传承传统文化素养，具有汽车销售顾问应有的职业礼仪规范；

(2) 具备销售前准备细致周到、一丝不苟的职业精神；

(3) 具备汽车销售顾问敬业、勤业、踏实肯干的职业态度。

学习笔记

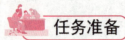任务准备

1+X 客户接待
准备考核标准
及融合

一、工具准备

展厅、展车、销售工具（办公用品、资料、产品资料、相应销售表）。

二、知识储备

根据本任务的要求，结合 1+X 证书-"汽车营销评估与金融保险服务"技术模块-汽车销售流程-客户接待对技术和知识的要求标准，确定本任务的知识储备内容及实施要点。

步骤1：汽车销售顾问的自我准备

1. 自我心理准备

每个人从很小的时候起，就在不断地把自己销售给周围的人，如让别人喜欢自己，接纳自己；说服别人借给自己某种东西；和别人达成交换某个物品的协议等。我们需要销售自己的才能，销售自己是每个人都具有的才能，但真正需要我们有意识地去运用自己的这种销售才能时，许多人就会感到无所适从。有意识地销售商品与无意识地销售自己是有差距的，怎样才能把自己的销售才能充分发挥出来？

视频：销售人员
自身准备

1）相信自己

相信自己会成功，这一点至关重要。并不是每个人都明确地认识到自己的销售能力，但它确实存在，所以要相信自己。人们最大的敌人就是自己，而超越自我则是成功的必要因素。销售人员尤其要正视自己，鼓起勇气面对自己的客户（图2-9）。

2）树立目标

树立一个适当的目标，是销售人员在准备期必要的心理准备之一。没有目标，是永远不可能达到胜利的彼岸的。

3）把握原则

现代营销与传统营销有很大的差别，销售人员已不再只是简单地兜售商品。一名优秀的销售人员在树立了信心、明确了目标后，还应该遵循销售人员的原则。

（1）满足需要原则。

现代的营销观念是销售人员要协助客户，使他们的需要得到满足。销售人员在营销过程中应做好准备去发现客户的需要，极力避免"强迫"销售。最好的办法是通过销售使客户发现自己的需要，而销售人员的产品正好能够满足这种需要。

（2）诱导原则。

营销就是使根本不了解或根本不想买某种产品的客户产生兴趣和欲望，进而使产生这种兴趣和欲望的客户采取实际行动，使已经使用了该产品的客户再次购买，当然能够让客户成为该产品的义务宣传员则更是成功之举。每一阶段的实现都需要销售员把握诱导原则，使客户一步步跟上营销的思路。

（3）照顾客户利益原则。

现代营销术与传统销售术的一个根本区别在于，传统销售带有很强的欺骗性，而现代营销则是以"诚信"为中心，从客户利益出发考虑问题。在以市场为中心的今天，客户已成为各企业争夺的对象，只有让客户感到企业是真正站在消费者的角度来考虑问题，自己的利益在整个购买过程中得到了满足和保护，这样企业才可能从客户那里获利。

（4）保本原则。

一般来说，销售人员在与客户面谈时可以根据情况与时机适当调整价格，给客户适当的折扣或优惠。这里有一个限度问题，各企业对此要求不同，但一般来说不能把价格降到成本线以下。这就要求销售人员不仅要详细了解产品的功能、特征，还应该了解产品的成本核算。

4）创造魅力

销售人员在营销产品之前，实际上是在进行自我销售。一个蓬头垢面的销售人员不论其所介绍的产品多么诱人，客户都会说："对不起，我现在没有购买这些东西的计划。"销售人员的外形不一定要美丽迷人或英俊潇洒，但一定要让人感觉舒服。那么在准备阶段能做的就是预备一套干净得体的服装，把任何破坏形象、惹人厌恶的东西排除，充分休息，以充沛的体力、最佳的精神面貌出现在客户的面前。

语言是销售人员的有力武器，销售人员应该仔细审视自己平日的语言习惯：是否有一些令人不快的口头禅，是否容易言语过激，有没有打断别人讲话的习惯等。销售人员还应视自己的客户群来选择着装，一般说来，若客户是西装革履的白领阶层，那么销售人员也应穿着西装；若客户是机械零件的买主，那么销售人员最好穿上工作服。日本著名销售专家二见道夫曾让销售人员穿上蓝色工作服，效果很好。由此可见，避免不协调是销售人员着装的一个原则。

图 2-9　自信的汽车销售顾问

学习笔记

2. 形象准备

汽车销售顾问是公司和产品的代言人，在客户心目中甚至比公司负责人更具有代表性。仪表也是谈判的技术手段之一，用以动员对方向自己靠拢，它直接影响客户洽谈时的情绪，也会影响谈判结果。仪表可反映在许多方面，如服饰整洁不华丽、谈吐大方不做作、手势适当不过分、行动果断不拘泥、礼节周到不夸张等。因此，为了给客户留下良好的第一印象，汽车销售顾问必须精心准备自己的仪表，以最佳的形象出现在客户面前。

 形象得体

职业素养——形象得体

小丽在某汽车品牌 4S 店已经实习半年了，其他同事都已顺利转正为汽车销售顾问，但小丽却还是销售见习生。

某天中午，一对夫妇走进展厅，站在展台边的小丽赶紧上前，热情地对两位客户大声问好："欢迎光临！请问有什么可以帮忙的吗？"夫妇两人打量了小丽几眼，略微皱了一下眉头，说了一句："哦，随便转转，谢谢！"说完，两个人随便逛了几步便转身离开了展厅。

看到客户似乎对自己有所戒备，小丽心里很疑惑，但却不知道问题出在什么地方。这时，和她一起入职的小雪对她说："小丽，走，去化妆间，我帮你重新化妆。"听到小雪的话，小丽这才意识到自己的头发不够整齐，面部几乎未进行任何修饰，嘴里还嚼着口香糖，小丽一下子羞得满脸通红，跟着小雪迅速跑向化妆间。

教师寄语

思考：小丽和其他同事都在 4S 店实习，而且应聘的都是汽车销售顾问岗位，但是为什么半年后小丽却还在实习？

 案例分析

职场案例——客户离开的原因

某天，汽车 4S 店里来了两位客户想要购车，他们一进店内，刚想咨询，却又眉头紧锁：前台接待人员东倒西歪，有的斜靠在桌前看报纸，有的半躺在椅子上接电话，有的双手托着下巴、胳膊支在桌上聊天。看到这种情况，两位客户相互交换了下眼神，同时退出了这家汽车 4S 店。

思考：请分析客户突然打"退堂鼓"的原因。

视频：专业知识准备

3. 汽车销售顾问应掌握的知识结构

1）产品专业知识

汽车销售顾问应对汽车的基本构造原理和最新的品牌及车型的发展、信息有所掌握；对品牌的悠久历史、品牌定位和市场表现有所了解，并能用生动的语言加以描述；了解各种车型的特点和配备；会熟练运用销售话术；熟悉竞争对手品牌和产品，能够进行比较客观地进行竞品比较等。只有熟练掌握汽车产品的专业知识，才能够在汽车销售中熟练应对客户的异议。

2）非产品专业知识

汽车销售顾问除了要掌握产品专业知识外，还应掌握以下非产品专业知识。

（1）社会主义精神文明和商业道德。

（2）经营业务知识，具体包括营销基础知识等；熟悉市场，熟悉销售工作的每个环节，熟悉各种票据、财务手续等。

（3）客户心理，讲究谈判和语言艺术。

（4）商务礼仪知识。

（5）外语。

（6）其他非产品专业知识。

提示引导

重点提示——汽车销售顾问应该具备的素养

为了提高自身的综合素质和能力，以后在与客户的交往中能自然地找到共同话题，从而与之接触、交谈并成为朋友，建议汽车销售顾问具有一项或两项个人爱好。

针对男性客户，汽车销售顾问可适当关注体育、旅游、财经方面的信息；针对女性客户，汽车销售顾问可适当关注化妆、美容、旅游等方面的信息。汽车永远是共同的话题，汽车销售顾问需要展现给客户的是一种专业的形象，因此汽车销售顾问还要掌握产品的基本知识。

汽车销售顾问的基本能力：

（1）观察能力；

（2）记忆能力；

（3）思维能力；

（4）交往能力；

（5）说服能力；

（6）演示能力；

（7）核算能力；

（8）应变能力。

专业汽车销售顾问的特点：

（1）专业化；

（2）服务化；

（3）顾问化；

（4）人性化。

优秀汽车销售顾问应具备的条件：

（1）比领导更了解自己的公司；

（2）比消费者更了解消费者，比他们的知识面更广；

（3）比竞争对手更了解他们自己；

（4）比汽车设计师更了解汽车。

学习笔记   步骤2：展厅与展车准备

案例分析

职场案例——小李卖车之碰壁

小李刚刚大学毕业便找到一份她盼望已久的汽车4S店的销售工作。但由于4S店的规定，她需要过了三个月的试用期后才可以接待客户，此前阶段为学习阶段。

小李觉得自己的形象好、口才好，卖车肯定没问题，只是盼着快些过了试用期好大显身手。她想好了，过两个月一定要拿下销售冠军的头衔，这样想着心里别提多美了。

在试用期阶段，小李除了学习还负责部分展车的清洁工作。她心里很不平衡："凭什么要多负责两台，虽然擦车很简单，但这种不公平待遇就是不愿意接受，算了，谁让我是新来的。"

（她边这样想边漫不经心地擦着车……）

汽车销售顾问A："小李，这台展车是你负责的吧？"

小李："是我负责的啊，怎么了？"

汽车销售顾问A："你看你擦的车，灰都没擦掉，我的客户刚才穿的白色衣服都因此弄脏了，他很不开心地走了，你耽误我事了，真是的。"

小李："有那么严重吗？"

汽车销售顾问A："怎么没有呢！这可是在客户进店前就应该做好的工作，如果被经理知道你就得挨批，售前准备工作是很重要的。"

小李没有再说话，心想：你们就欺负我吧，等我成为销售冠军的那天，你们一定会后悔的。

三个月很快过去了，小李顺利地转正了，也能够接待客户了。今天是小李接待客户的第一天，她无比兴奋，她小心翼翼地对待每位来店的客户，并且都按照相关规定记录好客户相关的信息。

小李："您好！欢迎光临××汽车4S店，我是这里的汽车销售顾问李好，您叫我小李就行，请问您怎么称呼？"

客户："我姓于。"

小李："于先生，您好！我有什么可以帮您的？"

客户："我想看看车。"

……

客户："小李，我想提点建议可以吗？"

小李："当然可以了，您有什么建议呢？"

客户："你们店的展车的卫生不好，你看我刚才摸了一下轮胎，弄得我满手是灰，以后应该多加强这方面工作。"

小李："于先生，真是对不起，我带您洗一洗手再回来签订单吧！"

客户："好。"于先生洗手回来后说："我今天还有事，改天再签订单吧！我先走了。"

小李："于先生，签订单很快的，再说您刚才不是说着急用车吗？您先签了订单，车到得也快啊！"

客户："不了不了。"

小李："于先生，您不是说……"

客户："小李，说实话，你人挺好的，但是我看你们店的管理不一定太好，连展车都擦不干净，以后的售后服务也不一定会重视，请你谅解！"

小李站在那儿愣住了，连于先生什么时候走的都不知道。

看了小李的卖车经历，你有什么感触呢？

汽车销售环境对于整个销售工作是非常重要的，一个好的展示环境可以提升客户对产品价值的认识，使客户的注意力集中在价值上而非价格上。展车是汽车销售顾问进行产品展示的主要工具，因此要确保展厅所有硬件设施整洁、完好、可用，同时确保展车的完好与整洁。

1. 展厅氛围营造与维护

良好的氛围会使展厅与众不同，更能激发客户的购买欲望。展厅可根据当地风俗习惯及自身状况做一定布置，比如展厅文化氛围的营造、汽车装饰品展示区的设计、客户休息区的布置、展车的摆放等（图2-10）。

视频：展厅和展车准备

图2-10 展厅准备

对于展车的摆放，一般情况下汽车厂家都有一定的规定，汽车4S店也可以根据自己展厅的情况做出安排。不管具体规定是怎么样的，都应尽可能地让汽车的型号齐全，摆放时也应该考虑汽车的颜色搭配和主题层次，比如新车型上市时，主展台往往会摆放新车型，还应当考虑促销车型如何摆放。

2. 展车摆放与清洁

汽车销售顾问要保证展车处于最佳状态，大多情况下应考虑展车摆放的要求和展车卫生的要求，比如要做到："远看无灰尘，近看无手印"；轮胎表面光亮无灰；门锁及行李箱锁保持开启状态；座椅、转向盘调整到适当的位置等一系列要求。可根据汽车厂家或公司的具体要求操作（图2-11）。

图2-11 展车准备

1）展车的摆放

（1）展车的摆放数量应该按照厂家的要求达到展厅设计图纸数量要求，并尽可能款式齐全。

（2）展车在展示时要考虑到其颜色和主次顺序，比如滞销颜色和畅销颜色的选择、滞销车型和畅销车型的摆放关系等。

（3）4S店内的主展台位置上建议摆放厂家主推车型中的最高配置，这样不仅能起到宣传作用，同时也让客户了解车辆所有的配置，方便客户选择车型。

（4）展车要按照厂家的展厅设计图纸所设计的位置摆放。

（5）建议展厅内摆放改装好汽车装饰的车型供客户参观选择，以便于汽车装饰的销售。

（6）展厅内不容许摆放其他品牌的汽车、装饰和宣传物品等其他品牌的任何东西。

2）展车的清洁

（1）展车的外部。

①作为展车要除去新车的油漆保护膜。

②展车表面应做到"近看无灰尘，远看无手印"。

③展车轮胎表面应没有灰尘，并且轮胎要保持光亮。

④展车的门锁和行李箱锁应保持开启状态，从方便客户参观。

⑤展车的前车窗建议完全放下，配备天窗的车型应打开遮阳内饰板，且可天窗斜开。

⑥展车的轮毂品牌标志应该向上。

⑦展车的前、后牌照位置应放置注明车辆型号的车牌，并在展车旁边放置带有展车配置表的配置架。

⑧对于电动展车要保证电瓶有电，以便客户能够随时参观车辆的电气设备。

（2）展车的内部。

①展车应除去新车座椅保护套。

②展车应使用品牌统一指定的展车脚垫。

③展车内部禁止吸烟。

④展车内的时钟要调到北京时间并且要将收音机调到当地最清晰的、收听率最高的频道，将音量调到适中，以免惊吓客户。

⑤为展车 CD 准备 3 组风格不同的音乐光盘。

⑥对于转向盘应将长度调整至最靠近仪表盘，将高度调整到最高位置。

⑦展车中除了装潢之外不能有其他附加物。

⑧展车的前排座椅靠背建议调整到与 B 柱平行的位置，座椅的高度调整至最低水平为宜。

⑨展车随车附件要齐全，如备胎、随车工具、说明书、天线、点烟器和烟灰缸等，且需要安装到位。

步骤 3：销售工具的准备

汽车销售顾问必备的销售工具如下。

（1）名片与名片夹；

（2）通信录；

（3）计算器；

（4）便笺纸、笔；

（5）产品配置单；

（6）最新价格表；

（7）空白"合同申请表""拜访记录表"等专业销售表格。

销售工具不应该是别人提供的，而应是汽车销售顾问自己准备的，只要认为合理可用、能够帮助销售的，都可以将其作为销售工具使用。比如保险相关资料、按揭相关资料等都可以帮助销售。

提示引导

重点提示——准备销售工具的好处

（1）容易引起客户的注意和兴趣；

（2）使销售说明更直观、简洁和专业；

（3）避免介绍时遗漏内容；

（4）缩短拜访时间；

（5）提高效率。

 自主学习资源

视频：销售工具
的准备

跟大师学——乔·吉拉德的成功秘诀

乔·吉拉德是世界上最伟大的推销员之一，他是世界汽车销售冠军，平均每天销售 6 辆汽车，连续 12 年保持吉尼斯世界纪录。他的成功秘诀如下。

（1）只要我认真把事情学会了，一切都是可能做到的。

（2）我认真地规划自己，尽量在任何一个方面都做得完美。平时要加强训练，做事要有计划，要遵守纪律。

（3）我是我的生命的主人，要全神贯注，要全情投入。

（4）要远离消极的人、电视、报纸，和积极的人在一起。

（5）我有一个不得不改变现状，不得不立即行动的理由。

（6）我总和对我的事业或我的客户有帮助的人在一起。

（7）千万不要自卑，不要小看自己，相信自己是最棒的。

案例讨论：要想成为一个成功的汽车销售顾问，需要培养哪些习惯？

恭而有礼

职场素养——恭而有礼

汽车 4S 店的汽车销售顾问小李，通过打电话的方式邀请潜在客户张先生到店洽谈购车事宜，双方约定时间为本周日下午 3 点，张先生和妻子在约定时间带着女儿准时到达，而小李却在忙手里的事情没有及时接待客户，由销售接待进行了简单的迎客服务后，便请张先生全家自己去车边等待小李。大概 20 分钟后，小李才过来接待张先生，再看小李，他长发及领，上身穿白色衬衣，挽着袖子，下身穿印花的牛仔裤，脚下是一双白色的旅游鞋，衬衣上也没有佩戴统一的工牌。看到此景，张先生脸上的期待笑容瞬间转变为不快的表情，双方只是做了简单交流，张先生便借口有事而匆匆离店。

教师寄语

思考：张先生为什么匆匆而去？

任务实施

结合 1+X 证书-"汽车营销评估与金融保险服务技术"模块-汽车销售流程-客户接待对技术和知识的要求标准，以学习小组为单位，讨论制订工作计划，小组成员合理分工，完成任务并记录。

学习笔记

项目二	展厅接待	任务2	展厅接待准备

组别（姓名）		成绩		日期	
接受任务	今天张先生打电话说明天要跟太太进店看车，作为一名汽车销售顾问我们需要提前准备什么呢？				
小组分工			知识检测		
场地及工具					

制订计划	序号	工作流程	操作要点	
	1	汽车销售顾问自我准备		
	2	展厅、展车准备	（1）展厅准备	
			（2）展车准备	
	3	销售工具准备		

实施过程	实施要求： （1）小组协作按照车、人、物要求进行准备； （2）小组互检自我准备； （3）小组展示准备成果； （4）小组间、教师进行评价。
任务完成情况反馈	

学习笔记

任务评价

任务名称			展厅接待准备			
考核项目			评分要求	分值 100	实际得分		扣分原因
					内部评价	外部评价	
素质评价		学习态度	态度积极，认真完成任务	5			
		职业素养	认真细致的职业素养踏实肯干的职业态度	5			
		团结协作	分工协作，安排合理，责任人明确	5			
		创新能力	成果展示时具有创新性思维	5			
过程评价	技能评价	仪容准备	①发型整洁，无出绺、没有头皮屑	2			
			②妆容得体，清新自然	2			
			③眼部清洁，目光有神	2			
			④耳鼻口清洁，无异物和异味	2			
			⑤不留长指甲，指甲内部没有污垢	2			
		仪表准备	①着装整洁，且尺寸合适	2			
			②服装颜色及美化搭配适宜	2			
			③鞋面无灰尘和污迹，袜子无破损	2			
		心理准备	精神饱满、自信	2			
			面带微笑、热情	2			
		展厅准备	整体布局美观	3			
			内部标识齐全	3			
		展车准备	外观 外表光洁，可见部分干净	2			
			展车未上锁	2			
			车窗前排全开、后排关闭	2			
			车轮下放置轮胎垫	2			
			内饰 内饰干净、整洁、无杂物	2			
			转向盘调整至最高	2			
			保护膜拆除	2			
			头枕最低，椅背角度维持在105°	2			
			调整好音响	2			
		销售工具准备	办公用品	2			
			资料	2			
			销售表	2			

续表　　　学习笔记

任务名称		展厅接待准备				
考核项目		评分要求	分值100	实际得分		扣分原因
				内部评价	外部评价	
结果评价	知识掌握	扫描"任务实施"中的知识检测二维码，检测知识掌握情况	20			
	工单质量 实施计划	要点齐全、准确、可执行，填写认真	5			
	工单质量 任务反馈	完成任务，反馈及时有效	2			
	工单质量 填写质量	记录规范、书写整洁	3			
总分		100分				

任务小结

展厅接待作为店内销售的第一个环节，给客户留下良好的第一印象非常重要，一定要提交做好准备，让客户一进店就能感受到舒适的展厅氛围，看到清洁的展车，受到专业、优雅的汽车销售顾问接待。每一位汽车销售顾问都应该在进行展厅销售前做好自我准备、展厅与展车准备、销售工具准备这三方面的准备工作，以便做到心中有数，稳操胜券。通过本任务的实施，查找并总结自己在技能上和知识上需要加强的地方，并对照知识体系图（图2-12），对所学内容进行再次梳理。

图2-12　项目二任务2知识体系图

巩固创新与拓展

一、任务巩固

完成练习，巩固所学知识。

二、任务创新

（1）汽车销售顾问如何锻炼自己的沟通能力？产品知识如何储备？

（2）汽车销售顾问为什么要做端茶倒水的工作？这属于汽车销售顾问的职责吗？

三、学习拓展

笃行篇——脚踏实地工作，认真做好小事

经过十几年的寒窗苦读，经过一轮又一轮的人才招聘会和斗智斗勇的层层面试，职场新人终于熬出了头，找到了一份工作，带着无限美好的憧憬准备大显身手。这些职场新人怀揣着引以为荣的各种各样的证书，走向社会，自我感觉良好，应该是所谓的"人才"，然而被分配做"苦力"的现实却给了他们当头一棒，以至于产生了到底是人才还是苦力的疑惑。

每一个新人都要清醒地认识到，大学证书只说明了你学到了一定的理论知识，但你还缺乏实践经验及动手能力。

职场与人生是一样的，成功是每个人追求的目标，但要避免急功近利。每个成功者的背后都有着痛苦的磨难和经历。在职场生涯磨合期，心态调整尤为必要，要不断调整自己，保持静心、耐心、细心、专心，从小事做起，勤学、认真、脚踏实地地工作。

教师寄语

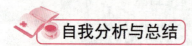 自我分析与总结

学生改错		学习完成度	
	学习收获	自我成就	我理解了
			我学会了
			我完成了
		同学认可	（小组贡献、树立榜样、进步方面等）
		教师鼓励	（突出表现、进步方面、重要创新等）

学生总结及目标

学习笔记

任务3 客户接待

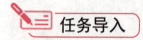
任务导入

　　周六上午，天气非常炎热，张先生带着他的新婚妻子按照预约时间来到4S店。张先生是公务员，他的妻子是一名教师，张先生西装革履，他的妻子穿着时尚，汽车销售顾问晓宁也做好了准备等待张先生跟太太的光临。请问晓宁该如何做好接待工作，给客户提供满意的服务，让顾客开心而来，满意而归呢？

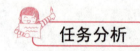
任务分析

　　展厅接待是给客户留下第一印象的关键时刻，也会影响到客户在展厅停留时间的长短，因此会影响销售成交的概率。通过本任务的学习，同学们应该掌握展厅接待的企业标准流程，能运用接待仪礼热情周到地模拟接待不同状况下不同类别的到店客户，给客户营造一个舒适的环境，留下良好的第一印象。

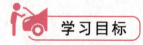
学习目标

【知识目标】

（1）掌握展厅接待的流程；

（2）掌握不同情境下展厅接待的处理原则。

【能力目标】

（1）能运用接待仪礼按照展厅接待的标准流程模拟接待到店客户；

（2）能针对来店客户的不同状况有效模拟接待客户。

【素质目标】

（1）具备无论自己或家里发生什么事，面对客户时仍保持微笑的职业态度；

（2）传承传统文化，遵守汽车销售顾问的职业礼仪规范；

（3）具备礼让恭谦、平等尊重的职业素养；

（4）具有为客户着想的高度的客户服务意识。

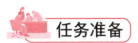

任务准备

一、工具准备

展厅、展车、销售工具（办公用品、资料、产品资料、相应销售表）。

1+X 展厅接待
考核标准及
融合

二、知识储备

根据本任务的要求，结合 1+X 证书-"汽车营销评估与金融保险服务技术"模块-汽车销售流程-客户接待对技术和知识的要求标准，确定本任务的知识储备内容及实施要点。

步骤 1：接待的准备

（1）汽车销售顾问应穿着经销店指定的制服，保持整洁，佩戴工作牌。

（2）每日早会上，汽车销售顾问应互检仪容仪表和着装规范。

（3）汽车销售顾问从办公室进入展厅前应在穿衣镜前自检仪容仪表和着装。

（4）汽车销售顾问应配备自己的销售工具夹，并把常用的销售工具放于工具夹内，与客户商谈时随身携带。

（5）每日早会上，汽车销售顾问应自行检查销售工具夹内的资料，及时更新。

（6）接待人员在接待台站立接待，值班汽车销售顾问在展厅等候来店客户。

步骤 2：等待客户到店

当准备工作就绪后，汽车销售顾问就应以饱满的工作热情等待客户到店（图 2-13）。值得注意的是，等待客户到店并不只是等待客户上门，而是在客户到店前，汽车销售顾问就已经有充分的准备，这样才能使客户得到满意的接待与服务。

图 2-13 等待客户到店

为了确保客户到店时能享受热情的接待和服务，汽车销售顾问在等待客户到店的间隙，应注意开展展厅的清洁维护与展车的整理，同时注意相关资料的整理和相关人员的服装及礼仪。汽车销售顾问在等候期间还要时刻留意来店客户是否到达，等候时要四处张望，即使在值班柜台，或展厅的入口、屋外及停车场等处时，也要四处张望，

学习笔记 这样可以快速获取客户信息，如客户喜欢的车型以及其他一些话题。

步骤3：客户来店

（1）在展厅大门内热情地迎接客户，主动问候。

（2）及时递上名片（图2-14），进行简短的自我介绍并请教客户姓名。

（3）与客户的同行人员一一打招呼。

图2-14 递名片

若是两人以上同行，则不要忽视对其他人的照顾，客户经过任何工作人员旁边时，工作人员即使忙于其他工作，也要面带微笑，点头致意。

若同时有两三批客户来看车，要及时请求支援，不可以让任何客户受到冷落。

视频：迎接客户

若有儿童随行，则安排专人接待儿童，将他们带到儿童游乐区。

（4）询问客户的来访目的。

展厅接待流程如图2-15所示。

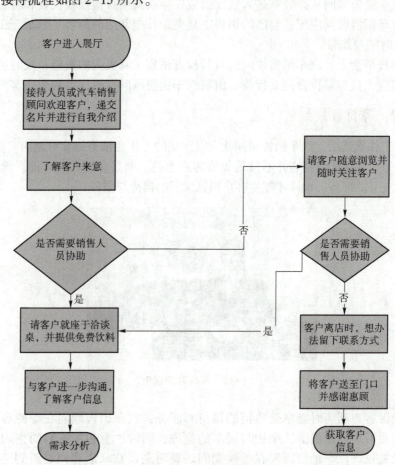

图2-15 展厅接待流程

知识应用

知识应用——不同到店客户的接待

1. 新客户展厅接待情景

汽车销售顾问：您好，欢迎光临××4S店．我是这里的汽车销售顾问小林。很高兴为您服务，这是我的名片。先生，怎么称呼您？

客户：我姓王。

汽车销售顾问：您今天来店是想看车还是办理其他业务呢？

客户：看车。

汽车销售顾问：您是第一次到咱们店吗？

客户：是的。

汽车销售顾问：之前有预约的汽车销售顾问吗？

客户：没有。

汽车销售顾问：我是本店的金牌汽车销售顾问，今天为您服务可以吗？

客户：可以。

汽车销售顾问：一路辛苦了，先去洽谈区休息一下吧……

2. 老客户展厅接待

汽车销售顾问：您好！张大哥，欢迎再次光临（握手，微笑）！这几天我们几位同事都谈到您，说好几天没有见到您了。

（技巧：当看到客户再次回到展厅时，除了迅速到展厅入口处接待，还要叫出客户的姓名与职务，与客户握手，表示出热情，拉近双方的距离。）

客户：真的吗，我最近出差去了。

（说明：客户可能会以为这是笑话，但这却会使双方后续的沟通变得更轻松。）

汽车销售顾问：今天准备了解哪一款车呢？……

（技巧：试探客户的需求和购车欲望的强度。）

3. 接待再次到访的客户

汽车销售顾问：张先生，欢迎您再次光临我们店。我是李明——小李，您还有印象吗？（熟练地称呼客户，让对方有亲切熟悉之感。）

客户：哦，对，上周是你给我介绍车的。

汽车销售顾问：张先生，上次您时间紧，也没来得及试车，今天要是不忙的话，请试试车吧。您还是看上周的那两款车吗？（回顾上次接洽细节，体现对客户的重视与关注。）

客户：嗯，我这几天跑了两家店，看了看其他品牌的几款车，今天想再看看上次的那两款。

汽车销售顾问：您真是个追求完美的人，为了选到爱车，这么热的天也不在乎。我相信，有这股劲，您一定能选到满意的好车。这边请，我带您看车……（积极地暗示，给客户充分的信心。）

步骤4：客户到店后不同情境下的接待

情境1：客户希望与汽车销售顾问商谈

（1）先从礼貌寒暄开始，扩大谈话面，给客户机会，引导对话方向。

视频：前台接待

思路拓展

思路拓展——寒暄话题

比较受认同、方便共同发表意见的话题如下。

（1）天气话题。如果天气很好，可以同声赞美；如果天气太热，可以交换彼此的苦恼；如果有台风、暴雨或是季节性流行病的消息，更值得拿出来谈，因为那是人人都关心的话题。

（2）能让对方引以为傲的事或个人兴趣。可谈个人爱好，如运动、美食、茶或酒、健康的娱乐活动等；谈判桌上有盆景时，可夸赞盆景的艺术构思和养护情况；若墙上有书法作品且它又是对方感兴趣或擅长的，也可以作为寒暄的内容。

（3）关心对方。这类寒暄只是以关心对方为话题，借以作为下面交谈的开场白。

（4）社会话题。轰动一时的社会新闻也是谈资，但不可讨论八卦新闻、国内敏感事件。

（5）令人振奋的消息。与对方相关的令人振奋的消息是特别受欢迎的话题。这些话题往往能立即提高对方的兴奋度。

（6）对方所在行业的探讨。这要求汽车销售顾问对对方所在行业有所了解，如果能适时地给出一些自己知道的信息，很快就能拉近双方距离。

（7）自己的事情。可以聊一些自己闹过的无伤大雅的笑话。

（8）其他话题。除了全世界都通用的"今天天气真不错"这类公共话题外，还有餐饮、旅游、交通、环境、趣事等话题。

（2）先回应客户提出的话题，倾听，不打断客户谈话。

（3）第一时间奉上免费饮料（矿泉水、茶水、速溶咖啡等）。

提示引导

重点提示——接待礼仪要点

1. 请坐

要求汽车销售顾问五指并拢，手掌、胳膊自然伸直，从身体侧面抬起直到肩的位置。

在展厅中为客户指引；当汽车销售顾问带领客户到会客区请客户入座时，右手摆向座位，要求将右手从身体的一侧抬起到腰部，使大小臂成一条斜线，指尖指向椅子的具体位置，手指伸直并拢，手、手腕和小臂成一条直线，掌心略为倾斜，然后说"您请坐"。

2. 倒水

汽车销售顾问主动为客户提供饮品，一般要报出 2 种以上的饮品并让客户选择。为客户倒水时要做到用两只手一起端，并把杯托上的把手朝向客户，放在客户方便拿取的地方，再附上几句热情待客的话（图 2-16）。

图 2-16 端茶倒水

倒水时要注意不要太满，以杯的七八分满为宜。端放茶杯动作不要过高，更不要从客户肩部和头上越过。续水时不要把壶提得过高，以免开水溅出。不要不端茶杯直接倒水或把杯盖扣放桌上。一般在和客户交流 15~20 分钟后进行续杯。

3. 寒暄

寒暄是汽车销售顾问与客户正式交谈之前的暖场和铺垫，常见的话语如"您好""请进""请坐"等。正式沟通之前，找一些彼此都可以聊的话题，如天气、社会、行业情况等容易参与的话题，以融洽氛围、沟通情感。因此，寒暄时，选择什么样的内容是核心。基本原则是选择双方认同、方便共同发表意见的话题或客户感兴趣的话题。

（4）介绍本店与本人的背景与经历，增加客户信心。

（5）争取适当时机，请客户留下其信息。

情景 2：顾客进入展厅后四处张望

要点如下。

（1）目光注视客户并问候客户。

（2）询问客户来店目的：维修保养或看新车。

（3）为客户提供行动选择方向：逛逛、听讲解、休息。

范例如下。

您好，欢迎光临！

先生/女士，您是看车还是进行维修保养？（若进行维修保养则将客户引领至售后部门）

您是第一次到我们店吗？这是我的名片，我叫××，叫我××就行。

视频：客户进入
展厅后四处
张望

情景3：客户进入展厅后直接看车（图2-17）

图2-17　客户直接看车

要点如下。

一句话拦截话术，第一时间激发客户的购买欲望：

您好，这是东风日产最新的车型，非常适合××××。

范例如下。

您好先生/女士，看来您对东风日产有一定了解了。

这是第十代新阳光，它是东风日产在全球最畅销，最值得购买的一款车，在全球140多个国家已经累计销售了1 600万辆……

情景4：客户提出"我自己随便看看"

要点如下。

（1）尊重客户的选择，通过积极的语言安抚客户的紧张情绪。

（2）与客户保持适当距离，留意观察客户。

（3）如果客户较快地拉开车门或打开引擎盖，说明客户对车辆较熟悉，购买的可能性较大。

（4）如果客户贴近车窗观看或专注查看车辆配置表，说明客户对车辆不熟悉，下一步需要详细讲解和沟通。

（5）当客户左右张望时，迅速上前为客户进行产品介绍。

范例如下。

汽车销售顾问：好的，您先自己看看，买不买没关系，有需要就招呼我一声。（同时目光随时关注客户。）

情景5：客户进入展厅后看到一辆车就询问价格

要点如下。

（1）在初期接触中，客户直接问价是自然反应，心中并没有明确的意向车型及其价格。

（2）报价时不要报单一车型价格或报整数。报价时应语气亲切自然。

范例如下。

您好，这是2011款逍客，该车价位为13.98万～21.98万元，您想看2驱的还是4驱的？您想要1.6 L排量的还是2.0 L排量的？

情景 6：客户爱理不理，提不起谈话的兴趣

要点如下。

（1）大部分这类客户对产品认识不够，在双方没有相互信任的时候，害怕言多必失，遭受损失。

（2）汽车销售顾问首先做感情投资，尽量不要直接谈产品，谈一些让客户感觉轻松的话题，用巧妙的语言突破客户的心理防线，赢得客户的好感。

范例如下。

可以从客户的着装、手机、所开的车辆、带来的宠物等聊起，而不是直截了当地谈车。如果客户是带儿童来的，可以带领儿童至游乐区玩耍。

视频：客户爱理不理，提不起谈话的兴趣

步骤 5：客户离开时的送别（图 2-18）

（1）放下手中其他事务，表示今后有什么需求，可随时与自己联系，提醒客户带好随身携带物品，送客户到展厅门外。

（2）感谢客户光临，并诚恳地邀请客户再次惠顾。

（3）目送客户离开，直至客户走出视线范围，向客户挥手告别。

图 2-18 送客

案例分析

视频：客户离开时不愿意留下详细资料

案例分析——客户离开时不愿意留下详细资料

分析：

客户不愿意留下详细资料，主要是对汽车销售顾问不够信任，怕日后被电话骚扰。

需要做的是：

明确这些资料的具体用途，如促销活动通知、邮寄资料等；

用真诚打动客户，请其帮忙填写资料，说明这是公司规定。

范例如下。

您还是留个电话吧，我进行登记。我们这是有考核的，不留电话会被罚款。

我们不会经常打扰您的，只有在有优惠促销活动时才会通知您……

思路拓展

思路拓展——留下客户联系方式的方法

让来店客户留下联系方式可方便跟踪和联系，但很多客户因为担心被骚扰而不愿意留下联系方式，汽车销售顾问要想办法消除客户的疑虑，使客户心甘情愿地留下联系方式。

学习笔记

1. 在刚坐下洽谈时索要

大多数人都有一种惰性，一旦坐下之后，如果没有急事，就不太愿意很快再站起来。因此，在进行产品介绍之后，客户刚坐下，汽车销售顾问就应该拿出电话号码记录本让客户填写，电话号码记录本上一定要有一长串之前的客户留下的电话号码，让客户看到别人留下的电话号码，会给客户两个心理暗示：一是其他客户都留下电话号码了，看来我也应该留下，这是从众心理在起作用；二是一坐下来就填写电话号码，给客户一个感觉——这是洽谈的程序之一，客户就会很自觉地留下自己的电话号码。

2. 在客户做出承诺时索要

当客户为了探知价格优惠信息而向汽车销售顾问做出购买承诺时，汽车销售顾问应该故作怀疑，比如可以说："您真的今天就能定下来了吗？"客户为了证明自己说话算数，就会很肯定地回答。此时，汽车销售顾问可以说："为了方便我们后续的服务，需要先留下您的电话号码，以方便我们沟通。"

3. 在客户询问优惠活动时索要

当客户询问有没有价格优惠政策时，汽车销售顾问可以说现在优惠活动比较少，可能要过一段时间才会有，如果有，一定立刻通知客户，于是直接向客户索要电话号码，以便及时通知到位。

4. 在客户体验产品时索要

在客户体验产品前，拿出体验产品登记表，让客户填写个人电话号码，说明这是公司规定的办理体验产品的手续，从而让客户顺理成章地填写电话号码。

5. 在套近乎时索要

在和客户拉家常时，若汽车销售顾问发现与客户是同乡，可直接对客户说："原来我们还是老乡呀，老乡见老乡，以后多来往，互相留个电话，以后常联系。"然后拿出自己的手机，做出要输入电话号码的动作，要求客户告知电话号码。如果汽车销售顾问发现自己与客户有共同爱好，比如双方都是摄影爱好者，可以说："哎呀，原来您也喜欢摄影呀，我也喜欢，而且还是摄影协会的会员，我们经常搞户外拍摄活动，留个电话吧，下次摄影协会搞活动的时候，我一定邀请您一块参加。"客户会很乐意地告知电话号码。

6. 在告知客户有中奖机会时索要

在给客户介绍完产品之后，汽车销售顾问可告知客户专卖店正在搞一个来店抽奖活动，抽奖依据是把填写有客户的真实电话号码和姓名的小票放进抽奖箱去抽奖，于是拿出小票让客户填写。客户为了获得抽奖机会，也会很高兴地提供个人电话号码。

7. 在客户领取礼品时索要

4S店搞一些来店有礼活动，在客户领取礼品时要求客户先填写一份客户信息登记表，填写完之后再把礼品发放给客户，利用这种方法也可以获得客户的电话号码。

8. 送客户离店时索要

在客户起身要离店时，汽车销售顾问可以拿一个记事便签跟客户说："先生/女士留个电话吧，我们一有什么优惠活动，肯定第一时间通知您。您绝对可以放心，我不会在您休息的时间打扰您的，也不会无缘无故给您打电话。"

步骤 6：客户离店之后的工作

汽车销售顾问应整理资料，填写"来店客户登记表"和"客户管理卡"，在 3 天内对客户进行电话跟踪回访。

 平等尊重

职场素养——平等尊重

小张是某市一家车行的汽车销售顾问。一天，店里来了一位中年妇女，看上去穿着很普通。小张觉得从打扮来看，这位妇女的经济状况不是很好，不像能买得起车的人。但是这位妇女却很急切地走过来向小张询问车型。小张用疑惑的眼神看着妇女，有点犹豫地、轻描淡写地为她介绍了几款普通车型，回答问题时也不太热情。

不一会儿，店里又来了一位女士，打扮得很时尚，看上去好像很有买车的想法。于是还在与中年妇女谈话的小张不自觉地停下来，开始向那位女士走过去，但是，那位女士却朝着刚才的中年妇女走过来，边走边说："妈，你看得怎么样了？"

教师寄语

小张顿时觉得十分尴尬，于是满脸堆笑地主动迎上去为两位女士介绍，但是，一会儿，两位女士说需要出去商量一下。一会儿，那位年轻的女士回来，告诉他说："我妈妈不喜欢，不好意思。"小张顿时对刚才自己以貌取人的行为感到后悔莫及，但是一切都晚了。

思考： 从这则案例你得到了什么启示？一个人应该以什么样的态度对待自己的工作？对于自己所从事的工作，自身应该具备什么样的职业素养？

 任务实施

结合 1+X 证书-"汽车营销评估与金融保险服务技术"模块-汽车销售流程-客户接待对技术和知识的要求标准，以学习小组为单位，讨论制订工作计划，小组成员合理分工，完成任务并记录。

学习笔记

项目二	展厅接待		任务3		客户接待	
组别（姓名）				成绩		日期

接受任务	张先生与新婚妻子按照预约时间来到 4S 店，汽车销售顾问晓宁怎样做好接待工作，才能给客户提供满意的服务，让客户开心而来，满意而归？你也来展示一下接待的流程吧！
小组分工	
场地及工具	

知识
检测

制订计划			
	序号	工作流程	操作要点
	1	接待前准备	
	2	迎接客户	
	3	接待客户	客户希望与汽车销售顾问商谈
	4	客户离店	

实施过程	实施要求： （1）接待准备（仪容仪表检查、销售工具准备）。 （2）展厅接待话术设计： ①迎接客户；②接待客户；③客户离店。 （3）每个小组派出一名同学扮演汽车销售顾问，一名同学扮演客户，一组汽车销售顾问接待二组的客户，按照情境轮流完成各小组展厅接待任务，并录制视频。 （4）根据评价指标，小组内、小组间、教师进行评价，并将方案及视频上传到平台。
任务完成情况反馈	

任务评价

任务名称			客户接待				
考核项目			评分要求	分值100	实际得分		扣分原因
					内部评价	外部评价	
素质评价		学习态度	态度积极，认真完成任务	4			
		语言表达	表达流畅，内容有条理、逻辑性强；用词准确、恰当，语调语气得当	4			
		团结协作	分工协作，安排合理，责任人明确	4			
		创新能力	成果展示时具有创新性思维	4			
		职业素养	礼让恭谦、平等尊重	4			
过程评价	技能评价	准备工作	仪容仪表得体、精神饱满	3			
			展车外观、内饰整洁，配置功能完好	3			
			展厅整体布局美观	3			
			销售工具准备齐全	3			
		迎接问候	汽车销售顾问站在展厅门口迎接客户	3			
			汽车销售顾问能够主动趋前迎接客户	3			
			汽车销售顾问面带微笑，主动在第一时间（5秒之内）用标准话术问候客户	5			
			汽车销售顾问与客户保持适当距离（1.5~2米）	3			
		递名片寒暄	随身携带名片，第一时间提供给客户，主动进行自我介绍	5			
			主动递交名片给客户的同行人员并询问如何称呼	3			
			递送名片时动作合乎礼仪规范，名片正面朝向客户，如客户和汽车销售顾问交换名片，汽车销售顾问应双手接过名片并读出客户的姓名和职位	3			
		引导客户就座并与其沟通	自然地引导客户进入洽谈区就座；双手拉椅子，体现对客户的关怀，引导客户面向展车就座	3			
			汽车销售顾问或前台主动询问并提供三种以上饮品供客户选择，能提供车型彩页等有效辅助工具或服务	5			
		客户离店	如客户离店，向客户表示感谢，并约定下次到店或打电话的时间	5			

学习笔记

续表

任务名称		客户接待				
考核项目		评分要求	分值 100	实际得分		扣分原因
				内部评价	外部评价	
结果评价	知识掌握	扫描"任务实施"中的知识检测二维码，检测知识掌握情况	20			
	工单质量 实施计划	要点齐全、准确、可执行，填写认真	5			
	任务反馈	完成任务，反馈及时有效	2			
	填写质量	记录规范、书写整洁	3			
总分		100 分				

任务小结

　　本任务主要是完成不同情境下不同客户的接待环节。当客户进入一个陌生的环境时，总会产生紧张心理，内心有一种对外界防范的意识，这是一般人在走进展厅时的基本心理状态，所以，作为汽车销售顾问要在客户进入展厅后，第一时间热情主动地趋前迎接，展现礼让谦恭、平等尊重的职业素养，不要使客户产生被忽略的感觉。针对不同类型的客户，找寻不同的话题或切入点，解决潜在客户刚进入展厅时的紧张状态，创造一个舒适的环境。项目二任务 3 知识体系图如图 2-19 所示。

图 2-19　项目二任务 3 知识体系图

巩固创新与拓展

一、任务巩固

　　完成练习，巩固所学知识。

学习笔记

二、任务创新

今天某 4S 店迎来一家三口，男士三十多岁，西装革履，小女孩长得很可爱，男士想随便看看，你作为汽车销售顾问，怎么接待呢？模拟一下吧。

三、学习拓展

勤学篇——蘑菇定律

蘑菇定律是指初入世者常会被置于阴暗的角落，不受重视，就像培育蘑菇一样还要被浇上大粪，接受各种无端的批评、指责，代人受过，得不到必要的指导和提携，处于自生自灭的过程中。蘑菇生长必须经历这样一个过程，人的成长也肯定会经历这样一个过程。这就是蘑菇定律，或叫作萌发定律。

职场新人也经常被分配到不受重视的部门，或被安排做打杂跑腿的工作，而且经常代人受过，受到无端的批评、指责，缺少必要的重视、指导和提携。

作为一名职场新人，面对这样的情况，你该怎样做呢？

教师寄语

自我分析与总结

学生改错	学习收获	学习完成度	
		自我成就	我理解了
			我学会了
			我完成了
		同学认可	（小组贡献、树立榜样、进步方面等）
		教师鼓励	（突出表现、进步方面、重要创新等）

学生总结及目标

项目学习成果实施与测评

项目学习成果名称：展厅接待			
班级：	组别（姓名）：		成绩：
小组分工		知识 检测	
场地及工具			

一、接受任务

今天天气非常炎热，一位年轻女士打车来到4S店，没有预约汽车销售顾问，就想先自行看一下车型。为了给客户提供满意的服务，让客户开心而来，满意而归，汽车销售顾问晓宁非常认真地进行了客户接待。你来展示一下接待的流程吧。

二、任务准备

（1）请列举展厅接待前准备要点。

（2）请阐述展厅接待流程。

（3）请列举适合寒暄的几个话题，并说明寒暄时的注意事项。

三、制订计划

序号	工作流程	操作要点
1	展厅接待前准备	
2	迎接客户	

学习笔记

序号	工作流程	操作要点
3	客户想独自参观时	
4	客户希望与汽车销售顾问商谈时	
5	客户离店时	

四、任务实施

（1）接待准备。

①你认为汽车销售顾问应该做好哪些仪容仪表方面的检查？

②你认为销售工具夹中应放哪些物品？

③两人互检仪容仪表及销售工具夹并记录检查结果。

（2）展厅接待话术设计。

①迎接客户。

②客户想独自参观时。

③客户希望与汽车销售顾问商谈时。

④客户离店时。

（3）每个小组派出一名同学扮演汽车销售顾问，一名同学扮演客户，一组的汽车销售顾问接待二组的客户，按照情境轮流完成各小组展厅接待任务，并录制视频。

（4）根据评价指标，小组内、小组间、教师进行评价。

（5）将方案及视频上传到平台。

五、质量检查

根据实施评价标准检查项目完成情况，并针对实训过程出现的问题提出改进措施及建议。

六、反思总结

任务完成情况	
团队合作情况	
是否能灵活接待进入展厅的不同情境下的不同客户	
需要改善的方面	

学习笔记

项目成果评价标准

项目名称			展厅接待			
考核项目		评分要求	分值 100	实际得分		扣分原因
				内部评价	外部评价	
过程评价	素质评价	学习态度	态度积极，认真完成任务	4			
		语言表达	表达流畅，逻辑性强，用词、语气恰当	4			
		团结协作	分工协作，安排合理，责任人明确	4			
		创新能力	成果展示时具有创新性思维	4			
		职业素养	礼让恭谦、平等尊重	4			
	技能评价	准备工作	仪容仪表得体、精神饱满	3			
			展车外观、内饰整洁，配置功能完好	3			
			展厅整体布局美观	3			
			销售工具准备齐全	3			
		迎接问候	汽车销售顾问站在展厅门口迎接客户	2			
			汽车销售顾问能够主动趋前迎接客户	3			
			汽车销售顾问面带微笑，主动在第一时间（5秒之内）用标准话术问候客户	3			
		递名片寒暄	随身携带名片，第一时间提供给客户，主动进行自我介绍	3			
			递送名片时动作合乎礼仪规范，名片正面朝向客户，如客户和汽车销售顾问交换名片，汽车销售顾问应双手接过名片并读出客户的姓名和职位	3			
			主动询问客户是否首次来店及来店意图、需要提供何种服务	5			
		引导客户就座并与其沟通	自然地引导客户进入洽谈区就座；双手拉椅子，体现对客户的关怀，引导客户面向展车就座	3			
			汽车销售顾问或前台主动询问并提供三种以上饮品供客户选择，能提供车型彩页等有效辅助工具或服务	5			
			询问有无预约，积极引荐汽车销售顾问	3			
			交接时能简洁准确地转述客户信息	3			
		客户离店	如客户离店，向客户表示感谢，并约定下次到店或打电话的时间	5			

项目名称		展厅接待				
考核项目		评分要求	分值100	实际得分		扣分原因
				内部评价	外部评价	
结果评价	知识掌握	扫描"任务实施"中的知识检测二维码，检测知识掌握情况	20			
	工单质量　实施计划	要点齐全、准确、可执行，填写认真	5			
	任务反馈	完成任务，反馈及时有效	2			
	填写质量	记录规范、书写整洁	3			
总分		100分				

项目三　需求分析

项目导读

　　分析客户需求，牢牢把握客户的需求点，才能为客户推荐合适的车辆，才能进行有针对性的介绍，这对成功的汽车销售顾问来说至关重要。本项目主要介绍需求分析的流程要点，让汽车销售顾问尽可能多地了解客户的信息，促进销售的顺利进行。

项目目标

（1）能有效分析客户的购买动机。
（2）了解不同客户购买行为的特点。
（3）能按照需求分析的要点，针对不同到店客户，灵活完成需求分析的流程。

项目实施

　　客户与需求分析要求了解到客户的详细信息，不同的客户对汽车销售顾问的咨询会有不同的态度与行为，要想顺利按照需求分析的要点得到客户的有效信息，还需要了解客户的类型及行为习惯。本项目从客户类型及分析要点两个方面，顺利完成需求分析环节。

项目三　需求分析	任务1	客户类型分析
	任务2	客户需求分析

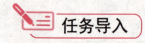

任务1 客户类型分析

任务导入

    一天下午，晓宁正在北汽4S店展厅值班，发现外边开来一辆牌照号为沪A×××××的老式雅阁轿车，车在展厅门口的停车场停了下来，不一会，车上下来一个30岁左右的小伙子，另外还下来一个抱着小孩的年轻女子和两位老人，老人看上去很威武。小伙子带着他们一起走进展厅。通过观察，对客户做初步分析。

任务分析

    在进行需求分析前，先对客户的类型、购买动机、购车行为做初步的理论学习及具体的分析，为针对不同行为的不同客户灵活进行需求分析做铺垫。本任务需要同学们掌握分析客户的类型及购买动机的方法及具备进行判断的分析能力。

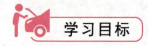

学习目标

【**知识目标**】

（1）掌握客户的不同类型特点；

（2）掌握客户购买动机的类型；

（3）掌握不同类型客户的行为特征。

【**能力目标**】

（1）能对不同客户进行类型分类；

（2）能准确分析客户的不同购买动机；

（3）能针对不同类型客户的购车行为特征进行分析及判断。

【**素质目标**】

（1）提高对客户的分析能力以及逻辑判断能力；

（2）具备细致入微的工作态度和善于分析的工作作风；

（3）从客户的角度出发，具备为客户着想、推己及人的职业素养。

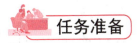

任务准备

一、工具准备

（1）车型资料、销售政策、需求分析表等销售资料。
（2）笔、本、名片等销售工具。

二、知识储备

1+X 客户类型
分析模块考核
标准及融合

根据本任务的要求，结合 1+X 证书-"汽车营销评估与金融保险服务技术"模块-汽车销售流程-客户需求分析对技术和知识的要求标准，确定本任务的知识储备内容及实施要点。

步骤 1：分析客户类型（图 3-1、图 3-2）

图 3-1 客户分类　　　　　　图 3-2 客户分析

1. 分析客户类型

1）自我型

该类客户的特点为以自我为中心，较难真正认可汽车销售顾问的推荐，在选购汽车的时候，会着重考虑在购买过程中的自我体验感，购买思路也以自己为主。该种类型主要分为夸夸其谈型和固执己见型。

（1）夸夸其谈型。

该类客户表面上非常友善、比较合作，有问必答，擅长交谈，往往能罗列出同行业的优惠政策和同等价位车型的优劣，具备一定的专业知识，对于自己掌握的知识有强烈的自我优越感，对汽车销售顾问的建议往往嗤之以鼻。但实际上，该类客户对购车缺少诚意和兴趣，享受被听众附和的过程。一旦汽车销售顾问请求其购买产品或服

务，其就会闪烁其词、装聋作哑。

（2）固执己见型。

该类客户对产品一般提前进行了解，并且认为自己的认知是绝对正确的，不允许任何人反驳和质疑。该类客户决定的事情不可更改，即便后来认识到自己是错的，也会一错到底，甚至会出言不逊，汽车销售顾问即使以礼相待，也难以被接纳。

2）权威型

（1）情感冲动型。

情感冲动型客户在选择购买时缺少理性思维，会因为汽车销售顾问的一句话或者产品的某一特点而决定购买，但是该类客户放弃购买的概率也很高，极易受到外界环境影响，可能因为某一外界因素的影响而将之前做出的决定全盘推翻，不计后果，甚至存在已付定金，而放弃购买得可能性。

（2）先入为主型。

该类客户在购买前会做大量的准备工作，当与汽车销售顾问接触时，心中其实已经有了想要购买的车型或者品牌，同时包括选购时相关的折扣和福利政策，对产品的价位了如指掌。该类客户在选购产品的时候，可以与汽车销售顾问自由交谈，但是因为心中早有打算，所以会表现出"只是看看，不想买"的态度，对于汽车销售顾问的宣传和营销不为所动，无论自己先前的认知正确与否，都坚持自己的观点，不会被轻易打动。

（3）生性多疑型。

该类客户一般较为自负，对别人的意见采取抵触态度，无论对汽车销售顾问的话，还是对产品或者服务本身，都持怀疑态度，担心自己落入圈套，会不断提出质疑。在销售过程中，该类客户既不会放弃购买，也不会听从汽车销售顾问的推销，会使汽车销售顾问陷入进退两难的局面。

3）合作型

相对于前两类客户，合作型客户较易相处。

（1）内向含蓄型。

该类客户不善言辞，不擅长表达，更不擅长与人交往，因此在选购汽车的时候总是害怕与汽车销售顾问有过多的交流，会出现眼神闪避、坐立不安、东张西望的情状。因为该类客户不擅长表达，因此在与该类客户接触的时候，汽车销售顾问很难摸清其喜好，容易找不到营销方向。

（2）犹豫不决型。

该类客户优柔寡断，虽然外表平和、态度从容、比较容易接近，但长期接触后，便可发现其具有不善于做决定的个性倾向。

4）分析型

（1）思想保守型。

该类客户难以接受新鲜事物和新鲜观念，思想固执，不易受外界干扰或接受他人

的劝导而改变消费行为或者态度。该类客户对现状常持满意态度，即便有不满，也能 学习笔记
容忍，不显露于人前，因此较为难以把握。

（2）精明理智型。

该类客户是用理智支配、控制购买行为的，不会轻信广告宣传和汽车销售顾问的
一面之词，对将要购买的产品有一定的前期了解，相信数据，会根据自己的学识和经
验对产品进行分析后做出购买决定。

（3）沉默寡言型。

该类客户同样比较理性，用理性的思维分析产品，面对汽车销售顾问的推销行为
能够沉着冷静，会认真听取汽车销售顾问的介绍，但是反应很冷淡，让人看不出其
喜好。

立德树人

善于分析的工作作风

美国福特汽车连续保持 20 年销量冠军的经销商模仿五星级酒店的做法，在车
行的门外安排了两个门童，只要有客户准备进入车行，那么就一定先由门童接待，
通过短暂的三分钟的交谈，门童将客户安排给某一个汽车销售顾问。看起来这并
不是一个多么有创意的方法，但关键是该经销商挑选了有心理学本科学位的人来
作门童，于是，只要通过简短的交谈，有心理学背景的门童就基本上了解了这个
客户的大致行为倾向及其性格类型，从而有针对性地将内向的客户安排给外向的
汽车销售顾问，将外向的客户安排给内向的汽车销售顾问，形成了绝好的搭配。
而且，经销商也不必担心汽车销售顾问跳槽所带来的客户关系维系成本的上升，
这是因为维系客户关系的一部分职责由门童承担。该经销商的老板在自己写的书
中自豪地宣称，采用这个方法让他至少在三年时间里保持行业领先。

对于以上案例，你有什么体会？

2. 不同类型客户的应对策略

1）自我型客户的应对策略

（1）夸夸其谈型客户的应对策略。

与该类客户交谈会十分顺畅，但若想将产品成功销售给该类客户，则十分考验汽
车销售顾问的经验和功力，面对夸夸其谈型客户，需要耐心与热情并存、精力与时间
相辅的销售方式。

（2）固执己见型客户的应对策略。

持之以恒，真诚以待，适时表示支持和理解，时间长了，也许能博得此类客户的
好感，让其转变态度。从心理学的角度分析，性格顽固的人往往是脆弱和寂寞的，比
一般人更渴望理解和安慰。

2）权威型客户的应对策略

（1）情感冲动型客户的应对策略。

"快刀斩乱麻"是应对此类客户的原则。汽车销售顾问要用自己的热情吸引客户的

学习笔记

注意力，然后尽可能地描绘产品或者服务能够提供的好处，要让客户在脑海中形成完整而完美的憧憬。

（2）先入为主型客户的应对策略。

这是一类极易成交的客户，该类客户虽然一开始会持否定态度，但是对于交易而言，这种心理抗拒是最微弱的，若其真的抗拒，就不会给汽车销售顾问接触的机会。因此，对于该类客户一开始的抵触言语，汽车销售顾问可以先不予理会，以热诚的态度亲近他（她），交易便能轻易达成。

（3）生性多疑型客户的应对策略。

以亲切友善的态度和其交谈，绝不与其争辩，同时尽量避免对其施加压力，进行产品或服务的说明时，应态度沉着，言辞恳切；如果观看到客户产生忧虑，则以一种友好的口吻询问："我能帮你吗?"待其平和时，再用一般方式与其洽谈。

3）合作型客户的应对策略

（1）内向含蓄型客户的应对策略

汽车销售顾问必须谨慎而稳重，细心观察客户的一切反应，给予一些真实的夸赞，切忌过分热情，不要急于求成，要与客户建立值得信赖的友人关系。

（2）犹豫不决型客户的应对策略

汽车销售顾问首先要自信，要对产品或服务保持百分之百的自信和自豪，将这份自信传递给客户，同时鼓励对方多思考问题，尽可能地使围绕营销核心与重点进行交谈，不提出太多复杂的问题。

4）分析型客户的应对策略

（1）思想保守型客户的应对策略。

汽车销售顾问必须第一时间发现客户对现状不满的方面和原因，对症下药，然后详细分析自己营销建议中的实惠和价值，请客户尝试接受自己的产品和服务。

（2）精明理智型客户的应对策略。

汽车销售顾问很难打"感情牌"，必须从产品或服务的特征入手，多方面比较、分析、论证，用产品或服务能给客户带来的好处来说服客户，这比较考验汽车销售顾问对产品或服务的熟悉程度。

（3）沉默寡言型客户的应对策略。

先用"询问"的技巧探求客户的内心活动，并且着重以理服人，同时用自己的话术让客户接受自己，提高自己在客户心中的地位。

 提示引导

温馨提示——客户类型分析引导

人的性格往往是复合型的，多种性格特征融合在一起，社会经验丰富、阅历广的人更是如此。因此，客户的性格可能是以上四种类型或其中二三种类型的复合，只不过在某种情境下某一种或两种性格特征会表现得比较突出，汽车销售顾问可据此做出判断。

步骤2：分析客户的购买动机（图3-3）

图3-3　确定客户的购买动机

拥有一辆自己喜欢的汽车是很多人的梦想，汽车销售顾问为客户选车，首先应确定客户购车的具体用途，了解客户想解决的问题是什么，这有助于汽车销售顾问了解客户的实际需求和购车心态，为其选择最合适的车型，避免客户在购买中毫无准备或冲动消费。购买动机是十分复杂的心理活动。从其表现来看，可以将客户的购买动机归纳为两大类：理智动机和感情动机。

1. 理智动机

适用：立足于汽车的基本效用，偏重于汽车的技术性能，对外观、价格、品牌等的考虑则在其次。

经济：在其他条件大致相同的情况下，价格往往成为左右客户取舍的关键因素。

可靠：客户总是希望汽车在生命周期内能正常发挥其使用价值。

安全：安全性是客户必然要考虑的。

美感：爱美之心人皆有之，美感也是汽车的使用价值之一。

使用方便：省力省事是人们的一种自然需求，自动挡轿车的出现正是如此。

购买方便：时间就是金钱，人们不愿耗费过多的精力。

售后服务：良好的售后服务是汽车内在质量的延伸。

2. 感情动机

好奇心理：好奇是一种普通的社会现象，没有有无之分，只有程度之别。

追求个性：人们总想与众不同，尤其是年轻人。

炫耀心理：多见于功成名就、收入颇丰的高收入阶层，也见于其他收入阶层的部分人群。

攀比心理：别人有的，自己也想有。

从众心理：人们不愿在自己的生活圈里落伍。

崇外心理：有些人崇拜进口汽车。

尊重心理：人们总是希望自己有一定地位，被别人尊重。

根据客户的购车用途，购买动机又可以分为以下四种。

1）动机一：以车代步，方便上下班

这是许多都市人最基本的购买动机，特别是住所离市区或单位较远的上班族，最

学习笔记 希望通过驾车来缩短出行时间。如果客户最主要的购买动机是这样的，那么，排量在1.6 L以下的小型车就能完全满足需求，经济条件充裕的客户可以选择款式新颖、热门品牌的汽车甚至进口小型汽车。

2）动机二：自驾车旅行，提高生活质量

在假日驾车远离喧嚣的都市，到乡间郊外打发休闲时光，是现代许多时尚都市人的梦想。对他们来说，汽车不仅是交通工具，更重要的是能够丰富工作以外的生活，因此，汽车还应具备高速行驶的动力性和私家车的舒适性。排量在1.6 L以上的休闲旅行车或中型房车都在可选择范围之内，具体品牌视个人财力而定。

3）动机三：跑长途或野外探险

对因工作原因需要经常跑长途或要在野外行驶的客户来说，动力强劲、通过性强、装载空间充足的汽车最为适合。因为要适应长途消耗以及野外的各种路况，只有排量达到2.0 L以上的四驱车才能满足要求。

4）动机四：用于商务洽谈或公务活动

对于企业高管，其主要因生意和公务活动的需要而买车，那么过于休闲的私家车就不太适合，为了体现企业及个人的形象，外观大气、稳重的中高档轿车是最佳选择。如果企业规模较大，可以考虑6座以上的商务车。

 案例分析

案例分析——购买动机分析

有些人追捧豪华、名贵车型，如奔驰S系、宝马7系和凌志LS或劳斯莱斯、宾利等等。这些人所追求的车型能够彰显其地位和财富，其购买动机的核心是显示成就。

思考： 分析一下不同客户的购买动机。

步骤3：分析客户的购车行为特征（图3-4）

图3-4　分析客户的购车行为特征

1. 不同性别客户的购车行为特征

1）男性客户的购车行为特征

（1）动机形成迅速。

男性往往更善于控制自己的情绪，处理事情时能够冷静地权衡利弊，行为比较理性，这些生理特征直接影响他们的购车行为。因此，男性客户在购车时，更关注汽车产品本身，尤其关注汽车的动力性，如对排量的大小比较关注，对促销策略并不是很关心，一旦相中了某款车型，购买决策比较果断，并能立即导致购买行为，很少在购车细节上纠缠不清。

（2）动机比较稳定。

男性客户在购车活动中心境变化不如女性客户剧烈，其购买行为比较有规律。男性客户购车时主要考虑汽车的品牌、排量、配置、质量、油耗和售后服务等。如果上述条件符合其要求，男性客户不会因为经销商的细微服务不周或厂家促销政策的诱惑等因素而轻易改变购买决策。

2）女性客户的购车行为特征

（1）主动性强，感情色彩浓厚。

女性客户感情丰富、细腻，心境变化剧烈，对购物有天生的偏好，甚至把购物作为一种自身的需求，在购车的过程中，很容易受到汽车某一个方面突出特征的吸引，比如颜色、式样、某一特殊配置等，并且该突出特征会在其购车动机中占有长时间的主导地位。在女性客户爱幻想的心理特征作用下，该突出特征会引起更加积极的心理活动，产生喜欢、偏好等感情，促发购买行为。

（2）购车动机波动性较大。

同样的外界因素对女性客户心理活动的影响要远大于男性客户，为此，女性客户购买动机的起伏也较大，喜欢凭借对车辆的感情来判断车辆的优劣，并形成对车辆的好恶倾向。女性客户在购车时首先讲究汽车的外观样式，对汽车颜色的选择偏重于白色和红色；其次注意汽车的质量、价格等，购车动机往往受广告宣传、促销活动政策、购车场所环境、汽车销售顾问的服务以及其他有经验客户的意见等的影响。女性客户的购车动机总是摇摆不定，使汽车销售顾问产生"煮熟的鸭子都能飞"的销售困惑。

2. 不同年龄客户的购车行为特征

1）青年客户的购车行为特征

青年客户内心情感较丰富，感觉敏锐，富于幻想，勇于创新，敢于冲破旧的传统观念与世俗偏见的束缚，易于接受新鲜事物，追随时代潮流。他们的购车行为趋向求新求美，喜欢购买富有时代特色的车辆，展现现代化的生活方式，以博得他人的赞许和羡慕。青年客户一方面表现出果断迅速、反应灵敏的特征，另一方面表现出感情冲动、草率行事的特征。因此，其购车行为具有明显的冲动性特征。

2）中老年客户购车的行为特征

中老年客户的购车动机是在追求舒适与方便的心理状态下形成的。其对汽车的要求不是新颖、有个性，而是强调稳定的性能和实用性，当然品牌也非常重要。

中老年客户在选购汽车时，喜欢凭过去的经验、体会来评价汽车的优劣，并对老

学习笔记　牌子的汽车、名牌汽车有深刻的记忆，多年养成固定的消费习惯，使购车动机有较强的理智性与稳定性，不易受外界因素的干扰，也不轻易为汽车的某一特点所动，而是全面评价、综合分析汽车的各种利弊因素，再做出购买决策。其动机一旦形成，就不会轻易改变，或迟或早总会有购买行为。

📖 知识应用

知识应用——客户分析

李先生的家庭情况如下。

李先生——年龄：28 岁；职业：牙科医生；税后月均收入：基本工资+奖金+各项津贴约 10 000 元；爱好：养花、下围棋。

王女士——年龄：27 岁；职业：事业单位职员；税后月均收入：基本工资+奖金+各项津贴约 6 000 元；爱好：K 歌。

其他投资：无；存贷数量：少量存款。

家庭背景：双方父母均在外地工作，经济收入一般，可以自足。

居住：贷款购房，月供 4 000 元。

下一代计划：3 年之后准备培育下一代。

对汽车的特殊要求：节油经济，适合两人使用。

其他情况：李先生离单位相对较远，以他使用为主。

分析如下。

1. 购车档次的选择

针对李先生的家庭分析，因为家庭经济收入一般，所以推荐微型车，而且购车最主要也是因为上班需要。

2. 汽车款式的选择

对于李先生和王女士的爱好和购车用途来说，推荐了三种类型车型：一款经典、时尚，比如乐驰 1.2 运动版；一款圆润可爱，比如奥拓 09 款；一款时尚、精致，符合年轻人的口味，比如比亚迪 F0。

3. 根据个人特点选择

由于李先生爱好养花、下围棋，给人的感觉比较稳重，所以选择黑色比较好，黑色也比较符合他的特点；由于王女士她爱好是 K 歌，所以其性格应该比较开朗、活泼，可以选择黄色或者红色，以凸显个性。

　任务实施

结合 1+X 证书-"汽车营销评估与金融保险服务技术"模块-汽车销售流程-客户需求分析对技术和知识的要求标准，以学习小组为单位，讨论制订工作计划，小组成员合理分工，完成任务并记录。

项目三	需求分析	任务 1	客户分析		
组别（姓名）			成绩	日期	
接受任务	任务情景见本任务的"任务导入"部分。通过了解，老人是武警部队退休干部，小伙子刚有了宝宝，老人要为小伙子买一辆车给他们的小家庭使用。				
小组分工			知识检测		
场地及工具					

	序号	工作流程	操作要点
制订计划	1	接触前观察分析	（交通工具、陪同人员、衣着打扮、身形步伐） 是否警察或公职人员？ 是否一家人来看车的？ 是否近期就要购车？ 是否至少看朗逸以上的车型？ 小伙子是使用者吗？ 小伙子有决策权吗？
	2	决策权人及相关客户类型分析	
	3	购买动机分析	

实施过程	实施要求： （1）分析决策者及相关人员的客户类型； （2）分析决策者及相关人员的购买动机； （3）小组分享以上分析结果； （4）小组间、教师评价。
任务完成情况反馈	

👥 **任务评价**

任务名称			客户分析			
考核项目			评分要求	分值 100	实际得分	扣分原因
					内部评价 外部评价	
过程评价	素质评价	学习态度	态度积极，认真完成任务	4		
		语言表达	表达流畅，内容有条理、逻辑性强；用词准确、恰当，语调语气得当	4		
		团结协作	分工协作，安排合理，责任人明确	4		
		创新能力	分析展示时具有创新性思维	4		
		职业素养	细致入微、推己及人	4		
	技能评价	观察分析	从交通工具观察、分析客户是否合理	5		
			从陪同人员观察、分析客户是否合理	5		
			从衣着打扮观察、分析客户是否合理	5		
			从身形步法观察、分析客户是否合理	5		
		客户类型分析	决策权人的确定合理、符合逻辑	5		
			决策权人客户类型分析合理、符合逻辑	10		
			相关人员客户类型分析合理、符合逻辑	5		—
			购买动机分析准确	10		
结果评价		知识掌握	扫描"任务实施"中的知识检测二维码，检测知识掌握情况	20		
	工单质量	实施计划	要点齐全、准确、可执行，填写认真	5		
		任务反馈	完成任务，反馈及时有效	2		
		填写质量	记录规范、书写整洁	3		
总分			100分			

 **任务小结**

客户是汽车销售顾问销售成功的基石，只有充分了解客户，才能制定相应的销售

策略，提高转化率和客户满意度，有效的客户分析能让需求分析的过程更加顺利。本任务主要完客户类型分析及制定应对策略，确定客户的购买动机及行为，为后续与客户顺畅地交流打下基础。本任务的知识体系图如图 3-5 所示。

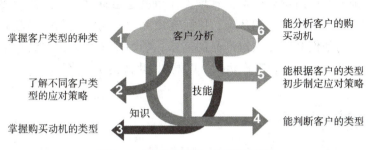

图 3-5　项目三任务 1 知识体系图

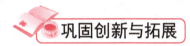

一、任务巩固

完成练习，巩固所学知识。

二、任务创新

总结一下你的家人、老师、同学、朋友等的交际风格的特点，对这些人进行风格类型分析、归类，尝试让你的人际交往更上一层楼。

三、学习拓展

职场法则——鱼缸理论

美国最大的零售公司西尔斯公司，为了稳定自己的客户，将所有与西尔斯公司打过交道的客户名单统统搜集起来，建立了一套多达 6 万多个家庭的"西尔斯家庭档案"。根据档案，西尔斯公司查阅这些家庭的收入情况、消费购物习惯，设计出各种档次的家庭用品消费方案，并分寄给这些家庭。结果，西尔斯公司的家庭用品销量立即猛增了三倍。

西尔斯公司的做法，在某种程度上参与了消费者的购物行为和家庭管理，以新颖

学习笔记 的经营方式和周到的服务理念贴近客户，从而在客户心中提高了信誉，扩大了市场占有率。

鱼缸理论是由日本全面质量管理（TQM）专家司马提出的，即发现客户最本质的需求。鱼缸象征着企业所面对的经营环境，而鱼就是目标客户。经营者要做的就是先跳进鱼缸，实际深入客户所处的环境，接触客户，学习和"鱼儿"一起游泳，了解他们所处的环境，与他们共同体验对产品的需求；然后跳出鱼缸，站到一个相对更高更广的环境中，重新审视、分析客户状况，以发现他们最本质的需求。

自我分析与总结

学生改错		学习完成度	
	学习收获	自我成就	我理解了
			我学会了
			我完成了
		同学认可	（小组贡献、树立榜样、进步方面等）
		教师鼓励	（突出表现、进步方面、重要创新等）

学生总结及目标

任务2 客户需求分析

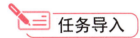 任务导入

周三，王先生带着他的妻子、4岁的儿子和2岁的女儿首次光临4S店。晓宁接待了王先生一家。王先生是小型企业的主管，他身着西服，彬彬有礼，其妻子为全职太太，为人精打细算，两个孩子穿着品牌童装，整洁干净。王先生本次到店，是为了满足全家短途游的需要，增购一辆新车，他注重汽车的舒适性和安全性。王先生的驾龄为15年，他自认为对汽车的性能十分熟悉，不太能够接受他人的意见，认为自己的意见具有权威性，不喜欢别人对他指手画脚。作为汽车销售顾问，为了更好地为客户推荐汽车，请做需求分析吧！

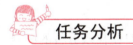 任务分析

以客户为中心，以客户的需求为导向，对客户的需求进行分析，才能为客户介绍和提供符合其实际需要的汽车产品，才能有效促进汽车销售。探询客户的需求是保证产品介绍有针对性的前提。本任务需要按照需求分析的要点完成客户信息的获取。

 学习目标

【知识目标】

（1）掌握客户的不同类型特点；

（2）掌握客户购买动机的类型；

（3）掌握不同类型客户的行为特征。

【能力目标】

（1）能对不同客户进行客户类型分类；

（2）能准确分析客户的不同购买动机；

（3）能针对不同类型客户的购车行为特征进行分析及判断。

【素质目标】

（1）提高分析客户时的分析能力和逻辑能力；

 学习笔记

（2）具备从客户的角度出发，为客户着想，细致入微的工作态度以及推己及人、因需利导的职业素养；

（3）具有保护客户隐私及相关信息的销售从业人员意识。

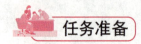 任务准备

1+X 需求分析
考核标准及融合

一、工具准备

（1）车型资料、销售政策、需求分析表等销售资料。

（2）笔、本、名片等销售工具。

二、知识储备

根据本任务的要求，结合 1+X 证书–"汽车营销评估与金融保险服务"技术模块–汽车销售流程–客户需求分析对技术和知识的要求标准，确定本任务的知识储备内容及实施要点。

步骤 1：获取客户信息

了解客户信息是进行需求分析的基础，通过提问获取客户信息是需求分析的必经之路。

1. 提问的三大步骤

提问的三大步骤见表 3–1。

表 3–1 提问的三大步骤

序号	步骤	发生时间	主要目的	主要内容
1	一般性	过去	了解购买动机	用车背景与曾经接触过的车型
2	辨别性	现在	了解购买需求	购买的具体需求与细节
3	连接性	将来	了解购买标准	需求细节与产品卖点相连，过渡到产品介绍

提示引导

提示引导——灵活应用封闭式提问

通过封闭式提问，可将客户需求与产品卖点结合起来。示例如下。

学习笔记

　　汽车销售顾问：××先生/女士，刚刚跟您聊了这么多，知道您买车主要用于商务方面，您又经常跑高速……因此在选车时有三点对您来说非常重要：一是外形；二是安全；三是舒适。

　　第一是车辆外形。车如其人，人如其车，动感优雅的外观造型一定能帮您在生意场上树立儒雅的个人形象，您说是吧！

　　第二是安全。您经常跑高速，车辆的安全性对您来说一定非常关键，对吧！

　　第三是舒适。您经常进行长途商务旅行，有时候需要在后排座椅上好好休息一下，所以后排座椅的舒适性对您来讲一定非常重要，对吧！

　　刚刚上市的新天籁就是这样的一款车型，要不我为您介绍一下？

2. 向客户提问的具体话题 .

　　向客户提问的四大话题为：①客户的职业；②客户的爱好；③家庭；④使用类型（表3-2）。

表3-2　汽车销售顾问向客户提问的话题及提问话术

序号	话题	提问话术
1	客户的职业	先生，看您的气质，您是大学老师吧？
2	购车预算	先生，您的购车预算大概是多少？这个问题本来不应该问，但是很多客户买车以后要么觉得配置低了，要么觉得配置太高，为了更好地帮您推荐汽车，所以才冒昧地问您这个问题
3	比较车型	先生，您之前还看过什么车型呢
4	购车用途	先生，您买车除了正常代步以外，还有什么其他特别的用途吗？（比如商务和长途旅行等）/先生您买车是公用还是私用啊？
5	家庭成员	您的小孩多大了？
6	购车时间	先生，您想什么时候拿到车呢？
7	在用车辆	先生，我刚才看您开了一辆捷达过来，这是您自己的车吧？
8	对汽车配置的要求	先生，您对汽车配置有没有特别的要求？比如导航、倒车影像等
9	购车决策人	先生，您今天能定下来吗？是否还需要听听家人的意见？
10	付款方式	先生，您买车是一次性付款还是分期付款呢？
11	对汽车性能的偏好	先生，您比较关注车辆性能的哪一方面？是动力性、经济性，还是舒适性？
12	使用人	先生，您买车主要是自己用呢，还是家里人用？

步骤 2：应用提问技巧

🕐 案例分析

案例分析——询问客户的购车预算

汽车销售顾问："张先生，您大概想选什么价位的汽车呢？"

客户："你是不是怕我买不起你们的汽车啊？"

汽车销售顾问："呵呵，怎么会呢，您多虑了，进了我们的展厅就是我们的客人，为您做好服务是我的职责。我是觉得，像您这样的客户，平时忙忙碌碌，能抽出时间光临我们车行非常难得。如果我把所有的车型都向您介绍一遍，会浪费您很多时间，如果知道您的要求和预算，我就可以有针对性地为您推荐几款车型，这样可以节省您宝贵的时间，您说呢？"

客户："我想看看12万元以下的汽车。"

思考：你认为向客户询问购车预算，什么样的方式更易被客户接受。

---

1. 吸引客户的注意力

汽车销售顾问在探询之初，必须吸引客户的注意力。汽车销售顾问针对客户的需要、欲望或客户关心的事提出询问，就可以引起客户的反应，同时，汽车销售顾问如果能站在客户的立场上询问，更能引起对方的共鸣。以下是一个很好的例子。

汽车销售顾问说："与其他车型相比，这种车能节省15%的汽油，而且可以节省许多养护费，您觉得合适吗？"这就吸引了客户的注意力，然后汽车销售顾问接着说："我们来看看有关油耗的比较数字好吗？"这么一问，大部分客户都会认可。

显而易见，这位汽车销售顾问把一些单调的陈述变成柔和的询问后，交流效果获得了显著的改善。汽车销售顾问要做好这种询问，并不能仅凭接待时的灵感，而应当事先多准备几个询问话题。

最有效的询问，就是针对某个特定的客户进行适当的询问。任何一位汽车销售顾问，只要认真思考，都能准备一些适合各种情境的询问话题。事先做好准备，并在询问中配合客户的关心点，就一定能打动客户。

2. 引起客户的购买欲望

汽车销售顾问采用以上探询方式以后，就应利用销售技巧来打动客户，从而让客户产生购买欲望。询问技巧能够帮助汽车销售顾问达到刺激客户购买欲望的目的。

例如，汽车销售顾问说："您好，先生，您真有眼力，这款车的买主多数是成功人士，您肯定也是成功人士。"

这是一个表面看来极普通的询问，但在其中却巧妙地暗示着：产品适合客户的身份——成功人士。这种暗示正好可以"点燃"客户的购车欲望。

如果一位客户刚从某个 4S 店出来，他因为不满意那个 4S 店销售人员的态度而向汽车销售顾问倾诉时，汽车销售顾问千万不要攻击对手，这会影响自己的声誉，而且客户也不会对这个汽车销售顾问产生好感。

例如，汽车销售顾问可以这样发问："先生，您讲得很对，这对我们提高服务质量很有帮助，我们如果在服务方面有让您不满意的地方，请您提出来，以便我们加以改进。"

3. 诱导客户反询问

汽车销售顾问可以运用反询问这一柔性销售技巧，如可以这样向客户探询："我是一个新手，很想请教您，您认为什么品牌的汽车更适合您？"只要汽车销售顾问肯去请教对方，就可以消除很多障碍。

4. 承诺式探询

这是成交前对客户的一种承诺。例如，汽车销售顾问可以说："我们还给您准备了一些额外的小礼品，不知道您是否喜欢，希望您能给我们提一些建议。"

5. 恭维式探询

这是兼顾营造气氛的探询。例如，汽车销售顾问可以说："听说您的高尔夫球打得不错？"

6. 反问式探询

这是利用向客户澄清误会的机会发问。例如，汽车销售顾问可以说："您说优惠一万元，是不是指赠送一万元的礼品啊？"

7. 推测式探询

这是进一步缩小需求目标的探询。例如，汽车销售顾问可以说："您如此重视家人安全，可以看出来您是一位非常有责任心的人，这款车配备了双安全气囊，您觉得怎么样？"

8. 选择式探询

这是迫近成交时的决定性探询。例如，汽车销售顾问可以说："先生，您要的是黑色还是灰色？您是付全款还是分期付款？"

9. 摸底式探询

这种询问的目的是了解客户的某些状况。摸底式探询的主题当然是和销售的产品有关。例如，汽车销售顾问可以说："您开了多少年车？上班的路程远吗？"。

步骤 3：分析所获取的客户信息（图 3-6）

创新思维

开拓创新——创造需求

一位老太太每天去菜市场买菜买水果。一天早晨，她来到菜市场，遇到第一个卖水果的小贩，小贩问："你要不要买一些水果？"老太太说："你有什么水果？"小贩说："我这里有李子、桃子、苹果、香蕉，你要买哪种呢？"

学习笔记

老太太说："我正要买李子"。小贩赶忙介绍："这个李子，又红又甜又大，特别好吃。"老太太仔细一看，果然如此，但老太太却摇摇头，没有买，走了。

老太太继续在菜市场逛，遇到第二个小贩。这个小贩也像第一个小贩一样，问："老太太买什么水果？"老太太说买李子。

小贩接着问："我这里有很多李子，有大的，有小的，有酸的，有甜的，你要什么样的呢？"老太太说要买酸李子，小贩说："我这堆李子特别酸，你尝尝？"

老太太一咬，果然很酸，满口的酸水。老太太受不了了，但还是买了一斤李子。

老太太没有回家，继续在市场逛，遇到第三个小贩，同样，小贩问老太太买什么。老太太说买李子。小贩接着问："你买什么样的李子？"老太太说要买酸李子。小贩很好奇，又接着问："别人都买甜李子，你为什么要买酸李子？"

老太太说："我的儿媳妇怀孕了，想吃酸的东西。"小贩马上说："老太太，你对儿媳妇真好！那你知道不知道孕妇最需要什么营养？"老太太说不知道。

小贩说："其实孕妇最需要维生素，因为她需要供给胎儿维生素，所以光吃酸的东西还不够，还要多补充维生素。水果之中，猕猴桃的维生素含量最丰富，所以你要经常给儿媳妇买猕猴桃才行！这样你的儿媳妇一定会生一个漂亮健康的宝宝。"

老太太一听很高兴，马上买了一斤猕猴桃。当老太太要离开的时候，小贩说："我天天在这里摆摊，每天进的水果都是最新鲜的，下次来就到我这里来买，还能给你优惠。"

从此以后，这个老太太每天都在这个小贩这里买水果。

图 3-6 分析所获取的客户信息

1. 客户的个人信息

首先要了解客户的基本状况，包括客户的姓名、电话号码、职业、职位等。获取客户的个人信息有两个好处：一是可以在谈话时礼貌地称呼对方，二是有利于后期跟进。在实际的汽车销售过程中，客户的个人信息通常是通过汽车销售顾问和客户交换名片的方式来获取，以此获得完整或相对完整的客户个人信息。当然，对于相对年轻的客户，QQ号码、微信号码也是重要的客户个人信息，这些也是汽车销售顾问应掌握的，因为这是客户需求挖掘的首要环节。

2. 客户的购车预算及动机

决定客户需求的第二个方面是客户的购车预算及动机，可以据此判断客户购车的大概车型及特性，同时可以决定跟进的方式和时间，有针对性地进行车辆介绍。一般来说，购20万元以上汽车的客户多数是把汽车作为一种身份的象征，该类客户可能更多地考虑无形产品价值（如品牌、服务等）。购车预算在20万元以下的客户，其购车动机可能以提高和改善全家人的生活品质为主，该类客户一般以合适的性价比为主要购买决策标准。购车预算在5万元左右的，其侧重汽车产品的最核心属性——运输工具，该类客户通常基于客观原因购车，比如单位离住处太远，乘车不方便；孩子学校离家太远，需要开车送孩子上学；等等。

3. 客户的职业

客户的职业与购车需求有直接关系，会影响其购车的品牌、档次和偏好，了解客户的职业可以在一定程度上预测客户的购买行为，为下一步制定有针对性的跟进策略和促销手段提供参考信息。如有的消费者购车更多地考虑性价比；有的消费者购车时，品牌、汽车文化内涵是其考虑的因素；有的消费者将品牌的知名度、外形的豪华度等彰显身份的因素视为重要的考虑内容。

4. 客户以往用车情况

了解客户是第几次购车。首次购车客户一般来说其缺乏购车经验，需求不是十分明确，对汽车销售顾问的专业介绍很感兴趣，在购车决策过程中受汽车销售顾问引导的可能性比较大。换车客户一般有较丰富的购车经验，除了对车辆的构造、性能等有一定的了解之外，对购车决策的关键因素，甚至与竞品之间的区别可能也比较了解，购车目的比较明确。针对换车客户，汽车销售顾问应该充分尊重客户的想法，通过沟通把握其真实需求，以提供合适的帮助，协助其完成购车决策。

5. 消费者所关注的车辆性能

不同的客户在购车过程中对车辆性能的关注点是不同的，有的客户最看重车辆的安全性和舒适性，有的客户最看重车辆的品牌和售后服务，有的客户最看重购车的价格、促销政策，有的客户最看重车辆的颜色、外形、某一配置等。在实际的汽车销售过程中，大部分客户往往对汽车的性能都比较看重，在多数情况下会综合考虑各种因素，主要看车辆特征与其需求的符合程度。

 学习笔记 自主学习资源

职场经验——客户需求问题清单

分类	编号	问题	可能的回答	后续行为建议
背景问题	1	这车是您开还是您太太开？	主要是男士开	购买深色系、手动挡汽车的可能性较大
			主要是女士开	一般购买颜色鲜艳、自动挡的汽车。在"产品确认"环节，可以推荐倒车雷达、导航仪等可选配件
			双方都开	要考虑驾驶技术不好的人，驾驶的方便性。在"产品确认"环节，可以推荐倒车雷达、导航仪等选配件
	2	您经常在市区开车还是经常跑高速？	在市区开车	引导客户关注经济性、停车方便性（两厢）
			跑高速	引导客户关注加速性能、舒适性、安全性、操控性（定速巡航）等因素
	3	您的驾龄有多长，是否经常开车？	经常开车	—
			几乎没开过车	在"提供方案"环节推荐倒车雷达、导航仪等可选配件，推荐自动挡汽车
	4	您买车的主要用途是什么？	家用	客户选择两厢车的可能性大。在"产品展示""试乘试驾"环节引导客户关注经济性、安全性等因素
			上下班代步	客户对车型配置可能要求不高
			商务用途	在"产品展示"和"试乘试驾"环节使用高配置汽车。在"提供方案"环节推荐三厢、高配置（排量大、具备真皮座椅等）汽车
			送人	根据用车人相关信息进行推荐
	5	通常有哪些人乘坐这辆车？	两个人	在"产品展示"和"试乘试驾"环节，提醒客户关注副驾驶座位的安全性
			用于接送孩子	在"产品展示"和"试乘试驾"环节，提醒客户关注儿童安全装置
			3~5个成年人	在"产品展示"和"试乘试驾"环节，提醒客户关注后排空间、乘坐舒适性等因素
	6	您打算什么时候购买？	近期买	在"后续跟进"环节及时跟进
			不着急	在"后续跟进"环节注意与客户保持联系
	7	您开车时抽烟吗？	抽	在"提供方案"环节，提醒客户关注天窗

续表

分类	编号	问题	可能的回答	后续行为建议
喜好问题	8	您喜欢什么颜色的汽车？	—	根据库存情况，在"试乘试驾""提供方案"环节，对不同颜色汽车的优、缺点进行分析
喜好问题	9	您喜欢自动挡汽车还是手动挡汽车？	自动挡汽车	根据库存情况，在"试乘试驾""提供方案"环节让客户认识自动挡汽车的优点（方便）和缺点（费油、驾驶乐趣少、加速性能不好）
喜好问题	9	您喜欢自动挡汽车还是手动挡汽车？	手动挡汽车	根据库存情况，在"试乘试驾""提供方案"环节让客户认识手动挡汽车的优点（省油、加速性能好、驾驶乐趣多）和缺点（不方便、新手不好操纵）
喜好问题	10	您喜欢三厢汽车还是两厢汽车？	喜欢三厢汽车	根据产品库存情况，在"产品展示""提供方案"环节让客户认识三厢汽车的优点（存储空间大、稳重、适合商务用途）和缺点（停车不方便、不时尚）
喜好问题	10	您喜欢三厢汽车还是两厢汽车？	喜欢两厢汽车	根据产品库存情况，在"产品展示""提供方案"环节让客户认识两厢汽车的优点（停车方便、适合家用）和缺点（存储空间小）
产品问题	11	您有自己的意向的车型吗？	有	进一步询问，见问题12
产品问题	11	您有自己的意向的车型吗？	没有	从问题1开始询问。在与客户的交流中，注意帮助客户设立标准
产品问题	12	您对这款车有了解吗？	有	询问客户了解哪些情况。在"产品展示"和"试乘试驾"环节，提醒客户关注其忽视的功能和配置
产品问题	12	您对这款车有了解吗？	没有	从问题1开始询问，在"产品展示"和"试乘试驾"环节注意帮客户设立标准
产品问题	13	您更关注车辆的哪些性能？	—	根据客户需求，在"产品展示"和"试乘试驾"环节选择合适的功能，使用FAB语法介绍
产品问题	14	您现在开的车是否需要置换？	—	一般情况下，客户新买的车要比现在开的车贵一些、配置高一些。若需要置换，主动推荐二手车置换
产品问题	15	现在的车开起来怎么样？	还行，想换更好的车	继续询问，见问题18
产品问题	15	现在的车开起来怎么样？	经常出现×××方面的问题	对旧车出现问题的地方客户会给予更多关注，因此在"新车展示""试乘试驾"等环节可以将这些内容作为重点介绍
产品问题	16	您更关注新车的哪些功能？	—	确定客户的关注重点，在"产品展示"环节选择相应的功能，使用FAB语法向客户介绍，在"试乘试驾"环节引导客户体验关注内容

学习笔记

续表

分类	编号	问题	可能的回答	后续行为建议
商务问题	17	您计划买什么价位的汽车？	—	在"产品展示"和"试乘试驾"环节，注意根据客户的预算安排车辆介绍。在"产品确认"环节，根据客户预算推荐可选配件
商务问题	18	您是否考虑贷款购车？	是	在"提供方案"环节，主动推荐衍生服务经理与客户认识
商务问题	18	您是否考虑贷款购车？	否	视情况而定，简单向客户推荐贷款类型及其好处
竞品问题	19	您都看了哪些品牌的汽车？	看过几家	提前了解竞争对手，进一步询问，见问题20
竞品问题	19	您都看了哪些品牌的汽车？	没有看过	在"产品展示"环节，帮客户"设立标准"
竞品问题	20	您都看了哪些车型？	—	在"产品展示"环节做竞争应对，在"试乘试驾"环节，引导客户体验自己产品的独特功能，进一步询问，见问题21
竞品问题	21	您试驾过这些车型吗？感觉如何？	—	在"产品展示"环节做竞争应对，在"试乘试驾"环节，引导客户体验自己产品的独特功能

因需利导

职场道德——为顾客着想：推己及人

一位平时很节俭的老先生有一部私家车已经无法再发动上路，于是有许多汽车销售人员整日围着他卖弄口舌。他们每次都会说："您这部老爷车早该进博物馆了，开这种车实在有失您的身份。"或者说："您不如把修车的钱攒起来买部新车，这样才划算。"这位老先生每次听到这些大同小异的商业用语，自然会产生强烈的防范心理，常常扭头就走。

有一天，又来了一名陌生的汽车销售人员，老先生的第一个反应是："'强盗'又来了。"

教师寄语

可是出乎意料的是，这位汽车销售人员并没有向他推销汽车，而是很内行地将老先生的旧车仔细地看了看，诚恳地对他说："先生，您这部车起码还可以用一年半载，似乎不太需要立刻买新车，过半年后再买也不迟。"说完有礼貌地递给老先生一张名片，然后便离开了。

听他这么一说，老先生心里泛起莫名的亲切感，不知不觉心中的抵触情绪已冰消瓦解，越想越觉得自己有十足的理由换部新车，于是马上按照名片上的电话号码打给那名汽车推销人员，结果如何，各位可想而知。

求得别人与我们在任何事情上合作，必须使他们自己情愿。而销售人员与客户之间，也是一种买卖的合作关系。好的销售人员的高明之处就在于他们总会先将对方的心理揣摩一番，发现对方防守的要害，利用突破口来化解对方心中的矛盾和顾虑，为他们寻找一个合适的理由，使他们放下心理防线，愿意合作。唯有这样，才有影响、打动客户的希望，达到推销的目的。

设身处地地为客户着想，是始终以客户为中心的前提。作为一名销售人员，能经常换位思考是非常重要的。设身处地地为客户着想就意味着你能站在客户的角度去思考问题，理解客户的观点，知道客户需要的和不想要的是什么，只有这样，才能为客户提供优质的服务。出色的销售人员大多站在客户的立场上考虑问题，这是他们成功销售的秘诀。

 任务实施

结合 1+X 证书–"汽车营销评估与金融保险服务技术"模块–汽车销售流程–客户需求分析对技术和知识的要求标准，以学习小组为单位，讨论制订工作计划，小组成员合理分工，完成任务并记录。

项目三	需求分析	任务 2	客户分析	
组别（姓名）		成绩	日期	
接受任务	周三，王先生带着他的妻子、4岁的儿子和2岁的女儿首次光临 4S 店。晓宁接待了王先生一家。王先生是小型企业的主管，身着西服，彬彬有礼，他的妻子为全职太太，为人精打细算，两个孩子穿着品牌童装，整洁干净。王先生本次到店，是为了满足全家短途游的需要而增购一辆新车，他注重车辆的舒适性和安全性。王先生的驾龄为 15 年，自认为对汽车的性能十分熟悉，不太能够接受他人的意见，认为自己的意见具有权威性，不喜欢别人对他指手画脚。作为汽车销售顾问，请你帮助晓宁进行需求分析。			
小组分工			知识检测	
场地及工具				

	序号	工作流程	操作要点
制订计划	1	按照需求分析要点及客户的关注点设计话术	（可自行附加单页）
	2	填写客户信息表	（见附页）
	3	分析客户需求	（1）客户类型 （2）客户购买动机 （3）需求车型
实施过程			实施要求： （1）完成计划中相应的操作要点； （2）天气、时间等以授课当天为准，每个小组派出一名同学扮演汽车销售顾问，一名同学扮演客户，一组的汽车销售顾问接待二组的客户，轮流完成各小组的需求分析任务并录制视频； （3）根据评价指标，小组内、小组间、教师进行评价； （4）将视频及设计话术上传到平台。
任务完成情况反馈			

客户需求评估表（样例）

<table>
<tr><td rowspan="5">客户信息</td><td>姓名/公司</td><td colspan="2"></td><td>性别：□男 □女</td></tr>
<tr><td>地址</td><td colspan="3"></td></tr>
<tr><td>联络电话</td><td></td><td>工作职业</td><td></td></tr>
<tr><td>现用车</td><td colspan="3"></td></tr>
<tr><td>附注</td><td colspan="3">□新购 □换购 □增购</td></tr>
<tr><td rowspan="12">购车需求事项</td><td>信息来源</td><td colspan="3">□报纸 □电视 □广播 □杂志 □夹报 □传单 □外展
□网络 □亲友介绍 □其他：</td></tr>
<tr><td>新车用途</td><td colspan="3">□车主上下班自用 □休闲用车 □营业用车 □公司用车
□其他：</td></tr>
<tr><td>使用者</td><td colspan="3">□本人 □家人 □公司 □其他：</td></tr>
<tr><td>对新车关注的方面</td><td colspan="3">□外型 □配置 □安全性 □操控性 □油耗 □舒适性
□其他：</td></tr>
<tr><td>配置需求</td><td colspan="3">□真皮座椅 □铝圈 □CD □VCD □天窗 □安全气囊
□倒车雷达 □雾灯 □手动挡 □自动挡
□其他：</td></tr>
<tr><td>购车预算</td><td colspan="3"></td></tr>
<tr><td>购买方式</td><td>□全款购买
□分期购买</td><td>首付款：</td><td>预计月付款：</td></tr>
<tr><td>考虑/推荐</td><td colspan="3"></td></tr>
<tr><td>试车安排</td><td colspan="3">□今日 □预约时间： 年 月 日 时</td></tr>
<tr><td>购车决定</td><td colspan="3">□今日 □本周内 □本月内 □两个月内 □三个月内 □其他：</td></tr>
<tr><td rowspan="2">附注</td><td>新车乘客数： 人</td><td>家庭人员数： 人</td><td>小孩： 人</td></tr>
<tr><td colspan="3">决定者：</td></tr>
<tr><td rowspan="4">比较车型</td><td>厂牌</td><td colspan="3"></td></tr>
<tr><td>车型</td><td colspan="2"></td><td>排气量：</td></tr>
<tr><td>考虑原因</td><td colspan="3">□外型 □配置 □安全性 □操控性 □油耗 □舒适性
□其他：</td></tr>
<tr><td>附注</td><td colspan="3"></td></tr>
<tr><td colspan="2">备注</td><td colspan="3"></td></tr>
<tr><td colspan="2">客户签字</td><td colspan="3"></td></tr>
</table>

学习笔记

任务评价

任务名称			需求分析			
考核项目		评分要求	分值 100	实际得分		扣分原因
				内部评价	外部评价	
过程评价	素质评价 学习态度	态度积极，认真完成任务	4			
	语言表达	表达流畅，内容有条理、逻辑性强；用词准确、恰当，语调语气得当	4			
	团结协作	分工协作，安排合理，责任人明确	4			
	创新能力	成果展示时具有创新性思维	4			
	职业素养	从客户的角度出发，因需利导	4			
	技能评价	（1）汽车销售顾问通过主动询问客户的日常活动，找到交流的切入点，如询问客户所从事行业、家庭情况、休闲活动等。	5			
		（2）汽车销售顾问主动询问客户准备购买车型或者购车预算。	5			
		（3）汽车销售顾问主动询问客户的购车用途或动机。	5			
		（4）汽车销售顾问主动询问车辆是否还有其他使用人。	5			
		（5）汽车销售顾问通过提问了解客户的经济状况。	5			
		（6）汽车销售顾问主动向客户了解其关注车辆的哪些方面（操控性、舒适性、安全性、油耗、质量）。	10			
		（7）汽车销售顾问询问客户的购车时间。	5			
		（8）汽车销售顾问根据客户的需求提供几个购车选择。	5			
		（9）汽车销售顾问能够及时总结客户的购车需求。	5			
结果评价	知识掌握	扫描"任务实施"中的知识检测二维码，检测知识掌握情况	20			
	工单质量 实施计划	要点齐全、准确、可执行，填写认真	5			
	任务反馈	完成任务，反馈及时有效	2			
	填写质量	记录规范、书写整洁	3			
总分		100分				

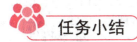 任务小结

　　详细准确的需求分析是满足客户需求的基础，也是保证产品介绍有针对性的前提。本任务主要完成需求分析环节，按照需求分析的要点，因需利导，尽可能多地获取客户信息，以便于为客户推荐合适的车型，提高客户满意度。本任务知识体系图如图3-7所示。

掌握需求分析环节的客户信息获取要点
掌握获取信息时的提问技巧
掌握电话约见步骤及应用技巧

能因需利导，为客户推荐合适的车型
能灵活运用提问的技巧与客户交流
能按照需求分析的要点获取客户的信息

图3-7　项目三任务2知识体系图

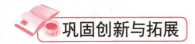 巩固创新与拓展

一、任务巩固

完成练习，巩固所学知识。

二、任务创新

　　李先生带着未婚妻首次光临4S店。李先生是公务员，身着西服，彬彬有礼，他的未婚妻打扮精致。二人婚期将至，李先生想给未婚妻新购一辆车，用于上下班，他比较注重车辆外观和安全性。李先生为人比较随和，比较尊重未婚妻的想法，作为汽车销售顾问，请对李先生进行需求分析，为他推荐一款汽车。

三、学习拓展

明辨篇——冰山理论

　　一个人的"自我"就像一座冰山一样，我们能看到的只是表面很小的一部分，而

 学习笔记 更大一部分的内在世界却藏在更深层次，不为人所见，恰如冰山。它包括行为、应对方式、感受、观点、期待、渴望等层次。这就是冰山理论，冰山理论涉及显性和隐性的部分，一个是在水面以上的部分，还有一个是在水面以下的部分。水面以上的部分是显性的，就是客户自己知道的、能表达出来的那一部分；水面以下的是隐藏着的那一部分，可能客户自己都不清楚。作为汽车销售顾问，我们要充分挖掘客户的隐性需求，才能更好地了解客户。

教师寄语

自我分析与总结

学生改错			
	学习完成度		
	学习收获	自我成就	我理解了
			我学会了
			我完成了
		同学认可	（小组贡献、树立榜样、进步方面等）
		教师鼓励	（突出表现、进步方面、重要创新等）

学生总结及目标

项目学习成果实施与测评

项目学习成果名称：客户与需求分析

班级：	组别（姓名）：		成绩：

小组分工		知识检测	
场地及工具			

一、接受任务

今天，北汽 4S 店来了一位年轻女士，她是一位刚入职的国企白领，打算购买一款汽车，用于上下班。该女士喜欢旅游，比较关注汽车的外观、智能科技以及安全性，其购车预算为 15 万~20 万元，你作为一名汽车销售顾问，为她推荐一款合适的车型吧！

二、任务准备

（1）阐述常见的客户类型。

（2）阐述常见的购买动机。

（3）写出需求分析的要点。

三、制订计划

序号	工作流程	操作要点
1	按照需求分析要点及客户的关注点设计话术	（可自行附加单页）

学习笔记

序号	工作流程	操作要点
2	填写客户信息表	（见附页）
3	分析客户需求	（1）客户类型 （2）客户购买动机 （3）需求车型

四、任务实施

（1）完成计划中相应的操作要点；

（2）天气、时间等以授课当天为准，每个小组派出一名同学扮演汽车销售顾问，一名同学扮演客户，一组的汽车销售顾问接待二组的客户，轮流完成各小组的需求分析任务并录制视频；

（3）根据评价指标，小组内、小组间、教师进行评价；

（4）将视频及设计话术上传到平台。

五、质量检查

根据任务实施评价标准检查项目完成情况，并针对实训过程中出现的问题提出改进措施及建议。

六、反思总结

任务完成情况	
团队合作情况	
通过实训对客户及其需求分析的能力有何变化	
需要改善的方面	

项目成果评价标准

项目名称			客户及需求分析				
考核项目			评分要求	分值 100	实际得分		扣分 原因
					内部 评价	外部 评价	
过程评价	素质评价	学习态度	态度积极，认真完成任务	4			
		语言表达	表达流畅，内容有条理、逻辑性强；用词准确、恰当，语调语气得当	4			
		团结协作	分工协作，安排合理，责任人明确	4			
		创新能力	成果展示时具有创新性思维	4			
		职业素养	从客户的角度出发，因需利导	4			
	技能评价	客户类型分析	客户类型分析合理、符合逻辑	5			
			购买动机分析准确	5			
		需求分析	（1）汽车销售顾问通过主动询问客户的日常活动，找到交流的切入点，如询问客户所从事行业、家庭情况、休闲活动等。	5			
			（2）汽车销售顾问主动询问客户准备购买车型或者购车预算。	5			
			（3）汽车销售顾问主动询问客户购车用途或动机。	5			
			（4）汽车销售顾问主动向客户了解其关注车辆的哪些方面（操控性、舒适性、安全性、油耗、质量）。	10			
			（5）汽车销售顾问询问客户的购车时间。	5			
			（6）汽车销售顾问根据客户的需求提供几个购车选择。	5			
			（7）汽车销售顾问能够及时总结客户的购车需求。	5			

学习笔记

续表

项目名称			客户及需求分析			
考核项目			评分要求	分值 100	实际得分	扣分 原因
					内部 评价	外部 评价	
结果评价		知识掌握	扫描"任务实施"中的知识检测二维码，检测知识掌握情况	20			
	工单质量	实施计划	要点齐全、准确、可执行，填写认真	5			
		任务反馈	完成任务，反馈及时有效	2			
		填写质量	记录规范、书写整洁	3			
总分			100分				

项目四　车辆展示

 项目导读

　　针对客户心理，在已知客户需求的情况下，专业销售人员运用专业的方法和技巧，给予客户全面、专业、周到的产品介绍，让客户对产品有更深层次的认识，从而促使客户购买产品。

 项目目标

（1）掌握基本的汽车配置等专业知识。
（2）通过产品介绍流程的学习，能够掌握汽车的六方位介绍法。
（3）能熟练运用 FAB 介绍法和六方位介绍法对汽车辆进行介绍。

 项目实施

　　本项目通过六方位介绍法为客户进行车辆的静态展示，让客户全面了解汽车产品，了解汽车产品能充分满足其需求，从而促进成交。

项目四　车辆展示	任务1	汽车专业知识准备
	任务2	FAB 介绍法
	任务3	六方位绕车介绍

学习笔记

任务1 汽车专业知识准备

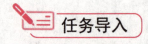
任务导入

今天晓宁遇到了一件非常尴尬的事情。4S店来了一位客户，晓宁跃跃欲试，热情接待，客户对晓宁也非常满意，最终选中了一款电动汽车——北汽EU7。看车时客户问："磷酸铁锂电池与三元锂电池有什么区别啊？"晓宁非常不好意思地请内训师给客户解答了这个问题。客户走后，晓宁非常懊悔，为什么自己不多学习一些专业知识呢。你能从晓宁的遭遇体会到什么？

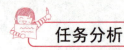
任务分析

汽车专业知识是优秀的汽车销售顾问必须具备的专业知识储备，也是销售前准备不可跨越的重要内容。汽车消费者未必都是汽车方面的专家，他们对汽车的配置、性能方面的技术知识并不十分了解。汽车销售顾问要掌握汽车各项技术指标，更好地为客户提供专业指导。

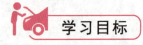
学习目标

【知识目标】

（1）掌握汽车的主要技术参数；

（2）掌握汽车基本的性能指标。

【能力目标】

（1）能根据专业技术指标为客户介绍汽车性能；

（2）能为客户选购汽车提供技术参数建议。

【素质目标】

（1）具有对技术和专业孜孜以求、精益求精的工匠精神；

（2）具备吃苦耐劳、脚踏实地的职业态度；

（3）树立民族自信，培养爱国情怀。

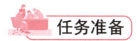 **任务准备**

一、工具准备

（1）产品手册；
（2）车型卖点视频。

1+X 车辆知识
模块考核标准
及融合

二、知识储备

根据本任务的要求，结合 1+X 证书-"汽车营销评估与金融保险服务技术"模块-汽车车型主要技术参数解说对技术和知识的要求标准，确定本任务的知识储备内容及实施要点。

步骤 1：确定汽车的主要技术参数

1. 汽车的整备质量

汽车整备质量一般指汽车的总质量（汽车净重+90%汽油+备胎+随车工具+68 kg 驾驶员），单位是千克（kg）。一般而言，汽车的整备质量在 1 000 kg 左右。汽车的整备质量对汽车的性能，包括动力性、舒适性、安全性、经济性都有影响。

从动力性的角度看，整备质量越大，动力性越差。根据牛顿惯性定律，质量越大，克服惯性产生加速度所需的力就越大。对于发动机功率相同的汽车来说，整备质量越大，加速性能就越差。对于一些整备质量小的汽车，尽管其配备的发动机排量不大，但驾驶者也不会觉得汽车的动力性差。

视频：汽车的
主要技术参数

从安全性的角度看，在多数情况下，整备质量越大的汽车越安全。一般而言，汽车整备质量大，驾驶的稳定性比较高，但是整备质量越大，制动距离就越长，出现紧急状况时更容易出事故。

从舒适性的角度看，一般来说，整备质量越大的汽车舒适性越好。整备质量大，其空间往往较大，驾乘时更舒适。整备质量大的汽车，一般高速运行时更平稳，不容易产生飘的感觉，乘坐会更舒适，也更安全。

从经济性的角度看，整备质量越大的汽车耗油量越大。特别是在市区频繁地加速减速、起步停车的情况下，整备质量对耗油量有很大影响，汽车的耗油量还与发动机变速箱、传动系统、轮胎等零部件的品质和技术有关。

2. 汽车的主要尺寸参数

1）轴距（L）

轴距是描述汽车轴与轴之间距离的参数，通常可通过汽车前、后车轮中心来测量。轴距的大小直接影响汽车的长度、质量和许多使用性能。轴距小，汽车就短，自重就小，最小转弯直径和纵向通过角就小，但若轴距过小，则会带来一系列缺点，如车厢长度不足或后悬过长，汽车行驶时纵摆和横摆较大；在制动时或上坡时质量转移较大，

学习笔记

使汽车的操纵性和稳定性变差。

2）轮距（B）

轮距指同一轴上车轮接地点中心之间的距离，对于双胎汽车，则是指两双胎接地点连线中点之间的距离。轮距对汽车的总宽、总重、横向稳定性和机动性影响较大。轮距越大，则横向稳定性越好，对增加汽车车厢内宽也有利。轮距大，汽车的总宽和总重一般也大，而且容易产生向车身侧面甩泥的缺点。此外，轮距过大也会影响汽车的安全性，因此，轮距应与车身宽度相适应。

3）前悬（LF）和后悬（LR）

前悬是指汽车最前端（除灯罩、后视镜等非刚性固定部分外）与前轴中心之间的水平距离。前悬的长度应足以固定和安装驾驶室前支点。前悬不宜过大，否则，汽车的接近角过小。

后悬是指汽车最后端（除灯罩等非刚性固定部分外）与后桥中心之间的水平距离，后悬的长度主要取决于货厢长度、轴距和轴荷分配情况，同时要保证适当的离去角。

4）汽车的外廓尺寸（总长、总宽、总高）

汽车的外廓尺寸是根据汽车的用途、道路条件、吨位（或载客数）、外形设计、公路限制和结构布置等因素来确定的。在总体设计时要力求减小汽车的外廓尺寸，以减轻汽车的自重，提高汽车的动力性、经济性和机动性。

每个国家对公路车辆的外廓尺寸均有法规限制。这是为了使汽车的外廓尺寸适合本国的公路桥梁、涵洞和铁路运输的标准及保证行驶的安全性。我国对公路车辆的极限尺寸规定如下：汽车总高≤4 m；总宽（不含后视镜）≤2.5 m；总长：货车（含越野车）≤12 m，一般客车≤12 m，铰接大客车≤18，半挂牵引车（含挂车）≤16 m，汽车拖挂后总长≤20 m。

3. 发动机的排量

发动机的排量是指活塞从上止点到下止点所扫过的气体容积的总和，即排量＝活塞行程×气缸截面积×气缸数，用符号 V 表示，单位是升（L）。一般发动机排量越大，动力性越好，相对油耗量也越大。

4. 制动器

制动器分为驻车制动器和行车制动器两种。行车制动器按结构不同分为鼓式制动器和盘式制动器两种形式。

视频：汽车的主要配置参数

鼓式制动器是最早形式的制动器，制造成本低，由于自身结构问题，在轿车领域已逐步被盘式制动器替代。盘式制动器散热快，质量小，结构简单，目前大多数中、高档汽车都采用四轮盘式制动器，如图4-1所示。

图4-1　四轮盘式制动器

5. 变速器

变速器有手动式（MT）和自动式（AT）两种形式。手动变速器操作相对复杂，制造成本低，在一些经济性汽车上还在使用。自动变速器操作简单，变速平顺性好，但制造工艺复杂，成本高，比较耗油，目前中、高档汽车已经普遍使用自动变速器。

6. 驱动方式

驱动方式是指发动机位置以及驱动轮的数量布局，根据驱动轮数量大体分为两轮驱动和四轮驱动。常见的驱动方式包括前置前驱（FF）、前置后驱（FR）、前置四驱、中置后驱（MR）、中置四驱、后置后驱（RR）、后置四驱。

7. 百公里油耗

百公里油耗是指汽车正常行驶时平均行驶 100 km 的燃料消耗量，该技术参数反映汽车燃油消耗量和经济性。汽车消费者可在工信部网站查询某车型在市区、市郊、综合三种工况下的油耗数据。

8. 汽车配置

汽车配置分为标准配置和选装配置。前者是预先安装在车上，价格已经包括在汽车实际售价内的配置；后者是需要另外追加费用的加装零配件，如天窗、雾灯、音响等。

1）ABS

ABS 的中文名称为"防抱死刹车系统"（图 4-2），它是一种具有防滑、防锁死等优点的汽车安全控制系统。ABS 在车轮将要抱死时，减小制动力，当车轮不会抱死时，增大制动力，如此反复达到制动效果最佳，类似于机械的"点刹"。装有 ABS 的汽车在干柏油路、雨天、雪天等路面防滑性能分别达到 80%~90%、10%~30%、15%~20%。

2）EBD

EBD 的中文名称为"电子制动力分配系统"（图 4-2），它是 ABS 的辅助功能系统，通过制动力与摩擦力（牵引力）的匹配，保证汽车的平稳和安全。

3）EBA

EBA 的中文名称为"电子控制刹车辅助系统"（图 4-3），它可以感应驾驶员对刹车踏板的动作需求程度，用计算机从踏板所侦测到的刹车动作来判断驾驶员刹车的意图。

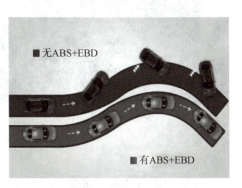

图 4-2 ABS+EBD

图 4-3 EBA

4）安全气囊

安全气囊（图4-4）是现代汽车上的被动安全装置。车辆一旦发生强烈的碰撞，安全气囊就会瞬间从转向盘内"蹦"出来，垫在转向盘与驾驶员之间，防止驾驶员的头部和胸部撞击到转向盘或仪表板等硬物。大部分汽车前排驾驶和副驾驶的位置安装了乘客用的安全气囊，有些汽车还在座位侧面靠门一侧安装了侧面安全气囊，一些高级汽车还在乘客头部上方安装有安全气囊。

5）涡轮增压器

涡轮增压器的主要作用是增大发动机进气量，从而增大发动机的功率和扭矩。一台发动机装上涡轮增压器后，其最大功率与未装涡轮增压器的时候相比可以增加30%甚至更高。

6）麦弗逊式悬挂

麦弗逊式悬挂（图4-5）是独立悬挂的一种，一般用于轿车的前轮。麦弗逊式悬挂的主要结构由螺旋弹簧加上减振器组成。麦弗逊式悬挂的优点是提高了行车舒适性、结构简单、可有效扩大车内乘坐空间、制造成本低，其缺点是横向刚度小、稳定性不佳、转弯侧倾较大。麦弗逊式悬挂适用于中小型轿车、中低端SUV的前悬架。

图4-4　安全气囊

图4-5　麦弗逊式悬挂

7）CCS

CCS的中文名称为"定速巡航系统"，用于控制汽车的定速行驶，汽车一旦被设定为定速巡航状态时，发动机的供油量便由计算机控制，计算机会根据道路状况和汽车的行驶阻力不断地调整供油量，使汽车始终保持在所设定的车速行驶。采用了这种装置，驾驶员在高速公路上长时间驾驶时就不用再去控制油门踏板，从而减轻了疲劳，同时可以节省燃料。

 案例分析

> **职场案例——追求汽车性能的消费者**
>
> 刘先生是一位艺术家，同时经营着一家企业，爱好钓鱼、养鱼、绘画，其办公室里布置了两个大号鱼缸，墙上挂着各种汽车的图片以及他自己的绘画作品。

刘先生的车里常年放着钓鱼的渔具，他一有时间就会开车找地方钓鱼，生活得很有情调，但为人低调。

刘先生现在所开的是一款柴油版路虎揽胜，该车的动力非常强劲，使用时间已近5年，配置方面稍显落伍，他正准备换一款新车。

小孙是一家进口汽车超市的汽车销售顾问，他接待了来看车的刘先生。小孙看到刘先生穿着一件很普通的圆领体恤、一双军绿色的登山鞋，说话不紧不慢。小孙大概了解了情况，他本以为刘先生换车一定是换价格更高的，于是就为刘先生推荐一款保时捷卡宴，并且认真地做了车辆的介绍。刘先生笑了笑没说什么，就准备离开了，小孙赶紧与刘先生同来的助理小魏交换了联系方式。

小孙想，今天的产品介绍没毛病呀，卡宴的档次也不低，难道客户嫌价格高了？小孙赶紧联系了助理小魏，与他交流了刘先生的兴趣、爱好和购车意向，初步推断刘先生应该想买一款越野车。小孙花了几天的时间，认真研究了几款越野性能强劲的主流进口车型——丰田普拉多、JEEP牧马人、三菱帕杰罗，并进行了外观、性能、价格的对比，准备了产品图册和iPad，以方便展示车辆视频。小孙做好准备后，与助理小魏约好上门拜访刘先生。

刘先生认真看了产品资料，尤其关注产品的越野性能，对外形硬朗、阳刚的JEEP牧马人非常感兴趣。小孙不失时机地介绍JEEP牧马人优秀的通过性能和可靠性，并讲述了它在第二次世界大战中的历史，还引用了巴顿将军的一句话："和它一起，我赢得了北非，攻破了西西里，解放了巴黎……它和坦克、军舰不同，它是有生命的，在和平年代它还会生存下去。如果有可能，我愿它永生。"刘先生听后笑了笑说："小伙子很敬业，就选JEEP牧马人了。"

一个月后，小孙去做回访，看见刘先生戴了一顶JEEP的帽子，穿着一身军绿色的JEEP休闲装，戴着一副墨镜，神似"巴顿将军"！原来每一个男人心中都有一个将军梦！

通过这次销售经历，小孙对自己成功的总结是，对于追求自我实现的客户，汽车是他们心中的一个梦想，性能、品牌是第一位的。

案例思考：

（1）请分析汽车的性能参数对客户需求会产生哪些影响。

（2）汽车销售顾问小孙在销售工作中哪些方面表现出色，哪些方面做得不到位？

步骤2：根据参数分析汽车的主要性能指标

1. 动力性

汽车的动力性指标主要由最高车速、加速时间/加速距离和最大爬坡度来表示，其是汽车使用性能中最基本和最重要的性能参数。在我国，这些指标是汽车制造厂根据国家规定的试验标准，通过样车测试得出来的。

最高车速是指在无风条件下，在水平、良好的沥青或水泥路面上，汽车所能达到的最大行驶速度。按我国的规定，以1.6 km长的试验路段的最后500 m作为最高车速

视频：汽车的主要性能指标

的测试区，共往返4次取平均值。

加速能力是指汽车在行驶中迅速增加行驶速度的能力，通常用加速时间和加速距离来表示。加速能力包括两个方面，即原地起步加速性和超车加速性。原地起步加速性是指汽车由静止状态起步后，以最大加速强度连续换挡至最高挡，加速到一定车速所需要的时间，它是真实反映汽车动力性能最重要的参数，主要有两种表示方式：车速由0 m/s加速到1 000 m/s需要的秒数；车速从0 m/s加速到100 km/h所需要的秒数。超车加速性是指汽车以最高挡或次高挡由该挡最低稳定车速或预定车速全力加速到一定高速度所需要的时间。

最大爬坡度指汽车在良好的路面上，以1挡行驶所能爬行的最大坡度。对越野汽车来说，最大爬坡度是一个相当重要的指标，一般要求能够爬不小于60%的坡路；对载货汽车要求有30%左右的最大爬坡度；轿车的车速较高，且经常在状况较好的道路上行驶，所以不强调轿车的最大爬坡度，轿车的最大爬坡度一般在20%左右。

2. 经济性

汽车的经济性代表汽车完成单位运输量所支付最少费用的能力。汽车的经济性一般用三个指标来衡量：汽车价格、耗油量和维修经济性。

汽车价格是消费者在购车时考虑的重要经济指标，更多的消费者愿意用性价比来评价某款汽车，消费者是在充分考虑了产品所拥有的性能、配置的前提下评价价格的高低，而性价比高体现为在同等价格下购买的产品具有较高的品质。

耗油量是指汽车行驶100 km消耗的燃油量（以L/100 km为计量单位），包括等速百公里油耗和循环工况油耗。一般而言，排量越大的汽车越费油，当然许多汽车企业也在努力开发大排量低油耗的汽车，如雷克萨斯汽车公司开发的油电混合汽车就属于油耗相对低的大排量汽车。

维修经济性是指汽车在使用过程中维修配件和维修工费的价格相对较低，也就是通常所说的使用经济性，一般保有量比较大的车型，其维修点布局密集，配件价格也相对低廉。

3. 操控性

操控性体现为汽车的控制难度和驾驶乐趣的结合。汽车的操控性主要由三个因素决定：动力、悬挂和转向系统。动力是操控性的根本，有了强劲、流畅的动力输出，汽车才有操控性可言；悬挂则是操控性的关键，扎实而具备韧性的悬挂能保证操控的稳定和可靠；转向系统是操控性的保障，有了可靠的转向系统做保障，车主在体验车辆操控性能的时候才能没有后顾之忧。汽车的操控性不仅影响驾驶的灵敏度和准确程度，也决定了高速行驶的安全性，它是"高速生命的生命线"。

4. 保值性

汽车的保值性通常用保值率来衡量。汽车的保值率可定义为贯穿一款车型生命周期的价值，曲线的轴向决定了该款汽车在不同年限的真实价值。保值率的计算公式为

$$二手车保值率 = 二手车平均收购价/新车市场平均报价 \times 100\%$$

在市场中有几项影响汽车保值率的重要指标：新车销售价格越坚挺，二手车的保值率越高；品牌知名度越高的车型越保值；汽车平时保养得越好，二手车评估价格越高。

5. 通过性

通过性是指在一定载重质量下，汽车能以足够高的平均车速通过各种坏路、无路地带和克服各种障碍的能力。通过性有三个评价指标：接近角、离去角、最小离地间隙。

接近角是指在汽车满载静止时，水平面与切于前轮轮胎外缘平面的最大夹角。接近角越大，汽车在上下渡船或进行越野行驶时，就越不容易发生触头事故，汽车的通过性就越好。

离去角是指汽车满载静止时，水平面与切于车辆后轮轮胎外缘平面的最大夹角，它表征了汽车离开障碍物时不发生碰撞的能力。离去角越大，则汽车的通过性越好。

最小离地间隙是指汽车在进行支撑的过程中，平面与汽车中间区域最低点的距离。最小离地间隙反映的是汽车无碰撞通过有障碍物或凹凸不平的地面的能力。最小离地间隙越大，汽车通过有障碍物或凹凸不平的地面的能力就越强，但重心偏高，降低了稳定性。

6. 安全性

汽车的安全性一般分为主动安全性和被动安全性。主动安全性主要是指汽车防止或减少道路交通事故发生的性能。汽车的主动安全系统可以起到防患于未然的作用，提高汽车行驶的稳定性，减少操控的偏差，如常见的 ABS、EBD、驱动防滑装置等。

被动安全性是指交通事故发生后，汽车降低人员伤害程度或减少货物损失的能力。被动安全系统是指在无法避免碰撞事故的情况下，只依靠车辆本身保护撞击，将撞击伤害降到最低程度的装置，如车辆的钢板、车身结构、安全带、安全气囊、头枕、可溃缩的转向盘及制动踏板等都是被动安全系统的重要组成部分。

 文质兼备

勤学篇——文质兼备

一位市场营销专业的本科学生，通过应聘来到某汽车 4S 店从事销售工作，他具有专业的营销知识，同时对汽车的专业知识也花了很大的精力去学习，但是在实际工作中，却总是无法取得好 **教师寄语** 的业绩，甚至还不如一些高中毕业的销售人员，这使他很苦恼。

有一次，他接待了一位客户，由于客户对汽车并不了解，所以提出了很多很业余的问题。客户的很多观点是不正确的。这位销售员由于专业知识非常到位，针对客户的问题进行滔滔不绝的讲解，全面纠正了客户的观点，生怕客户不知道他的专业水平高，还不时说出一些专业的术语，最后客户随便看了一下展车就告辞了。这个客户再也没有回来，而是去了别的汽车 4S 店购车。

步骤 3：电动汽车的主要性能指标

电动汽车的四大核心部件分别为电池、电动机、控制器、充电器。

电池（图 4-6）是电动汽车的动力来源、能源载体，用于驱动电动机。电动汽车

视频：电动汽车的核心部件

📝**学习笔记** 电池电压决定了整车的工作电压，电动汽车电池容量与整车的续航里程成正比。

图4-6　电动汽车电池

电动机将电动汽车电池的化学能转化为机械能，由转动能转化为机械牵引力，使车轮转动，电动机的工作电压与工作电流成反比，电动机的功率与爬坡能力成正比。根据通电方式可将电动机分为有刷电动机和无刷电动机。

控制器控制电动汽车电池的输出电流、电压，进而控制电动机的转速与功率，即整车速度，达到掌控整车的效果。其主要功能有无级调速、刹车断电、限流保护、欠压保护、限速、时速显示、1∶1助力等。根据功能和结构的不同控制器可分为有刷控制器和无刷控制器两种。

充电器是补充电动汽车电池能量，给电动汽车电池充电的设备，它能够将市电转换成直流电并控制其电流和电压充入电动汽车电池储存起来。充电器主要有整流滤波、高压开关、电压交换和电控制等几个部分组成，其工作状态有恒流、恒压、浮充三个阶段。

 民族自信

比亚迪公司停售燃油车

在全球碳中和、碳达峰的大趋势下，2022年4月3日晚，比亚迪公司正式对外宣布："根据战略发展的需要，自2022年3月起停止燃油汽车的整车生产。未来，比亚迪在汽车板块将专注于纯电动汽车和插电式混合动力汽车业务。"比亚迪公司成为世界上首家正式停产传统燃油汽车的汽车企业。目前比亚迪公司已经完成了新能源汽车核心三电的产业链布局，包括刀片电池、DM-i混动、IGBT芯片等自主核心技术。

根据中国汽车工业协会公布的数据，2021年比亚迪公司共销售59.4万辆新能源乘用车，在新能源汽车市场的占有率达到17.1%。虽然比亚迪公司的销售还是以偏低端的车型为主，可是不能否认，比亚迪公司在新能源领域的提前布局已经到了收获的时机。十年磨一剑，比亚迪公司汇领先技术之大成，致力于把"汉"品牌汽车打造成集"安全、性能、豪华"于一体的新能源旗舰轿车，全身心投入新能源汽车制造，成功贴上了"新能源汽车领导者"的标签。

教师寄语

任务实施

结合 1+X 证书–"汽车营销评估与金融保险服务技术"模块中–汽车车型主要技术参数解说对技术和知识的要求标准，以学习小组为单位，讨论制订工作计划，小组成员合理分工，按照计划完成任务并记录。

项目四	车辆展示		任务 1		汽车专业知识准备	
组别（姓名）				成绩		日期
接受任务	针对晓宁的困惑，为了更好地为客户进行专业指导，解决客户的疑虑，作为一名汽车销售顾问，提前对 EU7 汽车的性能指标进行详细的准备。					
小组分工				知识检测		
场地及工具						

	序号	工作流程	操作要点
制订计划	1	EU7 汽车的主要技术参数及卖点	
	2	根据参数分析 EU7 汽车的主要性能指标	

实施过程	实施要求： （1）小组讨论确定车型卖点及性能指标； （2）分工制作 PPT，每个小组分享车型卖点并进行性能介绍； （3）组间及教师评价； （4）上传 PPT 至平台。
任务完成情况反馈	

学习笔记

任务评价

任务名称			汽车专业知识准备			
考核项目		评分要求	分值 100	实际得分		扣分原因
				内部评价	外部评价	
过程评价	素质评价	学习态度	态度积极，认真完成任务	3		
		语言表达	表达流畅，内容有条理、逻辑性强；用词准确、恰当，语调语气得当	4		
		团结协作	分工协作，安排合理，责任人明确	3		
		工匠精神	具有精益求精的工匠精神	3		
		爱国情怀	具有民族自信的爱国情怀	3		
		创新能力	成果展示时具有创新性思维	4		
	技能评价	信息搜集能力	车型卖点准确	10		
			车型卖点完整	10		
		分析能力	车型性能指标准确	10		
			车型性能指标完整	10		
		PPT制作能力	课件内容主题突出、逻辑清晰	5		
			课件美观大方、图文并茂、内容清晰	5		
结果评价		知识掌握	扫描"任务实施"中的知识检测二维码，检测知识掌握情况	20		
	工单质量	实施计划	要点齐全、准确、可执行，填写认真	5		
		任务反馈	完成任务，反馈及时有效	2		
		填写质量	记录规范、书写整洁	3		
总分			100分			

任务小结

作为一名汽车销售顾问，必须具备扎实专业的汽车基础知识。只有这样，才能引起客户的关注和重视；也只有这样，才能塑造自己在客户心中的专业形象，为客户提供更好的服务，解决客户的问题，为成交做良好的铺垫。通过本任务的实施，查找并总结自己在技能上和知识上需要加强的地方，并对照知识体系图（图4-7），对所学内容进行再次梳理。

掌握汽车的主要技术参数　1　汽车专业知识准备　6　能分析电动汽车的主要性能指标

了解汽车的主要性能指标　2　　技能　　5　能根据参数分析汽车的主要性能指标

了解电动汽车的主要性能指标　3　知识　　4　确定汽车的主要技术参数

图 4-7　项目四任务 1 知识体系图

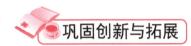

巩固创新与拓展

一、任务巩固

完成练习，巩固所学知识。

二、任务创新

从"汽车大全"App 中，根据车型配置表对比 EU7 汽车两个竞品性能上的差异。

三、学习拓展

爱国篇——民族汽车，风展红旗

　　在国人心目中，红旗汽车承载着深深的民族情感，它是中国汽车工业的开端，也是中国自主、自强民族精神的体现。目前红旗工厂总装车间实现了一小时下线 25 台汽车的产能。同时，整个红旗车间已经实现了制造过程全信息化闭环管理，真正做到问题可追溯、缺陷零流出。承担着做强做大民族品牌重任的一汽集团，不忘初心，大刀阔斧改革创新，通过组建研发总院，下大气力解决"卡脖子"技术难题。目前红旗品牌已经建立了一支超过 5 000 人的全球研发团队。就是在这种锐意改革创新的推动下，企业的新产品、新技术层出不穷，不断涌现。h7、hs7、h9、E-HS9 四款车型涵盖燃油、混合动力和新能源等领域。红旗 E-HS9 是一款纯电动豪华汽车，可以说是红旗新能源汽车的一个标杆，也是未来红旗品牌主推的一个车型。从仿照西方先进国家汽车图纸造车再到拥有核心技术的新能源、智能网联新车型频出，红旗汽车从 2017 年销量不足

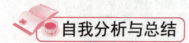**学习笔记** 5 000 辆到 2020 年的达到 20 万辆，三年实现销量 42 倍的增长，这些成绩的背后体现的是红旗汽车的活力与韧性、一汽人的创新与坚守、国企的情怀与担当，以及吉林省支持一汽集团发展的决心与成果。

自我分析与总结

学生改错	学习完成度		
	学习收获	自我成就	我理解了
			我学会了
			我完成了
		同学认可	（小组贡献、树立榜样、进步方面等）
		教师鼓励	（突出表现、进步方面、重要创新等）

学生总结及目标

任务2 FAB 介绍法

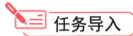

任务导入

今天，4S 店迎来一位客户李女士，他是一名教师。汽车销售顾问晓宁在与李女士的交流中，发现她比较注重汽车的舒适性和安全性。李女士问晓宁："这辆车有什么安全配置？"晓宁得意扬扬地说："这辆车的安全配置可多了，有 ABS、ESP、EBA 等。"李女士最后兴致索然地走了。晓宁的介绍有问题吗？应该怎样介绍呢？

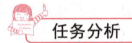

任务分析

客户不能体会产品所带来的利益的时候，其购买欲望很难被激发。因此，提高介绍的技巧很重要，运用 FAB 介绍技巧介绍产品，能让客户明白产品带来的价值和利益，给客户真实可靠的感觉，能够激发客户的购买欲望，促进成交。

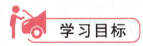

学习目标

【知识目标】

（1）了解 FAB 的定义；
（2）掌握 FAB 介绍法的使用条件及应用技巧。

【能力目标】

（1）能准确分析客户的心理；
（2）能在客户需求的基础上运用 FAB 介绍法进行介绍。

【素质目标】

（1）具有设身处地为客户服务的工作态度；
（2）巩固对产品介绍流程的认知，提高灵活应变的能力；
（3）通过 FAB 介绍法的应用，提高对汽车销售活动的兴趣。

 学习笔记

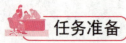 任务准备

1+X FAB 介绍
技巧模块考核
标准及融合

一、工具准备

（1）车型资料、销售政策、需求分析表等销售资料。
（2）笔、本、名片等销售工具。

二、知识储备

根据本任务的要求，结合1+X证书-"汽车营销评估与金融保险服务技术"模块-汽车销售流程-产品介绍对技术和知识的要求标准，确定本任务的知识储备内容及实施要点。

步骤1：了解FAB介绍法及其应用条件

FAB介绍法是介绍产品的一种简单、有效的方法，它在客户的需求与产品的卖点之间搭起了一座桥梁，将产品解说的重点由单纯的卖点转移到客户的利益上，更容易打动客户。FAB的定义如下。

F——属性（Feature）：汽车的特性或卖点。

A——作用（Advantage）：汽车的卖点有什么用处。

B——益处（Benefit）：汽车能满足客户哪些方面的需求，能为客户带来什么利益。

针对客户的需求，重点阐述汽车的利益与价值。每一款车都有许多较为独特的卖点，汽车销售顾问可以根据表4-1（示例）将每个卖点运用FAB介绍法整理出来。

表4-1　汽车卖点的FAB法

客户关注点	产品卖点	产品优点	客户利益
驾控性	倒车雷达（泊车辅助系统）	驾驶员在倒车时，车的两侧和后方存在不可避免的视线盲区，尤其在天气恶劣、光线不足的环境下，很容易发生倒车事故，造成财产损失和人员伤亡。倒车雷达能拍摄障碍物的位置并判断距离，通过图像和声音示警	客户在倒车时更加安全和轻松，减少车辆刮擦和交通事故

视频：FAB的
定义

要深层次理解FAB介绍法，就要知道它的前提条件——需求，但是很多时候客户自己都没有意识到自己的需求是什么，作为汽车销售顾问就要创造需求。下面通过猫与鱼的故事来进一步理解FAB介绍法的定义。

在图4-8中，一只猫非常饿，想大吃一顿。这时销售人员推过来一摞钱，但是这只猫没有任何反应。这里的"猫"是客户，而"钱"则是产品特性。

在图4-9中，猫更饿了，销售人员说："猫先生，我这儿有一摞钱，可以买很多鱼。"在这里，"买鱼"是这些"钱"的作用，但是猫仍然没有反应。

图 4-8 猫与鱼的故事（1）

图 4-9 猫与鱼的故事（2）

在图 4-10 中，猫快饿疯了，想大吃一顿。销售人员说："猫先生请看，我这儿有一摞钱，能买很多鱼，你可以大吃一顿。"话刚说完，猫就飞快地扑向了这摞钱。此时，销售人员对商品（钱）的讲解构成了一个完整的 FAB 链，打动了客户（猫）。

在图 4-11 中，猫吃饱喝足了，需求也就变了，它不再想吃东西了，而是想见它的"女朋友"。销售员人说："猫先生，我这儿有一摞钱。这些钱能买很多鱼，你可以大吃一顿。"但是猫仍然没有反应。

图 4-10 猫与鱼的故事（3）

图 4-11 猫与鱼的故事（4）

销售人员要站在客户的角度，说明产品能为客户带来的好处和利益，将产品转化为能够满足客户需求的利益，才能成功实现销售，这就是 FAB 介绍法的实质。

提示引导

<table>
<tr><td colspan="2" align="center">提示引导——卖点</td></tr>
<tr><td>产品卖点</td><td>卖点是能够满足客户需求、解决客户问题的产品或服务的点。
卖点不等于特点，但特点有可能转化为卖点。
欲知卖点，必知需求。
欲知需求，必知问题。
欲知问题，必知使用</td></tr>
<tr><td>使用是卖点之母</td><td>销售是讲话的过程还是对话的过程？
当你说句号时，客户的心门将关闭。
当你说问号时，客户的心门将打开。
切忌没有了解客户的需求就为客户盲目推销</td></tr>
</table>

学习笔记 📖 **换位思考**

工作方法——从客户的角度出发，换位思考

　　著名画家丰子恺有一次出外写生，一开始在路上碰到一个商人。丰子恺就跟商人进行自我介绍，他告诉那个商人，自己叫丰子恺，"丰"是"咸丰皇帝"的"丰"。商人摇摇头说不知道。丰子恺又告诉商人，"丰"是"五谷丰登"的"丰"。商人还是摇头说不知道。丰子恺不得已就在这个商人手上写了"丰"，商人看完，恍然大悟，说这不就是"汇丰银行"的"丰"嘛。丰子恺想想，哦，原来讲"汇丰银行"的"丰"他就明白了，那我下次碰到人作自我介绍的时候就用"'汇丰银行'的'丰'"进行介绍，省得人家不明白。

　　丰子恺又往前走，来到一个山村，碰到一个老农。他又开始很热情地跟老农进行自我介绍，他告诉老农，自己叫丰子恺，"丰"是"汇丰银行"的"丰"。结果老农摇摇头说不知道。丰子恺只好在自己的画纸上用笔写了一个"丰"字。老农看了哈哈大笑，说这不就是"五谷丰登"的"丰"嘛。丰子恺又再次迷糊了。

教师寄语

　　你作为汽车销售顾问，从丰子恺的故事中得到什么启发？

视频：FAB 介绍法的用法

步骤 2：运用 FAB 介绍法的技巧

　　在使用 FAB 介绍法介绍产品时，常用的语言表达方式是"因为……（特点、属性），它可以……（功能、用处），对您（客户）而言……（利益）。"简要地说出产品的特点及功能，同时避免使用艰深的专业术语，引述优点及客户都能接受的一般性利益，以对客户本身有利的优点作总结。

 应用案例

FAB 介绍法应用案例——雨量传感器

　　雨量传感器可以根据落在前挡风玻璃上的雨量大小自动调节雨刮片的刮水频率。对您而言，在雨天行车的时候可以大大提高舒适性，可以不用自己判断雨量大小然后手动调节刮水频率。

步骤 3：提升技巧——FBSI 介绍法

　　FBSI 分别是四个英文单词 Feature，Benefit，Sensibility，Impact 的首字母，它们的含义如下。

　　（1）F——配置（Feature）：车辆拥有的配置；

　　（2）B——利益（Benefit）：这项配置能给客户带来什么好处；

　　（3）S——感受（Sensibility）：引导客户亲自感受；

（4）I——冲击（Impact）：一个具有冲击性的情境。

FBSI 介绍法的标准句式是"拥有……对您来说……感觉……试想……"。

 应用案例

FBSI 介绍法应用案例——折叠硬顶技术

奥迪 TT 拥有折叠硬顶技术，能够在 25 秒内开启和闭合折叠。奥迪 TT 不但能让用户随时随地享受敞篷跑车自由畅快的感觉，更能在必要时变为优雅的轿跑车，可以使用户尽情享受美妙的休闲时光。您看，车篷打开后，心情立刻就觉得很舒畅，这种感觉只有奥迪 TT 才能够带给您。试想一下，您开着奥迪 TT 在海边兜风，车里坐着您的家人和朋友，大家一起沐浴在温暖的阳光下，呼吸着清新的海风，看着海天一色的景色，这是多么令人羡慕的场景。

创新思维

创新思维——产品介绍

汽车销售顾问：张先生，我们去年对将近 5 000 位车友进行调研，了解他们平时在驾驶中有哪些问题，您看，我手里有 36 张小书签，就是车友们反应最多的 36 个问题。您有没有兴趣抽一张，看看您是不是也遇到过这样的问题？

客户：好啊。（抽出一张书签并低声念了出来）"夜间看车，尤其是转弯的时候，驾驶员经常看不见拐弯处的死角，您有没有遇到过这种情况呢？"（念完后随后说出了自己的意见）我还真的碰见过几次这种情况，幸好晚上车不多，都没出什么问题。不过拐弯的地方真的有车开来或者有行人的话，那还真得出大问题。

汽车销售顾问：您说得没错，在这种情况下一旦出问题肯定是严重事故，不过您放心，这款车型配置的是双氙气前大灯，不仅亮度充足，而且还有自动转向功能，夜间行车时，大灯可以照亮您看不清楚的死角和盲区，能提高您行驶的安全性。

客户：我再抽一张看看。这一张写的是"您平时放在车内储物格里的小物件，例如手机、钱包、钥匙等，会不会在突然刹车或者启动的时候滑出来？"这种情况也确实常见，车子突然动起来，小物件掉落是常事，有时还需要找半天。

汽车销售顾问：是啊，如果有急事，而这些重要的小物件偏偏不知道滑落到了哪里，一找起来就是半天，往往把心情弄得很糟糕。我们这款车为了解决这种问题，在储物格里安装了人性化的防滑垫，小物件放在里面后不用再担心它们会掉出来，您可以试试……

 任务实施

结合 1+X 证书-"汽车营销评估与金融保险服务技术"模块-汽车销售流程-产品介绍对技术和知识的要求标准，以学习小组为单位，讨论制订工作计划，小组成员合理分工，完成任务并记录。

📝学习笔记

项目四	车辆展示		任务2		FAB 介绍法	
组别（姓名）				成绩		日期
接受任务	客户李女士比较关注汽车的舒适性与安全性，询问某款车型有什么安全配置。为了凸显客户的利益，提起客户的兴趣，促进成交，你应该怎么回答呢？					
小组分工				知识检测		
场地及工具						

制订计划	序号	工作流程	操作要点		
	1	客户需求点			
	2	需求点对应的相应配置			
	3	FAB 介绍法话术	F	A	B

实施过程	实施要求： （1）完成计划中相应的操作要点； （2）模拟完成卖点介绍； （3）每个小组派出一名同学扮演汽车销售顾问，一名同学扮演客户，一组的汽车销售顾问接待二组的客户，轮流完成各小组的卖点介绍任务； （4）根据评价指标，小组内、小组间、教师进行评价。
任务完成情况反馈	

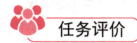 **任务评价**

任务名称		FAB 介绍法				
考核项目		评分要求	分值100	内部评价	外部评价	扣分原因
过程评价	素质评价					
		学习态度　态度积极，认真完成任务	5			
		语言表达　表达流畅，内容有条理、逻辑性强；用词准确、恰当，语调语气得当	5			
		团结协作　分工协作，安排合理，责任人明确	5			
		创新能力　能否根据客户的需求有效地展示卖点，增强产品的吸引力	5			
	技能评价	面带微笑，表现出真诚和热情，具有亲和力	5			
		产品知识介绍正确	10			
		针对客户的需求进行重点介绍	5			
		通过浅显易懂而富有冲击力的例子让客户理解配置的优势和好处	10			
		凸显出汽车的档次和品位	5			
		让客户理解所介绍的配置能带来的利益	10			
		介绍话术有说服力	5			
结果评价	知识掌握	扫描"任务实施"中的知识检测二维码，检测知识掌握情况	20			
	工单质量	实施计划　要点齐全、准确、可执行，填写认真	5			
		任务反馈　完成任务，反馈及时有效	2			
		填写质量　记录规范、书写整洁	3			
总分		100 分				

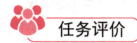 **任务小结**

　　FAB 介绍法将产品的特性、优势、利益以及销售人员的服务配合在一起，满足客户的需求。特性和利益是销售演示的基础，需求是介绍的前提。本任务运用 FAB 介绍法介绍产品，不仅能够让客户听得懂产品，还能从客户的角度出发，给客户真

学习笔记　实可靠的感觉，加深客户对产品的印象，从而激发客户的购买欲望。本任务知识体系图如图 4-12 所示。

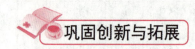

了解FAB介绍法的技巧及应用条件　1　FAB介绍法　6　能运用FBSI介绍法介绍卖点

了解FAB介绍法的表达方式　2　技能　5　能运用FAB介绍法介绍卖点

知识

了解FBSI介绍法　3　4　能按照客户需求找出汽车的卖点

图 4-12　项目四任务 2 知识体系图

巩固创新与拓展

一、任务巩固

完成练习，巩固所学知识。

二、任务创新

北汽 4S 店内来了一位张女士，张女士的孩子快上幼儿园了，非常淘气，幼儿园离家比较远，买车主要是为了接送孩子。作为汽车销售顾问，针对客户这一需求，找出卖点并进行介绍。

三、学习拓展

敬业篇——设身处地地为客户着想

某汽车展厅内，一位汽车销售顾问正在展车旁为客户介绍汽车。

汽车销售顾问：购车的时候，您最在意的是什么？

客户：应该是空间吧。我们一家人经常在周末出去玩，很需要一辆空间大的汽车。

汽车销售顾问：您考虑得很周到，全家出游确实需要大空间的汽车。我们面前的这款大捷龙就很符合您的要求。

教师寄语

客户：是吗？给我说说。

汽车销售顾问：首先，这款车空间很大，坐个八九个人不成问题。后备厢空间也很大，还可以调整大小，这样就算您要携带很多行李也没什么问题。其次，这款车的安全带是可以根据乘客调整的，这很适合身材较小的孩子，也很安全。

客户：确实不错。

 自我分析与总结

学生改错			
		学习完成度	
	学习收获	自我成就	我理解了
			我学会了
			我完成了
		同学认可	（小组贡献、树立榜样、进步方面等）
		教师鼓励	（突出表现、进步方面、重要创新等）

学生总结及目标

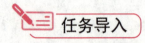

任务 3 六方位绕车介绍

任务导入

　　一天下午，晓宁正在 4S 店展厅值班，之前到店看过车的王先生又来了。王先生是一位老师，喜爱旅游，注重汽车的外观、舒适性。王先生上次到店的时候就看好了北京 X7 这款车，但是由于时间紧张，没进行详细了解，这次想让晓宁把北京 X7 这款车为他做一次全面的介绍。你也来尝试完成此次任务吧。

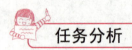

任务分析

　　为了让汽车销售顾问更好地记住在车辆每个方位应该阐述的对应的汽车特性，人们通过科学分析和众多销售人员的经验，形成了一套在特定位置进行实车讲解的方法，即六方位介绍法。汽车销售顾问可以从汽车的六个方位分别进行有序的介绍，有效展示汽车独到的设计和领先的技术。

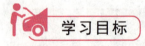

学习目标

【知识目标】

(1) 通过产品介绍流程的学习，掌握汽车的六方位介绍法；

(2) 了解产品介绍流程的具体内容。

【能力目标】

(1) 能运用六方位介绍法以及相应的销售礼仪为客户进行详细的汽车介绍；

(2) 能运用 FAB 介绍法把卖点充分展示出来。

【素质目标】

(1) 在整个汽车销售过程中，始终保持销售人员应有的职业礼仪规范；

(2) 对客户有耐心，保持微笑，具有为客户着想的高度的服务意识；

(3) 专业可靠，具备爱岗敬业、实事求是的职业素养。

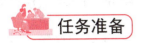

任务准备

一、工具准备

（1）车型资料、销售政策、需求分析表等销售资料。

（2）笔、本、名片等销售工具。

1+X 六方位绕车
介绍考核标准
及融合

二、知识储备

根据本任务的要求，结合 1+X 证书-"汽车营销评估与金融保险服务技术"模块-汽车销售流程-产品介绍中对技术和知识的要求标准，确定本任务的知识储备内容及实施要点。

步骤 1：车辆准备

车辆展示的规范管理可用八个字概括，即整理、整顿、清理、清洁。在此原则下，按照以下标准，完成车辆准备。

1. 第一个标准，按规定摆放车辆的行路架

每个 4S 店都根据公司规定摆放车辆的行路架，以让展车在整个展厅中协调一致，陈列整齐、规范、有条不紊。

2. 第二个标准，展车的卫生情况符合标准

1）指纹

车辆油漆的光洁度非常高，车门把手是镀铬的，比较亮，只要手触摸门把手或车身，马上会留下指纹。汽车销售顾问在展厅中工作的时候，要随时随地保持展车的规范清洁性。

2）水痕

展车上不应有水痕。

3）灰尘

把展车前面引擎盖打开以后，凡是视线范围内的位置都不允许有灰尘，包括前脸、排气管。

视频：车辆展示
的执行标准

3. 第三个标准，注意细节

1）轮毂上的品牌

要注意车轮的轮毂，在轮毂上会有汽车的品牌。当展车停稳以后，轮毂上的品牌按标准要求应该与地面呈水平状态。

2）导水槽

轮胎上的导水槽应保持清洁。

3）座位的距离

前排的座位应调整到适当的距离，而且前排两个座位从侧面看必须是一致的，不

学习笔记

能够一个前一个后；不能够一个靠背倾斜的角度大，另一个靠背倾斜的角度小；座位与转向盘要保持适当的距离，以方便客户进出。

4）新车的塑料套

新车在出厂的时候，转向盘上都会有一个塑料套，倒车镜、遮阳板也都是用塑料套保护起来的，应将这些塑料套拿掉。

5）后视镜

后视镜必须调整好，使客户坐在车中很自然地看到两边和后部。

6）转向盘

要把转向盘调到最高，如果转向盘太低，客户坐进去后会感觉局促，从而认为车辆的空间太小。

7）仪表盘上面的石英钟

要将仪表盘上面的石英钟按北京时间对准。

8）空调的出风口

要试一下空调的出风口，保证空调打开后有风。

9）汽车上的开关

汽车上的开关不是左边按下去是开，右边按下去是关，而是中间的位置为关，所以必须把开关放到中间的位置。

10）收音机

一般收音机有五六个台，应把它们都调出来，同时必须保证有一个当地的交通台和一个当地的文艺台，这是一个严格的考核指标。

11）左、右声道

汽车门上的喇叭分左边的和右边的，喇叭的音响是可以调整的，两边的声道应调成平衡，这个是必须要检查的。

12）音量

音量不能够设定得太大，也不能设定得太小，然后配一些光盘，在专门的地方保管。当客户要试音响的时候，可以询问客户需要什么样的音乐，然后取来不同的光盘给客户欣赏。当然最好选择能体现音响效果的 CD，比如选择节奏感特别强的音乐，感觉和感情就被调动起来了。这就是试音响所要达到的目的。汽车销售顾问应事先准备好类似光盘，当客户对音乐没有什么特别爱好的时候，可以拿出一张最能够表现汽车音响效果的光盘。

13）安全带

后排座有的时候会有三条安全带，中间有一条，旁边有两条。有时候安全带都散在座位上，这是不允许的，必须把它们折好以后用橡皮筋扎起来，塞到靠背和座位中间的缝儿里面，留一半在外面。这是给客户一个信号，表明 4S 店管理规范，值得信赖。

14）脚垫

一般展车里面都会放一些脚垫，以防止客户鞋子沾灰。4S 店会事先制作脚垫，例如沃尔沃汽车的脚垫上面应有沃尔沃的标志，摆放脚垫的时候应注意标志的方向。同时要注意脚垫脏了以后及时更换。

15）行李舱

展车的行李舱中不应有太多物品，放置物品时要合理安排物品位置，同时注意各物品要端正摆放，警示牌应放在行李舱的正中间。

16）电瓶

展车长时间放置以后电瓶会亏电，因此必须保证电瓶有电。

17）轮胎美容

将轮胎洗干净是不够的，还要对轮胎进行美容。用"喷喷亮"把轮胎喷得乌亮。轮胎的下面应使用垫板。很多专业的汽车公司都把自己专营汽车的标志印在垫板上，这样会给客户整体的良好的感觉。

步骤2：六方位绕车介绍

环绕展车，对展车的六个部位进行介绍，有助于汽车销售顾问有条理地向客户介绍汽车最主要的特征和好处。在进行六方位绕车介绍时，汽车销售顾问应确定客户的主要需求，并针对这些需求做讲解。汽车销售顾问必须直接针对客户的需求和购买动机，帮助客户了解一辆车是如何符合其需求的，只有这样客户才会认识其价值。直至汽车销售顾问获得客户的认可，这一步才算完成。六方位绕车介绍可以让客户更加全面地了解产品。每一个位置大约花费7分钟，有的位置时间短一些，有的位置时间长一些。

视频：六方位绕车介绍的定义

服务意识

职场素养——细致入微的服务意识

美国著名企业家玛丽·凯有一次开着一辆旧车去一家代销福特汽车的商行，准备购买一部早已看中了的黑白相间的福特汽车，以此作为庆祝自己生日的礼物。但是，福特汽车商行的售货员看到冯丽·凯开的是辆旧车，把她看作"不可能的买主"，因此接待时显得漫不经心，最后干脆找了个借口，说已和别人约吃午餐，把玛丽·凯拒之门外。玛丽·凯走出福特汽车商行后，无意中走进了另一家商行，这家商行的售货员极其热情，当他询问后得知玛丽·凯是为庆祝自己的生日来购车时，说了声"请稍等"就走开了，过几分钟又回到了柜台前。15分钟后，一位秘书给他送来了12朵玫瑰花，他把这些花送给玛丽·凯，说是一点心意，以表示对她生日的祝贺。这使玛丽·凯大感意外，惊喜并激动不已。于是，她打消了原来想买黑白相间的福特汽车的想法，决定在这家商行购买一辆黄色默库里汽车。

教师寄语

从本案例中你受到了什么启发？汽车销售顾问应该怎么做呢？

六方位绕车介绍示意如图4-13所示。

图 4-13　六方位绕车介绍示意

1. 1 号位：左前方（图 4-14）

这个方位是客户比较感兴趣的方位，其内容也较为丰富，汽车销售顾问可以在此方位向客户介绍品牌文化、品牌历史、车身造型、前照灯、前脸、保险杠等内容。具体介绍内容见表 4-2。

图 4-14　左前方介绍

视频：六方位绕车介绍（左前方）

表 4-2　车前方介绍要点

配置	主要体现性能	介绍切入点	主要内容	客户利益
车标	汽车品牌内涵	为注重内涵的客户重点推荐	这款车出自名师之手，车标元素代表未知、创新、突破、无限扩展的意义	品牌的内涵与您的身份和个性很匹配
前脸	安全性和外观时尚性	为注重时尚性的客户重点推荐	浑厚动感的前脸设计与饱满流畅的车侧腰线相结合，使整车彰显大气稳重的成熟魅力	车型大气，彰显您稳重的气质

续表

配 置	主要体现性能	介绍切入点	主要内容	客户利益
晶钻智能前照灯	智能感应、灯光延时——安全时尚	为购买家用车的客户重点推荐	这款前照灯能够根据外界光线的强弱自动开启和关闭，光线突然变暗所导致的危险，确保您在通过山洞和隧道时的行车安全，它在这个价位的汽车中是唯一一款配备这种安全智能前照灯的汽车。它还具有60秒的灯光延时功能	智能前照灯安全大气，灯光延时功能让您在夜晚驾车更安全
抗UV环保隔热玻璃	安全性和经济性	为注重外观、环保的客户重点介绍	前挡风玻璃面积达到了1.68 m²，在同级别汽车中是最大的，采用抗UV环保隔热玻璃，具有防紫外线、隔热等特点	这款车的前挡风玻璃可以为您提供更广阔的视野，同时能有效降低车内温度，减少空调负荷并减少油耗
吸能式双前保险杠	安全性	为注重安全性能的客户重点介绍	采用特殊的吸振发泡材料加上内置金属钢梁，能抵抗意外的撞击力	提高安全系数，为您驾大车提供最大的安全保障
镀铬格栅	外观时尚性	为注重外观的客户重点介绍	镀铬格栅衬托车头设计，展现汽车的大气与尊贵	大气与尊贵

2. 2号位：车侧方（图4-15）

车侧方是向客户介绍车辆高科技配置及车辆线条等的有利位置。车侧方介绍要点见表4-3。汽车销售顾问应面向客户，左手引导客户走到车的侧面，以总览整车侧方。

表4-3 车侧方介绍要点

配 置	主要体现性能	介绍切入点	主要内容	客户利益
铝合金轮胎	主动安全性和外观时尚性	为注重汽车外观时尚性的客户重点推荐	直径为××英寸，采用多辐设计，刚性极佳	造型美观，与车身外观相互辉映
全封闭笼形承载式高强度车身	主动安全性	为注重汽车构造的客户重点推荐	全封闭笼形承载式高强度车身，采用高张力钢板进行无缝焊接，科学运用不对称设计，使整车受到碰撞时能够科学地化解来自不同角度的冲击力	安全标准高，让您驾车更有保障

视频：六方位绕车介绍（车侧方）

149

 学习笔记

续表

配 置	主要体现性能	介绍切入点	主要内容	客户利益
高强度的 A、B、C 柱	主动安全性	与宝马相同的安全设计理念	A、B、C 柱全部进行了加粗吸能式设计。A 柱加强来自正面的防撞击能力；B 柱加强来自侧面的防撞击能力；C 柱后方吸能设计与宝马的安全设计相同，当受到撞击时能有效保护车内驾乘人员的安全	坚实结构，为您提供 4 星级的安全保障
四门高强度的双防撞钢梁	主动安全性	为注重汽车安全性的客户重点推荐	（1）四车门全部装有坚固的双重防侧撞钢梁；（2）当车侧发生意外碰撞时，防撞钢梁能强有力地阻止外力冲撞的直接伤害，形成有效的防护网，加强对人、车的保护	增强防撞防护能力，为您提供双倍保护
电动调节外后视镜	主动安全性能	为注重细节的客户重点推荐	（1）后视镜上增加了醒目的 LED 显示，使预警效果更加明显；（2）后视镜的电动调节可折叠功能方便您在狭小的空间里行驶与停车（必须动手演示）	从细节方面体现人性化设计，为您提供贴心的产品服务
高张力动感双腰线	外观时尚性和主动安全性	遵循空气动力学设计理念	本车采用双腰线设计，中部主腰线由前照灯上边缘引出向后过渡，顺势串起前、后门把手，再滑至后尾灯上边缘，线条平直、不拖沓，一气呵成	在彰显您的尊贵的同时也为您的行驶提供安全防护
镀铬门把手	外观时尚性	为注重细节的客户重点推荐	银色镀铬门把手安放在中间主腰线的线条轨迹上，轻松、自然，在车身侧面起到了很好的点缀作用	让您能够顺手能将车门拉开，方便省力，实用美观
Bosch 9 代 ABS/ESP 系统	主动安全性	为注重安全性，驾龄较短的客户重点推荐	本车采用了目前很多高端车型才会使用的、世界上最为先进的 Bosch 9 代 ABS/ESP 系统，该系统整合了六大功能模块及 4 个主动式转速传感器、4 通道 ESP 模块、集成式横摆角速度传感器和加速度传感器，功能更为强大	提高车辆动态驾驶的安全性，就像您身边坐了一位经验丰富、技艺超群的车手，在危急情况下可帮助您转危为安，真正做到防患于未然

续表

配　置	主要体现性能	介绍切入点	主要内容	客户利益
防夹手四门车窗	安全性	为购买家庭用车的客户重点推荐	在一键式电动车窗上升的过程中，如果肢体或其他物品影响车窗上升，车窗上升动作将立即停止并下降到最低点，以确保安全	可避免夹伤手指，这样的装备在乘客中有儿童时尤为实用

图 4-15　车侧方介绍

提示引导

提示引导——赞美客户

　　一天，某客户来店后一直在查看一辆车，看完以后，这位客户说："哎，这款车的轮毂好像比其他车大一些。"

　　汽车销售顾问可以说："哎呀，您真是观察得很仔细啊。"

　　客户一听很高兴，说："我听说大轮毂的汽车一般都是高档轿车，只有运动型的跑车才会配备大轮毂。"

　　汽车销售顾问又称赞道："哎呀，您真不愧是专家啊，从车展上可以看出，一些新推出的车型都配备大轮毂，这是一种潮流、一种趋势。很多汽车销售顾问真的还不如您啊。"

　　通过这两次赞美，就很容易拉近彼此间的距离，汽车销售顾问与客户越谈越融洽，顺利地进入销售的下一环节。

3. 3 号位：车后方（图 4-16）

　　汽车销售顾问引领客户站立在距离汽车约 60 mm 的地方，从行李舱开始，依次介绍

学习笔记 高位制动灯、后风窗加热装置、后组合尾灯、尾气排放、燃油系统等内容，见表4-4。

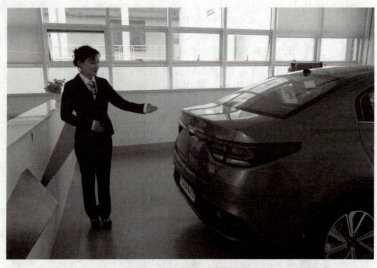

图4-16 车后方介绍

视频：六方位绕车介绍（车后方）

表4-4 车后方介绍要点

配置	主要体现性能	介绍切入点	主要内容	客户利益
扰流板	安全性和外观时尚性	为注重内涵的客户重点推荐	车顶尾部装配扰流板可以有效利用气流来给车体带来下压力，从而提供更强的抓地力，使行车更加稳定安全。独特的线条设计还与侧窗弧线融合，成为一个大大的"X"造型，很是亮眼	显现完美体面的高级车风范。这款车非常注重细节，每一个部位都注重品味的塑造，您的眼光真好！
后保险杠横梁	经济性与安全性	后保险杠横梁采取后碰B型应对措施	采用B型断面梁，材料选用抗拉高强度钢板，比传统保险杠防撞梁更能分散和减小撞击力，能更好地对撞击力进行分散传导，从而对驾驶室形成有效保护	这种横梁设计使您的爱车在低速碰撞时不易变形，降低维护费用，而在高速碰撞时不仅抵抗力更好，而且不易断裂，保证能量传递的最佳效果，提高车辆尾部碰撞时的安全性
后尾灯	外观时尚性与安全性	LED后尾灯的外形效果与前照灯遥相呼应	后尾灯总成采用了9颗直线排布的LED后尾灯，其点亮后呈颗粒状发光，展现晶莹剔透的光效。整个红色尾灯区域增加了深度和层次感，且打破了普通后尾灯大面积红色造型出现的视觉疲劳，新颖别致，抓人眼球	不仅动感美观，而且还能够保证行车安全，就像您一样，外表时尚而且富有内涵

学习笔记

配置	主要体现性能	介绍切入点	主要内容	客户利益
倒车影像系统	操控性与安全性	为注重汽车操控性与安全性的客户重点推荐	倒车影像系统通过安装在车辆后部行李舱盖上的摄像头，将车辆后方影像显示在车内中控台区域的DVD显示屏上。只要将挡位挂到倒挡，无论此时DVD显示屏上正在播放何内容，倒车影像功能都会自动开启，使驾驶员随时能够通过DVD显示屏的即时影像便捷、安全地控制车辆倒车入库	这绝对是您倒车、停车的好帮手
泊车雷达	安全性	为对停车入位感到困难的客户重点推荐	本车采用"四通道"泊车雷达系统，通过安装在车辆后方的4个传感器，侦测车辆后部障碍物。当发现障碍物时，泊车雷达会通过蜂鸣声进行报警，同时在车内DVD显示屏上显示侦测距离，最大限度地保证驾驶安全	在倒车时，泊车雷达能够帮助驾驶员"看见"无法通过后视镜看见的东西，或者提醒驾驶员车后面存在物体或人

4. 4号位：车后座（图4-17）

在车后座位置主要介绍后部空间及一些有特色的装置，包括后排电动调节座椅、儿童安全座椅、儿童安全门锁、安全带、后排中央扶手外的制板车载冰箱、可移动式后排座椅阅读灯、后排空调出风口、后排左右座椅安全带。汽车销售顾问可在展车内或展车外介绍，但一定要邀约客户进入展车内参观，同时积极鼓励客户更多地体验车辆，激发客户的想象，促使客户产生希望拥有该款车的冲动。车后座介绍要点见表4-5。

视频：六方位绕车介绍（车后座）

图4-17　车后座介绍

表4-5　车后座介绍要点

配　置	主要体现性能	介绍切入点	主要内容	客户利益
儿童安全座椅固定装置	安全性	为购买家庭用车，尤其是家中有儿童的客户重点推荐	本款车在后排座椅配备了ISOFIX系统，在靠背和坐垫的结合处装有两个锚固点，座椅头枕后面还有一个"防倾斜"锚固点。这套标准的固定系统能将儿童座椅或增高器牢牢地固定在座位上	避免在突发性停车或碰撞过程中，儿童座椅可能发生的移动和碰撞，提供更有效的保护
后排中央扶手	舒适性	为注重后排乘坐舒适性的客户重点推荐	本款车在后排座椅配备了可收折的中央扶手，可在需要使用时放下，同时扶手上配备了杯托、存储格等	后排座椅中间有中央扶手，不仅可以将肘部放于上面休息，提高乘坐的舒适性，还能彰显您的爱车的高贵
后座椅金属背板	安全性	后排座椅靠背上加装了金属背板	这款车有由高强度钢制成的后座椅金属背板，可以在车辆发生追尾时在后排乘客与行李舱之间形成保护屏障	避免因追尾碰撞冲击力过大对后排乘客的身体造成伤害，提高车辆的安全性，为您打造360°的安全保护
儿童安全门锁	安全性	为购买家庭用车，尤其是家中有儿童的客户重点推荐	儿童安全门锁需以专用钥匙才能解锁，可防止因误触而产生意外	确保儿童乘车安全
三点式安全带	被动安全	为注重安全性能的客户重点推荐	后座配置三点式安全带，使后座人员更加安全	使后座人员更有安全感

视频：六方位绕车介绍（驾驶室）

5. 5号位：驾驶室（图4-18）

驾驶室是向客户介绍车辆驾驶特性的有利位置，客户观察了汽车的外形，了解了汽车的部分性能后，汽车销售顾问就要引导客户了解驾驶的乐趣和操作的基本方法。此时，汽车销售顾问可以打开车门，邀请客户坐进驾驶室，当客户坐到驾驶位置上时，汽车销售顾问应该用蹲下的姿势检查客户是否已舒适地坐在驾驶座上（帮助客户调整座椅、转向盘等），然后自己坐到副驾驶位置，向客户演示，一边展示汽车的各种功能，一边引导客户操作，对座椅、转向盘、仪表、各项电子科技配置等人性化设计，中控面板、仪表台等造型进行介绍。驾驶室介绍要点见表4-6。

图 4-18　驾驶室

表 4-6　驾驶室介绍要点

配置	主要体现性能	介绍切入点	主要内容	客户利益
汽车内饰	时尚性	时尚	本车内饰造型以"V"字形为主，分别在驾驶座前、中、后三个位置有体现，仿佛随时预示着 Victory——胜利	独特的内饰造型既营造出一种强烈的时尚感，又体现了美好的寓意
仪表板及中控面板	时尚美观	高档、时尚	进入驾驶室，请看这左右横向贯穿的超大"V"字形镀铬饰条，其金属质感及科技感十足。按键灵敏度高，按压后阻尼回馈的感觉又让人爱不释手，非常方便您触碰操作	整个中控面板给人高档、时尚的感觉，产生强烈的视觉冲击力
转向盘	操纵性和舒适性	为追求时尚质感、科技感的客户重点推荐	转向盘采用头层牛皮包覆把圈+镁铝合金骨架，盘面上也有一个"V"字形镀铬饰条。左边控制音响功能及通信功能；右边控制定速巡航功能及行车电脑。各主要功能键的转向盘集中布置为您大幅度提高操控便利性，同时对于行车安全性也起到了一定作用	为您提供舒适、操控性好的行驶环境
组合仪表	舒适性	符合人体工程学原理	这种组合仪表层次分明，错落有致，这样设计的好处就是符合人体工程学原理，当驾驶员获取仪表信息时清晰、直观，可缩短视线在仪表盘上的停留时间，大幅提升驾驶安全性	能让您在行车过程中清晰直观地读取行车信息，还能有效缓解长时间驾驶的视觉疲劳

 学习笔记

配置	主要体现性能	介绍切入点	主要内容	客户利益
MMI 人机交互系统	主动安全性、操控性	为追新求异的客户重点推荐	MMI 人机交互系统拥有友好的人机交互界面，让驾驶员操作起来就像使用电视遥控器一样方便。这种平台化的软件设计不仅方便了驾驶员控制车内各个系统，更重要的是能针对不同的驾驶员预先设定好其所需要的各种模式，从而使驾驶员省去了烦琐的设置过程	MMI 人机交互系统反应灵敏、精准
座椅	舒适性	加厚坐垫和靠背，符合人体工程学的设计理念	前排带有电加热功能，高、低档由您随心选择（邀请客户试坐，并为其调节到最佳高度）。加厚坐垫和靠背的采用，使乘员身体对座椅各支撑点、面受力均匀，保证了乘坐舒适性	给您舒适的体验，尤其是在长途驾驶时可有效为您缓解腰部疲劳
振动噪声控制	舒适性	为注重汽车噪声控制能力的客户重点推荐	整车设定 309 项精确全面的振动噪声控制目标，诸多先进的控制技术的应用，使该车具有良好的整车振动噪声表现，达到同级别车型相应标准，甚至超越大部分竞争车型。另外，内饰绝大部分采用软性搪塑材质也起到了一定作用	能为您提供安静舒适的驾驶环境
双区独立控制空调系统	经济性、舒适性	符合人性化设计理念	当主驾驶位置和副驾驶位置乘员对温度的感受度不同时，可以非常方便地调节成两个不同的温度环境	不同区域的客户可以根据自己的需求调节温度
定速巡航	安全性和经济性	为注重汽车安全性和经济性的客户重点推荐	在行驶过程中，您可以在 40～200 km/h 的车速范围内启动该系统，人为设定车速后，控制系统就会根据行驶阻力的变化自动增减节气门开度，使汽车保持一定速度，此时您将无须操控加速踏板，只要握住转向盘即可正常行驶	能为您大大降低驾驶的疲劳强度并节省燃油
倒车影像系统	安全性	为注重汽车安全性的客户重点推荐	在车辆点火开关处于 ON 位时，将挡位置于倒挡，无论此时 DVD 显示屏上播放何种内容，倒车影像功能都会自动开启，使您随时能够通过 DVD 显示屏的即时影像，更加便捷、安全地倒车入库	开阔客户倒车的视野，实现轻松倒车，同时大大增加了倒车的安全性

配置	主要体现性能	介绍切入点	主要内容	客户利益
安全气囊	被动安全性	为注重汽车安全性的客户重点推荐	该车型标配了前排双安全气囊，高配车型装备座椅侧安全气囊和侧气帘。通过六气囊配置为车内乘客打造全方位的气囊保护，减小车辆发生碰撞时对人体造成的二次伤害	该车型在同级汽车中具有优异的安全性

6. 6号位：发动机舱（图4-19）

　　汽车销售顾问在该位置介绍发动机动力、油耗、先进技术等，对于电动汽车则进行充电展示。发动机舱介绍要点见表4-7。

视频：六方位绕车介绍（发动机舱）

图4-19　发动机舱

1）发动机舱介绍要点

表4-7　发动机舱介绍要点

配置	主要体现性能	介绍切入点	主要内容	客户利益
发动机罩	安全性与外观时尚性	发动机罩内板折弯设计	这款车的发动机罩采用了折弯设计，从外观上看，简洁大方；从功能上说，它具有吸声、隔热、降低风阻和保护车内乘员以及行人安全的功能。当车辆发生碰撞时，发动机罩设计折弯区域发生折弯并向上拱起，充分吸收碰撞能量	这样不仅可有效避免发动机罩直接挤入驾驶室对乘员造成直接的人体伤害，还能减小对行人的伤害

续表

配 置	主要体现性能	介绍切入点	主要内容	客户利益
ET3 系列高性能能全铝合金发动机	经济性与操控性	2.0/2.3L城市 SUV 黄金排量	这款车采用的是 2.0/2.3L 高性能全铝合金发动机,不仅具备良好的燃油经济性,排放标准高,节能环保,同时还拥有高功率、低速大转矩的出色动力表现	高品质的发动机能给您带来无穷的乐趣,基于超强的功率和转矩输出,不论是起步还是加速,该车都有过人的表现,让您轻松驾驶,尽情享受,从此不再有烦恼
低噪环保	操纵性与环保性	为注重汽车环保性的客户重点推荐	这款先进的发动机具有低噪声、高环保的特点,尾气排放已达欧Ⅲ标准。这一点,我们刚才在试乘试驾时已体会到了。该车噪声很小,几乎听不见	让行车更加舒适
发动机下沉式设计	安全性	为注重汽车安全性的客户重点推荐	本车采用了发动机下沉式设计。当发动机受到的撞击力超过固定机构的承受能力时(大约为在 40 km/h 速度下正面碰撞产生的力度),该装置可以保证发动机能够马上坠落到地面,从车底挤出车外,避免发动机冲入驾驶室,提高车辆的安全性	为您的行车保驾护航
碰撞断油系统	安全性	为注重汽车安全性的客户重点推荐	当车辆发生碰撞时,ECU 检测到前部气囊弹出的信号时,供油系统立即停止向发动机供给燃油,从而阻止发动机中的燃料燃烧,停闭发动机,避免二次事故的发生,提高车辆的安全性	避免当车辆发生碰撞时发生漏油着火事故
爱信全新六速手自一体变速器	操控性	为注重汽车操控性的客户重点推荐	日本爱信被业界称为世界三大自动变速器生产厂商之一,在自动变速器研发和创新方面始终居于世界领先地位,其产品的特点主要表现为性能卓越、品质可靠	让您在行车中换挡更加平稳顺畅
多点电喷系统	动力性及经济性	为注重汽车动力性的客户重点推荐	采用计算机精确控制,直接点火,依照点火的先后顺序精确控制供油量	让点火更精确,动力更强劲,节油更精确、科学

创新思维

创新思维——发动机舱介绍

　　汽车销售顾问向客户介绍花冠汽车的发动机。

　　汽车销售顾问："花冠汽车的发动机采用了丰田公司最先进的 VVT-i 技术，不仅功率高、耗油量低，而且非常安静，您看，用肉眼根本看不出它振动。"说着，汽车销售顾问拿出一支香烟，立在桌子上。

　　汽车销售顾问："我们起动发动机，将这支香烟立在发动机上，香烟绝对不会倒下，您相信吗？"

　　客户："不能吧！这样都能行吗？"

　　汽车销售顾问起动发动机，然后将香烟立在发动机上。

　　客户惊呆了："真的可以啊！真了不起，从来没见过这么安静的发动机啊！"

　　2）电动汽车充电展示

　　（1）汽车销售顾问准备。

　　①知识储备：握了解与充电相关的基础专业知识，包括电流、电功率、电压、交流电、直流电、电动汽车充电基本原理、电动汽车充电主要模式等。

　　②安全规范：了解各种充电设备的安全操作注意事项。

　　③流程话术：熟练掌握各种充电模式操作步骤及相关介绍话术。

　　④问题应对：熟悉客户的常见问题并掌握应对方法。

　　（2）充电展示过程。

　　①政策说明：为客户介绍充电政策信息。

　　②介绍充电设备及充电模式：为客户介绍充电桩、充电宝及"充电吧"App，要求客户下载"充电吧"App，了解公共充电站信息。

　　③充电展示：按照充电标准动作进行主要充电模式的充电操作，并为客户讲解说明。

　　④邀请客户操作：在确保安全的前提下，邀请客户进行充电操作。

　　⑤异议应对：针对客户所提出的异议，进行处理应对。

　　（3）充电展示结束。

　　①流程确认：确认客户充分了解了充电环节，并没有疑问与顾虑。

　　②流程推进：适时邀请客户进行试乘试驾，感受产品的动态性能。

自主学习资源

充电展示应对话术

问题	回答
充电宝在正常通电的电源点无法充电？	充电宝必须在接有地线的电源点进行充电，否则充电宝无法充电。建议联系当地电力部门确定电源点是否可靠接地

续表

问题	回答
如何识别充电线?	车辆标配的国标双头充电线使用时有要求,枪头上有车辆标识的插车辆充电座,枪头上有充电桩标识的插充电桩座
充电收费标准是什么?	社会公共充电设施目前基本按约 0.87 元/度的电费以及约 0.8 元/度的服务费进行收费。自用充电设施由安装地点的电费决定,基本以居民电价为主,具体以国家政策为准
充电宝的作用是什么?	(1) 充电宝可用于 220 V 电源临时应急充电; (2) 充电宝具备短路、漏电、过流、断电等保护功能
购买充电桩是否可以选择充电服务商或其他产品?	不可以,必须购买厂家指定的充电服务商生产的充电桩

视频:六方位绕车注意事项

步骤 3:六方位绕车介绍注意事项介绍

(1) 从始至终面带微笑,要笑着而不是严肃地介绍,用手势引导客户到相关的方位,注意走位,别与客户撞在一起。

(2) 从客户最想知道的方位开始,要用概述的技巧询问客户,找出客户的购买动机,进行有针对性的介绍。

(3) 介绍时,眼睛应面向客户,而不是看着汽车介绍,应注意介绍时客户才是主角,要注意客户流露的购买信号(语言、动作、表情)。

(4) 多让客户亲手操作,多让客户的手接触汽车。不断寻求客户认同,注意客户聆听时是否感兴趣,若发觉客户不感兴趣,要试探性地提问,找出客户的需求,再继续依客户的兴趣进行介绍。

(5) 六方位介绍法旨在让客户了解产品,认同产品,若介绍时发现客户已经认同产品,即可停止介绍,设法引导客户进入试乘试驾或条件商谈的阶段。

 案例分析

通俗易懂的介绍话术

有一对夫妇来到展厅,直接走到了他们感兴趣的展车前。汽车销售顾问看在眼里,意识到这是一对很不错的意向客户,于是赶忙去接待这对夫妇。

客户走到东,他就为这个客户介绍东边的情况;客户走到车尾,他也把车尾的好处向客户说了很多。在他介绍的过程当中,客户只说:"哦,是吗?哦,谢谢"。其他什么表示都没有。过了一会儿,客户互相看了看,说:"我们下次再来吧"。说完就走了。

这个汽车销售顾问不甘心,认为自己已经费了好大的劲,把这款汽车的优点基本上说完了,怎么对方都没有表示啊。其实问题出在哪里,这个汽车销售顾问并不知道。

教师寄语

这对夫妇走到门口以后看看后面没人了，就开始互相对话。

女士："老公，刚才他说什么呀？"

男士："他说的好像是专业术语，唉，我也没听懂，白跑一趟。"之后，夫妇俩去了另一家4S店。

分析：根据上面的案例思考，这个汽车销售顾问的问题出在哪里？他应该怎么做？

 积极自信

汽车销售顾问的积极工作态度和自信心

一天，一对夫妇来到了丰田展厅。汽车销售顾问热情地迎了上去，说："欢迎光临，我是汽车销售顾问小张，很高兴为你们服务，你们想了解什么车型呢？"这对夫妇回答道："我们先自己看看。"不一会儿，夫妇俩看了锐志、威驰两款车，这时汽车销售顾问小张走上前问道："两位看过车后，感觉怎么样？"丈夫说："锐志这款车不错，又大气，操控性又好，很适合我这种喜欢开快车的人。"而妻子却说："这两年虽然生意不错，但还是不够稳定，我们还是需要节省一点，锐志汽车要20多万，而且2.5 L排量的耗油量会比较大，维修保养的费用也会多很多。"丈夫说："是啊，你说得也有道理，但是威驰汽车感觉还是太小了，有时候接送生意上的客人还是觉得有点小气。"说到这里，夫妇两人都陷入了沉默。

小张心里明白了，原来两人都难以说服对方，而又不愿接受对方的意见，如果这时不采取积极的态度，客户可能就会放弃。因此，小张抱着积极的工作态度和自信心对他们说："威驰汽车虽然比较便宜，使用成本也很低，但它纯粹是家庭用车，如果有生意上的用途，的确有点小气，锐志汽车虽然够气派、够高档，但价格也比较高，使用费用也会多很多，因此养车的压力会比较大。两位不如选择花冠汽车，花冠汽车正好介于威驰汽车和锐志汽车之间，车辆外形比威驰汽车漂亮，既可家用又适合商务用，动力性和操控性都非常出色，而且使用成本也比较低，我看挺适合你们的。"夫妇两人听完汽车销售顾问的一席话，都不约而同地说："能不能带我们看看车啊！"汽车销售顾问小张带两人看完车，又带他们试乘试驾，结果夫妇两人都非常满意，高高兴兴地付了款，订购了一辆花冠汽车。

分析：基于上面的案例，分析汽车销售顾问应该具备什么样的工作态度。

 任务实施

结合1+X证书-"汽车营销评估与金融保险服务技术"模块-汽车销售流程-产品介绍对技术和知识的要求标准，以学习小组为单位，讨论制订工作计划，小组成员合理分工，完成任务并记录。

项目四	车辆展示		任务3	六方位绕车介绍	
组别（姓名）			成绩		日期

接受任务	王先生比较喜爱旅游，注重车辆的外观、舒适性，上次到店的时候就看好了北京X7这款车，但由于时间紧张，没进行详细了解，作为汽车销售顾问，你来做一次全面的介绍吧。
小组分工	
场地及工具	

知识
检测

	序号	工作流程	操作要点
制订计划	1	车型介绍前准备	
	2	根据需求找出左前方介绍要点及话术设计（竞品对比）	
	3	根据需求找出车侧方介绍要点及话术设计（竞品对比）	
	4	根据需求找出车后方介绍要点及话术设计（竞品对比）	
	5	根据需求找出车后座介绍要点及话术设计（竞品对比）	
	6	根据需求找出驾驶室介绍要点及话术设计（竞品对比）	
	7	根据需求找出发动机舱介绍要点及话术设计（竞品对比）	

实施过程	实施要求： （1）完成计划中相应的操作要点； （2）天气、时间等以授课当天为准，每个小组派出一名同学扮演汽车销售顾问，一名同学扮演客户，一组的汽车销售顾问接待二组的客户，轮流完成各小组的六方位绕车介绍任务并录制视频； （3）根据评价指标，小组内、小组间、教师进行评价； （4）将视频及设计话术上传到平台。
任务完成情况反馈	

任务评价

任务名称		六方位绕车介绍				
考核项目		评分要求	分值100	实际得分		扣分原因
				内部评价	外部评价	
素质评价	学习态度	态度积极，认真完成任务	4			
	语言表达	表达流畅，内容有条理、逻辑性强；用词准确、恰当，语调语气得当	4			
	团结协作	分工协作，安排合理，责任人明确	4			
	创新能力	成果展示时具有创新性思维	4			
	职业素养	爱岗敬业，实事求是	4			
过程评价	技能评价	1. 介绍产品时主动将相应产品资料递上	3			
		2. 主动介绍品牌或者车型的历史	4			
		3. 主动积极地针对客户的需求介绍产品	4			
		4. 能结合客户用车需求灵活使用六方位介绍法，并用 FAB 介绍法强化产品优势	4			
		5. 主动邀请客户进入车内，介绍车辆的内部细节	4			
		6. 主动打开行李舱及发动机舱盖，运用 FAB 介绍法为客户进行介绍	4			
		7. 向客户介绍三个以上可选配置	4			
		8. 针对车型外观内饰，征询客户的反馈意见（产品介绍完或者介绍中途）	3			
		9. 确认介绍的车辆是否满足客户需求	4			
		10. 把专业的产品技术术语化解为通俗易懂的语言为客户进行讲解	4			
		11. 对竞争品牌进行比较客观的评论，但始终强调自己产品的利益能满足客户需求	4			
		12. 在整个介绍过程中，随时关注并记录客户对产品的异议和抗拒，并有技巧地回答客户的问题	4			
		13. 产品介绍完后，主动邀请客户试乘试驾	4			

续表

任务名称			六方位绕车介绍				
结果评价	考核项目		评分要求	分值 100	实际得分		扣分原因
					内部评价	外部评价	
	知识掌握		扫描"任务实施"中的知识检测二维码,检测知识掌握情况	20			
	工单质量	实施计划	要点齐全、准确、可执行,填写认真	5			
		任务反馈	完成任务,反馈及时有效	2			
		填写质量	记录规范、书写整洁	3			
总分			100 分				

 任务小结

在销售行业有句老话:"没有卖不出去的产品,只有卖不出产品的销售顾问。"汽车属于高档耐用消费品,如何将摆放在宽敞的展厅里的汽车转移到消费者的手中,是一个非常有难度的过程。新车展示是"真实的时刻"。销售人员要抓住机会,唤起客户对本品牌的热诚、对产品质量的信任、对颇具竞争力的特征和一流装备的兴趣、对新车的期待和对销售人员及专卖店的好感。本任务的重点运用六方位介绍法介绍汽车,按照销售过程流程标准进行介绍,把握客户的关注点,在车辆展示时恰当运用技巧和方法,促进成交。本任务知识体系图如图 4-20 所示。

掌握介绍前的准备工作 ① 六方位绕车介绍 ⑥ 能按照销售礼仪完成六方位绕车介绍

掌握六方位介绍法 ② 技能 ⑤ 能运用FAB技巧介绍卖点

掌握六方位绕车介绍的注意事项 ③ 知识 ④ 能按照需求找出六个方位的汽车卖点

图 4-20 项目四任务 3 知识体系图

巩固创新与拓展

一、任务巩固

完成练习，巩固所学知识。

[QR code]

二、任务创新

北汽 4S 店内来了一位张女士，张女士的孩子快上幼儿园了，非常淘气，幼儿园离家比较远，张女士买车主要是为了接送孩子。作为汽车销售顾问，请为张女士推荐一款车并进行详细介绍。

三、学习拓展

诚信篇——实事求是

有一对夫妇前来购车，他们进店后径直向一辆红色的全新车型走去，接待他们的汽车销售顾问立即判断出他们是很不错的意向客户，于是便热情地为客户做了车辆介绍，介绍完以后，这两位客户摇摇头，对接待他们的汽车销售顾问说："谢谢你，我们觉得另外一款车的影音系统比这款车要高档，功能也更加齐全。"

汽车销售顾问："不是这样的，那款车的音响系统功能可不好，大大比不上我们的全新车型，我们全新车型的音响系统简约而不简单，操作起来更为直观便捷，同样可以实现收音机、导航和空调系统的众多功能。"

教师寄语

听到汽车销售顾问的回答，这对夫妇到底是什么想法呢？他们满意还是不满意？

走出门后，女客户说："这个汽车销售顾问太不诚实了，也不够专业，还诋毁别人的产品，是吧？"男客户说："我觉得也是，这样吧，我们再到另一家专卖店去看看吧！"

学习笔记

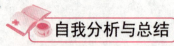 自我分析与总结

学生改错	学习收获	学习完成度	
		自我成就	我理解了
			我学会了
			我完成了
		同学认可	（小组贡献、树立榜样、进步方面等）
		教师鼓励	（突出表现、进步方面、重要创新等）

学生总结及目标

项目学习成果实施与测评

项目学习成果名称：车辆展示			
班级：	组别（姓名）：		成绩：
小组分工		知识检测	
场地及工具			

一、接受任务

　　今天，北汽 4S 店中来了一位年轻女士，她是一位刚入职的国企白领，打算新购一款车，用于上下班。她喜欢旅游，比较关注汽车的外观、智能科技以及安全性，预算为 15 万~20 万元。经过与客户的详细交流，你觉得 BEIJING-EU7 这款车非常适合她？为客户做详细的介绍吧！

二、任务准备

1. 车辆的主要性能指标

2. FAB 介绍法的语言表达方式

3. 六方位绕车介绍的操作流程

三、制订计划

序号	工作流程	操作要点
1	推荐车型	

学习笔记

序号	工作流程	操作要点
2	FAB 卖点	
3	根据需求写出六方位介绍法话术（运用FAB 技巧）	（可自行附加单页）

四、任务实施

（1）完成计划中相应的操作要点；

（2）天气、时间等以授课当天为准，每个小组派出一名同学扮演汽车销售顾问，一名同学扮演客户，一组的汽车销售顾问接待二组的客户，轮流完成车辆展示任务并录制视频；

（3）根据评价指标，小组内、小组间、教师进行评价；

（4）将视频及设计话术上传到平台。

五、质量检查

根据实施评价标准检查项目完成情况，并针对实训过程中出现的问题提出改进措施及建议。

六、反思总结

任务完成情况	
团队合作情况	
通过实训销售技巧及灵活应对能力有何变化	
需要改善的方面	

项目成果评价标准

项目名称			车辆展示			
考核项目		评分要求	分值 100	实际得分		扣分 原因
				内部评价	外部评价	
过程评价	素质评价	学习态度 — 态度积极，认真完成任务	4			
		语言表达 — 表达流畅，内容有条理、逻辑性强；用词准确、恰当，语调语气得当	4			
		团结协作 — 分工协作，安排合理，责任人明确	4			
		创新能力 — 成果展示时具有创新性思维	4			
		职业素养 — 爱岗敬业，实事求是	4			
	技能评价	1. 介绍产品时主动将相应产品资料递上	3			
		2. 主动介绍品牌或者车型的历史	4			
		3. 主动积极地针对客户的需求介绍产品	4			
		4. 能结合客户用车需求灵活使用六方位介绍法，并用 FAB 介绍法强化产品优势	4			
		5. 主动邀请客户进入车内，介绍车辆的内部细节	4			
		6. 主动打开行李舱及发动机舱盖，运用 FAB 介绍法为客户进行介绍	4			
		7. 向客户介绍三个以上可选配置	4			
		8. 针对车型外观内饰，征询客户的反馈意见（产品介绍完或者介绍中途）	3			
		9. 确认介绍的车辆是否满足客户需求	4			
		10. 把专业的产品技术术语化解为通俗易懂的语言为客户进行讲解。	4			
		11. 对竞争品牌进行比较客观的评论，但始终强调自己产品的利益能满足客户需求	4			
		12. 在整个介绍过程中，随时关注并记录客户对产品的异议和抗拒，并有技巧地回答客户的问题	4			
		13. 产品介绍完后，主动邀请客户试乘试驾	4			

学习笔记

任务名称			六方位绕车介绍			
考核项目			评分要求	分值 100	实际得分	扣分原因
					内部评价	外部评价	
结果评价	知识掌握		扫描"任务实施"中的知识检测二维码，检测知识掌握情况	20			
	工单质量	实施计划	要点齐全、准确、可执行，填写认真	5			
		任务反馈	完成任务，反馈及时有效	2			
		填写质量	记录规范、书写整洁	3			
总分			100分				

项目五　试乘试驾

项目导读

　　要增强客户的购买信心，必须尽最大努力为客户创造亲身体验的机会。试乘试驾是产品介绍的延伸，是让客户动态地了解汽车有关信息的最好机会。通过切身体会和驾乘感受，客户可以加深对汽车的认同，增强购买的信心。

项目目标

　　（1）能完成车辆试乘试驾的相关手续办理。
　　（2）能完成车辆试乘试驾的整个流程介绍。
　　（3）树立试驾过程中安全驾驶的意识，提高学生的专业素养，树立汽车销售顾问的专业形象。

项目实施

　　本项目通过完善的试乘试驾准备，按照试乘试驾的流程，优化完成试乘试驾过程，让客户能动态且感性了解汽车，增强体验，强化产品的优势，增强客户的购买信心。

项目五 试乘试驾	任务1	试乘试驾准备
	任务2	试乘试驾流程

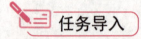

任务 1 　试乘试驾准备

任务导入

　　晓宁的客户王先生是一位老师，他喜爱旅游，比较注重车辆的外观、舒适性。晓宁为王先生对北京 X7 这款车做了一次详细的介绍，为了让王先生更好地了解车辆性能，晓宁想邀请王先生试乘试驾。试乘试驾前晓宁应该做好什么准备呢？

任务分析

　　试乘试驾是让客户感性地了解汽车信息的最好机会，要通过切身的体会和试乘试驾感受，带给客户良好的试乘试驾体验，一定要做好试乘试驾准备，将人、车、物准备齐全且完好。

学习目标

【知识目标】

（1）通过学习，了解试乘试驾的目的和作用；

（2）掌握试乘试驾前的准备事项；

（3）掌握试乘试驾前手续的办理。

【能力目标】

（1）能独立做好试乘试驾前的相应准备；

（2）能帮助客户办理试乘试驾手续。

【素质目标】

（1）从客户的角度出发，细致入微地做好准备工作；

（2）具有灵活应对能力；

（3）具有安全意识。

任务准备

1+X 试乘试驾
准备模块考核
标准及融合

一、工具准备

（1）车型资料、预约登记表、试乘试驾承诺书、试乘试驾路线图、试乘试驾满意度调查表等试乘试驾文件资料。

（2）试乘试驾车辆。

（3）笔、本、名片、计算器、面巾纸等办公用品。

二、知识储备

根据本任务的要求，结合 1+X 证书-"汽车营销评估与金融保险服务技术"模块-汽车销售流程-客户试乘试驾对技术和知识的要求标准，确定本任务的知识储备内容及实施要点。

汽车销售顾问应在展厅和停车场显眼的位置上设置"欢迎试乘试驾"的指示牌，以此吸引客户试乘试驾；汽车销售顾问也可以在产品说明之后，主动邀请客户试乘试驾；如果店内没有条件，也可以利用周六、周日的时间组织试乘试驾活动，邀请客户集中试乘试驾，并举办一些活动进行配合。不管在哪一种情况下，汽车销售顾问都要做好试乘试驾前的准备工作。汽车销售顾问在陪伴客户试乘试驾前，需要准备好文件、车辆，安排好路线。

1. 邀约试乘试驾

试乘试驾的目的是让客户有一种拥有感，让客户真正感受车辆的性能，促进成交，汽车销售顾问要主动邀请客户试乘试驾。如果客户时间不充裕或当下店内缺乏条件，可以和客户另行约定时间进行试乘试驾，填写试乘试驾预约记录表（表 5-1）。

视频：试乘试驾的目的

表 5-1　试乘试驾预约记录表

序号	客户姓名	性别	电话	工作单位	试乘试驾车型	试乘试驾时间	试乘试驾协议书同意与否	里程/km	流程状态

知识应用

知识应用——试乘试驾邀约话术

1）试乘试驾邀约话术一

汽车销售顾问主动邀约客户参加试乘试驾，一边说一边引导客户向试乘试驾车辆停放区域走："刚才我已经给您介绍了这款车的基本情况，俗话说'听过不如看过，看过不如试过'，要想更加了解我们的车，仅由我给您介绍是不够的，我专门给您准备了试乘试驾的车型，您看我陪您试驾一下我们的车怎么样？"

2）试乘试驾邀约话术二

汽车销售顾问主动邀约客户参加试乘试驾，一边说一边引导客户向试乘试驾车辆停放区域走："刚才我已经简单地向您介绍了车辆的性能特点和配置，不过，只靠看和听就做出购买决定是不够的，买车是件大事。因此，在您做决定之前建议您先试乘试驾，亲身感受一下。"

3）试乘试驾邀约话术三

汽车销售顾问主动邀约客户参加试乘试驾，一边说一边引导客户向试乘试驾车辆停放区域走："我们的车和其他车不太一样，一定要开过以后才能体会到它的好处。如果您想真正了解这部车，我建议您试驾一下，如果您愿意，我马上为您安排。"

4）试乘试驾邀约话术四

汽车销售顾问主动邀约客户参加试乘试驾："×先生/女士，在给您完整介绍该车的性能和配置以后，想必您一定产生了浓厚的兴趣，接下来我诚挚地邀请您试驾该车。相信在您亲身体验它的魅力后更能加强您的购买信心，所以让我为您立即安排吧。"

2. 准备试乘试驾文件

（1）在试乘试驾前需要填写试乘试驾登记表（表5-2）。

（2）询问客户是否亲自驾驶，如客户亲自驾驶，应检验、复印客户驾驶证。

（3）客户签署试乘试驾协议书（表5-3）。

视频：试乘试驾
准备

表5-2 试乘试驾登记表

试驾车辆型号			车辆底盘号		投入使用日期	
颜色		变速箱类型	发动机号		计划更新日期	
序号	试车日期	试车目的	千米数起止	客户姓名	汽车销售顾问	备注（购买意向等）
			起 | 止			

表5-3　试乘试驾协议书

尊敬的客户：

您好！为了让客户能亲身体验该品牌车型的舒适、安全以及整车的操控性能和优越配置，特将试乘试驾有关事宜向您告知，请您仔细阅读。

一、试乘试驾前，驾驶人员请检查车辆内的清洁、卫生，并检查车辆是否处于良好状态。

二、试乘驾驶人员在车辆中禁止吸烟及吃零食。

三、您须向我公司保证您本人具有两年以上的驾龄，并持有正式的驾驶证件，且身体健康无重大疾病，适合进行试乘试驾，并能够安全行驶、文明试车。

四、您在试乘试驾期间应当遵守《道路交通安全法》、有关道路规章制度和我公司规定的试乘试驾路线，不得违章行驶，否则我公司汽车销售顾问有权视情况终止此次试乘试驾。

五、试乘试驾完毕后，您所交回的车辆应当完好无损，没有发生任何碰撞、刮擦等事故，否则应承担修复所需一切费用。

试乘试驾车型登记表

试驾车型		试驾地点	
试驾车号		试驾时间	
驾驶证号		电话/手机	

以上内容我已仔细阅读过，并无异议，且能保证我提供的一切资料真实合法。

车辆提供单位：（盖章）　　　试乘试驾人：（签字）　　　试乘试驾日期：

3. 准备试乘试驾路线

汽车销售顾问要规划好试车路线，确保行车安全，注意要确保客户有足够时间体验车的性能。试乘试驾参考路线如图5-1所示。

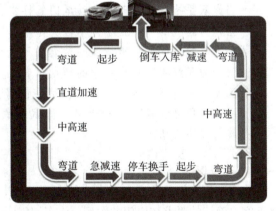

图5-1　试乘试驾参考路线

1）试乘试驾路线选择的基本要求

（1）应选择长超过1 000 m、宽超过4 m、车流量较少、平直的路段。

（2）应选择半径超过20 m的场地。

（3）应选择车流量较少、平直弯道的公路。

（4）对于越野车应选择路况稍复杂的路线，以便让客户体验到越野车独特的性能和魅力。

2）选择有变化的试乘试驾路线以展示车辆的相关性能

（1）加速性能。欲体现车辆的加速性能，所选择的路段应该尽量平直，干扰车辆少，交叉路口少，红绿灯少。在平稳加速或急加速前，汽车销售顾问要有意识地提醒客户注意加速时间、加速距离、最高时速和车辆的推背感等。

（2）刹车性能。刹车前要确保前后300 m左右内没有车辆，道路平直，不要刚刚加速后就立即刹车。在刹车前，汽车销售顾问应提醒客户注意刹车距离，体会刹车时转向盘的稳定性，关注车辆有无跑偏或甩尾。

学习笔记

（3）灵活性和转向能力。汽车销售顾问应提醒客户注意转向盘在打角度时候的轻便性、助力转向的柔韧性、不同速度下转向时的侧倾程度。

（4）悬挂系统性能。汽车销售顾问应提醒客户注意过坑洼地时的减振效果、乘坐的舒适性。

（5）操作性。客户主要体会换挡的平顺性、转弯时车身的稳定性等。

（6）内部的安静程度。驾驶时产生的噪声主要来自发动机及相关部件工作时的噪声、轮胎与路面摩擦时产生的噪声、迎面来风与车体摩擦产生的噪声和车体钢板振动所产生的噪声。这些噪声是不可避免的，生产商在车辆出厂前就会考虑到以上因素，在发动机工作规律及车体结构方面做改进，以尽量减少驾驶时的噪声。

从客户的角度出发

试乘试驾——从客户的角度出发

在试乘试驾之前，汽车销售顾问要了解客户有哪些需求，要把试乘试驾和客户的需求结合起来，试乘试驾不仅是为了体现车辆性能的优越性，更重要的是解决客户的一些痛点和难点。

比如客户是家庭主妇，她购车可能主要为了接送孩子和上街购物，对于这种客户，让她体验急加速、急刹车就不适合客户，她需要了解的是如下内容。

当淘气的孩子上车以后，车辆的儿童安全锁怎么设定？

当她双手抱着东西时，电动尾门怎样才能便捷开启？

当她为路边的一个狭小停车位头疼不已的时候，自动泊车能怎么能帮到她？

一定要搞清楚一件事，试乘试驾并不是为了让客户体验车辆的极致性能，试乘试驾是为了解决客户生活中的痛点和难点。

因此，针对不同客户的需求，试乘试驾体验方案也是不一样的，"上车先试乘，平稳路段再试驾"这种千篇一律试乘试驾体验方式并没有从客户需求入手，只是履行程序而已。

4. 准备车辆

汽车销售顾问要选择客户喜欢的车型，如果无法完全符合客户的要求，需尽量挑选接近客户确认的要求与愿望的车型。汽车销售顾问在车辆准备中，需要注意的事项如下。

（1）检查试乘试驾车辆，包括检查发动机、油箱、制动系统、音响、空调、座椅调节、雨刮器、轮胎等是否正常。如发现问题要及时进行调整和维修，确保车辆的各项功能处于最佳状态。每天检查油量，确保油箱内至少有 1/2 箱燃油。

（2）清洁车辆。试乘试驾车辆要像展厅中展示的新车一样清洁。整洁的车辆能让客户心情愉快，使其产生对未来的美妙遐想。

（3）试乘试驾车辆必须经过装饰。在车身贴上"试乘试驾"字样，并将车停放在特定的试乘试驾区，让客户一进店就能看到，从而引发客户试乘试驾的兴趣，甚至主动提出试乘试驾要求。

（4）试乘试驾车辆要配备 CD、DVD 光盘，以便让客户在驾车过程中能享受优美的音乐。

（5）试乘试驾车辆的证照要齐全，必须是上好牌照的车辆。行驶证、保险卡、车船税等一应俱全，试乘试驾车辆应当保全险，严禁用商品车进行试乘试驾。对于试乘试驾车辆，汽车销售顾问必须做好检查工作，保证其各项功能处于最佳状态，见表5-4。

（6）对试乘试驾车辆内部进行生活化的布置，让客户感觉温馨。例如，在车内放置漂亮的香水座，既美观又能改善车内的空气；加装生活化的座椅套、抱枕、头枕等。对于以女性客户为主的车辆，可以摆摆放些公仔和玩具；对于越野车，可以摆放指南针、坡度仪、导航仪。这样一方面能够让客户将车辆与生活联系在一起，使客户产生更多的联想，进而产生购买欲望；另一方面也为车辆成交后的精品销售打下基础。

视频：试乘试驾前应要做好的准备事项

表5-4　试乘试驾车辆检核表

核查日期	千米数		核查人		
车型	牌照号码				
项目	内容		合格	不合格	备注
车辆外表	外表漆面是否损伤				
	外表是否清洁、光亮				
	车辆进气格栅缝隙是否清洁				
	雨刷栅板是否清洁				
车辆内装	转向盘、仪表板是否擦拭清洁				
	车内门把手、置物箱、杯架是否擦拭清洁				
	脚踏板、车内地毯、行李舱是否擦拭清洁				
	内置配备是否松动、异常（如仪表配件、门扣、座椅等）				
配备操作	空调系统是否运作正常				
	音响功能是否正常，收音机是否设定频道、时间				
	仪表显示是否正确				
	燃油存量是否在20 L以上				
发动机性能	发动机舱盖是否擦拭整洁				
	发动机发动声音是否正常				
	水箱、副水箱、水位是否正常				
	雨刷是否正常				
	机油量是否正常				
	变速箱油量是否正常				
	动力转向盘油量是否正常				
	路试底盘机能是否正常				
	每周是否进厂调整、维修				
管理	试乘试驾预约记录表是否按规定填写				
	试乘试驾车辆是否放置于户外的特定展示区				

学习笔记

任务实施

结合 1+X 证书–"汽车营销评估与金融保险服务技术"模块–汽车销售流程–客户试乘试驾对技术和知识的要求标准，以学习小组为单位，讨论制订工作计划，小组成员合理分工，完成任务并记录。

项目五	试乘试驾	任务 1	试乘试驾准备		
组别（姓名）				成绩	日期
接受任务	晓宁的客户王先生比较时尚，喜爱旅游，比较注重车辆的外观、舒适性。王先生今天第二次到店，晓宁为王先生对北京 X7 汽车做了一次详细的介绍，为了让王先生更好地了解车辆性能，晓宁想邀请王先生试乘试驾，她应该提前做好哪些准备呢？				
小组分工				知识检测	
场地及工具					

制订计划	序号	工作流程	操作要点
	1	邀约话术	
	2	文件准备	
	3	路线准备要点	
	4	车辆准备要点	

实施过程	实施要求： （1）完成计划中相应的操作要点； （2）天气、时间等以授课当天为准，完成试乘试驾准备，并且每个小组派出一名同学扮演汽车销售顾问，一名同学扮演客户，邀约客户试乘试驾，轮流完成各小组的试乘试驾准备及邀约任务并录制视频； （3）根据评价指标，小组内、小组间、教师进行评价； （4）将视频上传到平台。
任务完成 情况反馈	

任务评价

任务名称			试乘试驾准备				
考核项目			评分要求	分值 100	实际得分		扣分原因
					内部评价	外部评价	
过程评价	素质评价	学习态度	态度积极，认真完成任务	4			
		语言表达	表达流畅，内容有条理、逻辑性强；用词准确、恰当，语调语气得当	4			
		团结协作	分工协作，安排合理，责任人明确	4			
		创新能力	试乘试驾介绍时具有创新性思维	4			
		职业素养	遵纪守法，实事求是	4			
	技能评价		1. 试乘试驾车辆有专门的停车位	4			
			2. 在展厅内设置"欢迎试乘试驾"指示牌	5			
			3. 主动向客户提供试乘试驾服务	8			
			4. 尽量满足客户对试乘试驾车型的要求，如不能满足客户要求，应征询客户可否提供相关车型代替	5			
			5. 提供的试乘试驾路线有 2 条或以上可供客户选择	8			
			6. 试乘试驾时间充足（至少 15 分钟或 6 千米）	5			
			7. 根据市场部提供的模板在试乘试驾车辆上张贴"试乘试驾"标识	5			
			8. 试乘试驾前，按标准准备好试乘试驾车辆，保证车辆干净，油量至少 1/2，放置原厂脚垫	10			
结果评价	工单质量	知识掌握	扫描"任务实施"中的知识检测二维码，检测知识掌握情况	20			
		实施计划	要点齐全、准确、可执行，填写认真	5			
		任务反馈	完成任务，反馈及时有效	2			
		填写质量	记录规范、书写整洁	3			
总分			100 分				

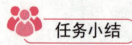 **任务小结**

　　本任务主要从客户的角度出发，细致入微地做好试乘试驾准备，给客户一个良好的感性体验。通过本任务的实施，查找并总结自己在技能上和知识上需要加强的地方，并对照知识体系图（图5-2），对所学内容进行再次梳理。

掌握邀约试乘试驾的要点　　　　能贴心地为客户选择试乘试驾路线

掌握试乘试驾前的车辆准备事项　　能完成试乘试驾准备

掌握试乘试驾前的路线准备事项　　能灵活邀约客户试乘试驾

图5-2　项目五任务1知识体系图

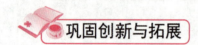 **巩固创新与拓展**

一、任务巩固

完成练习，巩固所学知识。

二、任务创新

　　客户刘先生今天来北汽4S车看好了EU7汽车，汽车销售顾问小林为他做了详细的介绍，张先生非常喜欢，想试驾一下，小林很痛快地答应了，但是刘先生拿出驾驶证，小林一看，刘先生的驾龄不满2年，按照4S店的规定驾龄不满2年只能试乘而不能试驾，小林非常尴尬，他应该怎么做呢？

三、学习拓展

法制篇——遵纪守法，安全驾驶

　　（1）试驾须持有中华人民共和国合法驾驶证，且驾龄满2年。

（2）试驾人员须签署《4S 店试驾协议书》。

（3）试驾时请遵守《中华人民共和国道路交通管理法》。

（4）试驾时请遵从试驾教官的指引，否则试驾教官将取消试驾活动。

（5）为了自己和家人的安全，试驾时请系好安全带，孕妇，高血压、心脏病患者和饮酒者以及身高不足 1.4 m 的儿童不能参加试驾体验。

（6）如遇雷雨、道路结冰、大雾等影响安全的特殊天气，则取消试驾活动。

 自我分析与总结

学生改错	学习收获	学习完成度	
		自我成就	我理解了
			我学会了
			我完成了
		同学认可	（小组贡献、树立榜样、进步方面等）
		教师鼓励	（突出表现、进步方面、重要创新等）

学生总结及目标

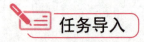

任务 2　试乘试驾流程

任务导入

　　晓宁的客户王先生是一位老师，喜爱旅游，比较注重车辆的外观、舒适性。晓宁为王先生对北京 X7 汽车做了一次详细的介绍，为了让王先生更好地了解车辆性能，晓宁邀请王先生试乘试驾，她该怎么做呢？请设计一次试乘试驾体验活动。

任务分析

　　试乘试驾是让客户感性地了解车辆信息的最好机会。通过切身的体会和试乘试驾感受，客户可以加深对汽车销售顾问口头介绍的认同，强化购买信心，各个汽车销售店都要按照试乘试驾的流程完成试乘试驾体验活动，从而促进成交。

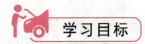

学习目标

【知识目标】

（1）掌握试乘试驾的流程和操作要点；

（2）掌握试乘试驾的注意事项；

（3）掌握试乘试驾后的工作要点。

【能力目标】

（1）能在客户试乘试驾时对汽车性能进行有效引导；

（2）能完成客户试乘试驾后满意度调查等相应工作。

【素质目标】

（1）具有为客户着想的高度服务意识；

（2）具有专业可靠性，面对客户有耐心，保持微笑；

（3）具有遵纪守法驾驶、实事求是介绍的职业素养。

 **任务准备**

一、工具准备

（1）车型资料、试乘试驾预约记录表、试乘试驾协议书、试乘试驾路线图、试乘试驾满意度调查表等试乘试驾文件资料。

（2）试乘试驾车辆。

（3）笔、本、名片、计算器、面巾纸等办公用品。

1+X 试乘试驾准备模块考核标准及融合

二、知识储备

根据本任务的要求，结合1+X证书–"汽车营销评估与金融保险服务技术"模块–汽车销售流程–客户试乘试驾对技术和知识的要求标准，确定本任务的知识储备内容及实施要点。

步骤1：试乘试驾前说明

在试乘试驾过程中，汽车销售顾问应让客户集中精神对车辆进行体验，避免多说话，通过试乘试驾让客户感觉到满足其需求的产品特性。

1. 向客户说明试乘试驾的相关事项

（1）向客户说明试乘试驾的流程。汽车销售顾问告知客户先试乘再试驾，并配合其进行调查。

（2）向客户说明试乘试驾的路线，告知沿途的道路状况和交通管制情况，请客户严格遵守相关法规。

（3）检验客户的驾驶证并复印存档，每台试乘试驾车辆中应有"欢迎参加试乘试驾"文件（含路线图、注意事项、登记表、同意书），以便于客户确认。

（4）向客户简要说明车辆的主要配置和操作方法，如说明自动变速箱、排挡锁的使用方法；说明灯光和仪表灯的使用方法；说明座椅、转向盘的调整方法等，以便保证工作的安全性。

（5）了解并确认客户的驾驶经验。如果客户没有驾驶证或缺乏驾驶经验，他们要提前申明，可以由汽车销售顾问完成驾驶，客户坐在车内感受（试乘），汽车销售顾问要用婉转的话语请客户谅解。

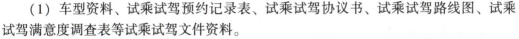 **自主学习资源**

客户试乘试驾的心理分析

汽车销售顾问要熟悉客户试乘试驾的心理，以便对症下药。客户试乘试驾的心理主要有3种，具体如下。

（1）客户希望汽车销售顾问给出参考意见。在客户试乘试驾的过程中，客户希望汽车销售顾问陪同，以便随时提供信息，从而正确地操作。

（2）客户希望乘坐多辆车。客户为了扩大挑选的范围，希望乘坐多辆车，以便发现最适合自己驾驶的车辆。

（3）客户喜欢独自欣赏。客户希望陪同的汽车销售顾问保持安静，以使自己独自体会驾车的乐趣。

客户试乘试驾前介绍工作见表 5-5。

表 5-5　客户试乘试驾前介绍工作

第一阶段：试乘试驾前的展厅介绍				
序号	体验内容	工作	工作关键点	参考说明
1		邀约客户试乘试驾	100% 主动建议或邀约客户试乘试驾	
2		确认客户的驾龄和驾驶证	询问客户的驾龄和是否携带驾驶证，并邀请客户坐下来	
3		介绍试乘试驾路线和流程，告知试乘试驾须知，请客户签字	向客户简要介绍试乘试驾路线和体验点，告知客户先试乘后试驾，以及大概路程和时间	
			如果客户没带驾驶证或实际驾龄不满 2 年，向客户解释只能试乘，登记客户信息，告知客户阅读试乘试驾须知并签字	
			如果客户带了驾驶证，则请客户出示并查验，登记客户信息，告知客户阅读试乘试驾须知并签字，在此期间复印驾驶证	

第二阶段：客户试乘前介绍				
序号	体验内容	工作	工作关键点	参考说明
1		引荐试驾专员		带客户到试乘试驾区，汽车销售顾问向客户引荐试驾专员
2		引导客户进入副驾驶位置		汽车销售顾问用手挡车门上侧进行保护，待客户进入副驾驶位置后帮助客户调节座椅，关闭车门
3		试驾专员进入主驾驶位置		提醒并帮助客户系好安全带，将自己的手机设置为振动或静音状态
4	静音效果	体验急速静音效果	（1）发动车辆，在急速工况下请客户体验车内静音效果； （2）将一瓶矿泉水放在仪表台上； （3）请客户用手摸仪表台，感受车辆的振动	您听一下发动机的声音，不注意还以为没有起动车呢，另外，C5 发动机的振动控制得非常好，您看矿泉水的水面没有一丝波纹，您还可用手摸摸仪表台，感受一下

视频：试乘试驾流程

续表

学习笔记

第二阶段：客户试乘前介绍				
序号	体验内容	工作	工作关键点	参考说明
5	音响效果	体验音响效果	（1）播放 CD； （2）挑选客户喜欢的曲目； （3）根据客户的感受调节至合适的音量	我们感受一下音响效果好吗？您看这首歌曲好不好？音量合适吗？
6		介绍转向盘及蓝牙功能		简单介绍中央固定集控式转向盘，询问客户其手机是否具有蓝牙功能（如若客户愿意，尝试设置蓝牙连接）
7		调节空调		将温度调节至客户感觉舒适的度数
8		检测胎压		进行胎压检测操作，提醒客户看组合仪表上关于车辆胎压是否正常的提示信息
9		介绍体验点		试乘时的体验点有起步平顺性、静音效果、过弯稳定性、动态舒适性、动力性、刹车灵敏性、换挡平顺性等
10		目送客户离开		试驾专员开车离开试乘试驾区，汽车销售顾问目送客户离开

步骤 2：客户试乘（图 5-3）

图 5-3　客户试乘

视频：试乘

1. 客户试乘体验目的

（1）展示车辆出色的动态性能，激发客户的购买欲望。

（2）使客户熟悉车辆的配置和操作，为试驾做准备。

（3）更加充分顺畅地与客户沟通，了解更多客户信息。

学习笔记

（4）树立专业汽车销售顾问的形象，赢得客户信赖。

2. 对汽车销售顾问的要求

（1）尊重客户感受，以舒适示范为主。

（2）通过客户试乘完整介绍所有产品特点。

（3）演示产品重点，引起客户兴趣。

3. 主要任务

汽车销售顾问首先请客户试乘，由汽车销售顾问驾驶，在这一阶段的主要任务如下。

（1）让客户熟悉路况，为接下来的顺利试驾做好准备。

（2）汽车销售顾问在驾驶的过程中要向客户讲解此次试驾的主内容，让客户了解在什么地方试加速性能、在什么地方试刹车性能、在什么地方试转向性能、在什么地方体验悬架系统、在什么地方感受静谧性等。这样在接下来客户自己试驾的过程中，客户就知道应该试什么内容和在什么时候试。这样一方面提高了试驾的效果，另一方面也提高了试驾的安全性。

（3）汽车销售顾问在驾驶的过程中要注意提醒客户体验乘坐的舒适性，并通过一边驾驶一边介绍，让客户对车辆有进一步的了解。

（4）汽车销售顾问驾驶车辆时，要依据车辆行驶的状态进行车辆说明，全面展示车辆的动态特性，让客户有更加切身的感受。

4. 介绍产品的要点

（1）外观欣赏。例如，外观设计风格、车身的造型与颜色、车体钢板厚实、漆面光滑亮丽、五门掀背功能等。

（2）开启车门欣赏。例如，前后车门开启角度大（尤其是后门）、车门厚重安全、车窗宽阔视野好（尤其是后门三角窗向后延伸）、门窗能全部降下来、车门槛宽大刚性好、关门声音厚重饱满。

（3）车内空间和布局。例如，座椅调整便捷，安全带、后视镜、转向盘调整便捷，头部、脚部空间宽敞，仪表台布局典雅，仪表板显示鲜明。

（4）起动后。例如，点火起动发动机声音稳定，怠速情况下发动机安静无抖动。

5. 汽车销售顾问与客户交流

（1）要不断询问客户的感受，了解客户的真实想法。

（2）鼓励客户提问，明确客户的关注点。一方面为试驾时的介绍制订方案，另一方面寻求客户的认同。

提示引导

重点提示——试乘环节注意事项

（1）尊重客户感受，以舒适示范为主。

（2）通过客户试乘完整介绍所有产品特点。

（3）演示产品重点，引起客户兴趣。

（4）鼓励客户提问，明确客户的关注点。一方面为试驾时的介绍制订方案，另一方面寻求客户的认同。

（5）要不断询问客户的感受，了解客户的真实想法。

（6）在试乘的过程中，汽车销售顾问要尽量将驾驶过程中所涉及的部件功能及使用方法讲解清楚，不要以为自己懂了，客户也懂。宁可先详细地讲，也不要草草只说几句。如果遇到小孩子影响操作，应该用委婉的话语避开小孩子的操作。

（7）在试乘的过程中，为了营造良好的气氛，可以在车内的音响系统里准备不同类型的 CD。在出发前就将悠扬的音乐播放出来，作为试乘的背景音乐，这样效果会更好。

客户试乘的工作内容见表 5-6。

表 5-6 客户试乘

第三阶段：客户试乘（以雪铁龙 C5 汽车为例）				
序号	体验内容	工作	工作关键点	参考说明
1	起步平顺性	体验起步平顺性	（1）第 1 脚轻踩油门起步； （2）第 2 脚缓慢加大油门，将转速控制在 2 500 r/min 以内，加速至 45 km/h 左右收油门并保持	我们准备出发了，您看，起步非常平稳吧！
2	匀速静音效果	体验匀速静音效果	（1）将车速保持在 45 km/h 左右，匀速行驶（或者开启定速巡航功能匀速行驶）； （2）将 CD 音量调到 0，客户感受静音效果后再恢复	C5 的噪音处理很到位，有 51S 多维超静音系统，降噪水平居同级车中领先地位，您听一听，车内噪声很小
3	过弯稳定性	体验过弯稳定性	（1）提示客户前方右转，请扶好！ （2）缓慢向右打转向盘，勿一次性打死； （3）以 40 km/h 的速度过弯，车身走线弧度尽可能大	您扶好！前方右转是个 90° 直角弯，您看，以 40 km/h 的速度过弯，C5 的侧倾很小，而且座椅能把您牢牢地固定在座位上。转向很精准，方向打到哪，车身就跟到哪，待会儿您试驾时可亲自体验一下
4	动态舒适性	体验颠簸路面上的动态舒适性	（1）行驶至颠簸路面处，先减速至 20 km/h 左右； （2）把握好方向，保持匀速通过减速带，提醒客户感受底盘减振性能和乘坐舒适性； （3）让客户观察水杯水面晃动幅度的变化	C5 装备有雪铁龙独有 FML 减振韧性多连杆后悬挂和雪铁龙专有底盘液压缓冲系统，能有效缓解和吸收来自路面的振动，您感觉一下，很舒适吧，您看这水杯里的水面晃动幅度很小，这说明车身减振效果好

序号	体验内容	工作	工作关键点	参考说明
5	限速功能	体验限速功能	（1）打开限速功能，设定限制速度为40 km/h； （2）踩油门，让客户体验限速功能	我已开启限速功能，您看，如果我们设定速度为40 km/h（>30 km/h），踩大油门也不会超过这个速度，这个功能对于限速路段非常有用
6	加速时的动力性	体验加速时的动力性	（1）轻踩油门至车速30~40 km/h； （2）观察前方路况后再加速至60~80 km/h时收油门，然后轻踩油门保持	我加速了，您看推背感很强吧，C5 的 2.3L VTCS 发动机动力强劲，2 500 r/min 转速即可输出 210 N·m 超大扭矩，待会您试驾时可以自己体验一下
7	制动灵敏度和刹车稳定性	体验制动灵敏度和刹车稳定性	（1）观察后方车辆距离，先踩刹车踏板的1/3左右减速，并提醒客户扶好； （2）逐步加大力量踩至刹车踏板的1/2，使车速迅速下降； （3）车辆快停的时候放一放油门，最后将车辆刹停在斑马线前	您扶好，我们准备紧急刹车，C5 全系标配 BOSCH 领先版本 ESP……您看，刹车灵敏，制动迅速，方向不跑偏，车身很平稳，没有"点头"现象
8	定速巡航	体验定速巡航	（1）先提速，再收油门自然减速至50 km/h； （2）打开定速巡航功能，设定巡航速为50 km/h	我已开启定速巡航功能，您看，如果我们设定速度为50 km/h（>40 km/h），不踩油门，车辆也会以设定速度匀速前进，这项功能对于高速公路长时间行驶非常有用，脚不需要放在油门上
9	换挡平顺性	体验换挡平顺性	在余下路段正常城市工况下： （1）加速：缓慢加大油门至1/2，加速至60 km/h时收油门，然后再轻踩油门保持； （2）减速：控制踩刹车踏板的力量，先踩刹车踏板的1/3左右，然后根据车速再逐步加大力量或松开，将车速降到30~40 km/h即可，不要一脚猛踩导致出现"点头"现象	C5 的 6 速手自一体变速箱和发动机匹配非常完美，加速和减速非常平顺，丝毫感觉不到一点冲击和顿挫感

步骤 3：客户试驾（图 5-4）

图 5-4　客户试驾

1. 换手

汽车销售顾问结束试乘线路示范，让客户亲自试驾。试驾前的准备工作有以下几点。

（1）要求。按试乘试驾线路于中途适当地点换手（或回展厅内）。注意上下车安全问题。提示客户做好试驾前准备。

（2）操作指导。行驶一段距离，到达预定换乘处，选择安全的地方停车，并将发动机熄火，取下钥匙，由汽车销售顾问自己保管。引导客户坐到驾驶位置，帮助客户就座，并请客户将座椅调整至最佳位置，帮助客户调节座椅的高矮，注意不要顶到车顶，避免客户因"头部空间小"产生抗拒心理，确保客户乘坐舒适。

视频：试乘试驾换位

汽车销售顾问上车后再将钥匙交予客户；提醒客户调整后视镜，系好安全带；请客户亲自熟悉车辆操作装备；请客户再次熟悉试车路线；再次客户提醒安全驾驶事项。

2. 试驾过程介绍要点

（1）在做产品介绍时，汽车销售顾问应强调车身设计的特点及其可能给客户带来的感受。

（2）变速箱的好坏不在于挡位的多少，而是要看换挡是否平顺（没有换挡冲击）及其与发动机的匹配程度，是否能将发动机的动力完全发挥出来。

3. 试驾项目测试

在不同的路段，汽车销售顾问有针对性地提示客户感受其关注的配置状态特征和优点，如 U 形路段过弯、紧急制动（ABS+EBD）、连续过弯（ESP+视野开阔）、直线加速、车内的舒适装置等。要讲解车辆的设计和性能给客户带来的好处。试驾对于客户来说是一个比较令人兴奋的阶段。在这个阶段，如果准备得充分，可能很快就使客户下定购买的决心。客户通过亲身的体验和感受，加上汽车销售顾问全面的讲解与热情诚恳的服务，必将起到意想不到的积极作用。

学习笔记

4. 试驾过程感受要点

（1）配置与性能。例如，座椅的舒适性和安全性、安全带、转向助力（转向灵活性）、转弯半径、换挡力的大小及操控的灵活性、离合器助力、刹车性能、提速性能、各种状况下车内的静音情况。

（2）感受。例如，入挡手感清晰（手动、三锥面同步器），液压离合器轻便省力；智能换挡无顿挫感（自动、六挡位）；起步平顺方向轻（EPS），起步防滑效果好（MASR）；电子油门反应灵敏（E-Gas）；加速性能好（1.8TSI发动机特性曲线）；高速行驶时转向盘手感重，车无发飘现象，驾驶有信心（EPs）；蛇形行驶时转向反应精确，悬挂响应性能好；中速大半径转弯抗侧倾能力强（底盘和悬挂）；紧急刹车时制动稳定、距离短（四轮碟刹+多重主动安全系统）；舒适性好（座椅、空调、音响、视野、静音）。

📋 **提示引导**

视频：试驾

重点提示——试驾环节注意事项

（1）帮助客户观察路况并给予必要的提醒。

（2）汽车销售顾问一定要在客户的视线范围内换到副驾驶位置，避免出现危险。换位后，不要让客户急于起动，要协助客户调整座椅、内外视镜、转向盘、空调的温度以及音响的选曲和音量等。汽车销售顾问还要确认客户乘坐的舒适性并协助其系好安全带、关闭手机等。

（3）汽车销售顾问要仔细倾听客户的谈话，观察客户的驾驶方式，发现更多的客户需求。

（4）在客户驾驶的过程中，汽车销售顾问的话要少一些，让客户自己体验，但汽车销售顾问不是什么都不用做，而是应该提醒客户体验的重点。总体来说，在客户驾驶汽车的时候，汽车销售顾问应尽量保持安静。

（5）让客户尝试不同的操纵方式，更好地展示车辆的质量。

（6）不要出现不信任客户的动作。

（7）当客户在驾驶过程中有危险动作时，汽车销售顾问要及时、果断地请客户在安全地点停车，并向客户解释安全的重要性，获得客户的谅解，并要求客户由试驾改为试乘，由汽车销售顾问驾车返回4S店。

（8）要耐心地为客户解答问题，允许客户熟悉车辆，缓解其对驾驶的恐惧心理。尽管试乘试驾之前，汽车销售顾问在车辆介绍和试乘试驾准备工作中都已经为客户做了详尽的解释，但只要一上路，由于客户对驾驶的恐惧心理，客户会提出很多问题。这是好现象，因为这样汽车销售顾问可以进一步了解客户的需求。

在解答客户的问题时，要保持驾驶的稳定，回答问题的时候不要敷衍了事，不要因为刚才已经说过了，客户又问而感到厌倦。如果客户的问题刚才忘记提及，可以先夸赞客户有见解，对车辆熟悉，是专家级的客户，然后再给予解答。如果恰巧碰到了不能马上回答的问题，尽量不要回答"这个我也不太清楚""不知道"等，而应该说："这个问题太专业了，稍后回公司我马上去请教技术人员。"

（9）试驾结束前，问客户一些能获得积极答案的问题，如"您感觉驾驶体验如何？""您感觉驾驶位置设置得如何？""您对车辆行驶性能的第一印象如何？""车辆的操纵性与您预期的一样吗？"等。

客户试驾的工作内容见表5-7。

表5-7　客户试驾

第四阶段：客户试驾				
序号	体验内容	工作	工作关键点	参考说明
1	起步平顺性	体验起步平顺性	（1）提示客户缓踩油门起步； （2）告知客户行车落锁的声音	刚才您听到的是行车自动落锁的声音
2	匀速静音效果	体验匀速静音效果	（1）提醒客户匀速驾驶，体验车内静音效果； （2）询问客户车内静音效果是否很好	C5行驶时噪声很小，您听听，是吧？
3	过弯稳定	体验过弯稳定性	（1）提示客户前方路口右转； （2）提醒客户体验C5的过弯稳定性； （3）过弯后询问客户车辆操控感受，以及稳定性是否很好	前方路口右转……转向精准，过弯稳定，侧倾小，您感觉，是这样吗？
4	动态舒适性	体验颠簸路面上的动态舒适性	（1）提示客户前方有一段颠簸路面，先减速到20 km/h，再匀速通过减速带，感受底盘减振性能和乘坐舒适性； （2）询问客户C5底盘和悬挂是否不错，舒适性是否很好	车身晃动小，减振效果非常不错，是吗？
5	加速时的动力性	体验加速时的动力性	（1）观察前方路况，当车速为30～40 km/h且路况好时，提醒客户加速，体验加速性能； （2）询问客户加速性能是否很好（如果客户刻意关注动力性，可尝试将变速箱设置为运动模式S）	您看，提速很快，动力性很好，您觉得呢？
6	制动灵敏度和刹车稳定性	体验制动灵敏度和刹车稳定性	（1）车速为60 km/h左右，观察后方路况，当后方没有紧跟车辆时，提醒客户体验刹车性能； （2）询问客户刹车是否灵敏	您感觉刹车是否灵敏？

📝 学习笔记

续表

序号	体验内容	工作	工作关键点	参考说明
7	限速和定速巡航功能	体验限速和定速巡航功能	（1）提示客户开启限速功能，并设定限制速度为 40 km/h； （2）车速达到 40 km/h 后，提示客户再踩油门车辆也不会超速； （3）提示客户开启定速巡航功能，并设定巡航速度为 50 km/h； （4）提醒客户可松开油门，手动调节巡航速度	这段路上车流量小，您可以体验一下车辆的限速和定速巡航功能
8	换挡平顺性	体验换挡平顺性	（1）在余下路段上让客户自由驾驶，体验换挡平顺性； （2）询问客户加减速时换挡是否很平顺	加速和减速非常平顺，丝毫感觉不到冲击和顿挫感，是吧？
9	倒车	体验外后视镜倒车辅助和雷达提醒功能	—	回到试乘试驾区后，让客户倒进车位，并提示使用外后视镜，向客户介绍外后视镜向下小角度翻转功能，以及屏幕显示和声音提示

📖 **遵纪守法**

试乘试驾时发生交通事故如何赔偿

（1）假如试乘试驾车辆正常年检且符合安全要求，试驾人有合法驾驶证，则应该由试驾人根据事故责任进行赔偿。

（2）假如试驾人没有驾驶证，则应由试驾车辆供给方根据事故责任承担连带的赔偿责任。

（3）假如交通事故导致试乘人受到损害，要求供给试乘效劳者承担赔偿责任。试乘人有过失的，应当减轻供给试乘效劳者的赔偿责任。

教师寄语

提示：试乘试驾人员一定要遵纪守法，保证驾驶安全。

⏱ **案例分析**

案例分析——试乘试驾中出现交通事故的责任承担

王某试驾一辆玛莎拉蒂跑车，在试驾的过程中与李某驾驶的汽车相撞，造成玛莎拉蒂跑车损坏。交通部门出具《交通事故责任认定书》，认定王某负主要责任，李某负次要责任。王某在试驾前与玛莎拉蒂跑车的4S店签订了一份《试乘试驾协议》，约定在试驾过程中由试驾人过错造成的交通事故责任均由试驾人承担。现玛莎拉蒂跑车的维修报价为130万元，保险公司仅赔付90万元，故4S店要求王某承担此差价。

分析：在此种情况下，王某应该承担全部责任吗？

教师寄语

步骤4：试乘试驾后执行要点

1. 填写试乘试驾评估表

一般情况下，刚刚试驾后客户的心情都比较激动。这时，汽车销售顾问要注意"乘胜追击"，提醒客户进行后续洽谈工作；同时，试乘试驾也是汽车销售顾问获取客户信息的大好时机，可以更加深入地发掘客户的需求。

在客户试车完毕后，必须将试驾车辆停放在展厅门口，并迅速邀请客户回到展厅，让其坐下来好好休息。可为客户倒上一杯茶水，舒缓客户刚才驾车时的紧张情绪，并适当地称赞客户的驾驶技术。然后请客户填写试乘试驾评估表，见表5-8。在客户填写完试乘试驾评估表后，汽车销售顾问可以适时赠送一些纪念品。在给客户一个意外惊喜的同时，也给客户留下一个深刻的印象，让客户认同汽车销售顾问所提供的服务，这样成交的概率也在无形中提高了。

视频：试乘试驾后

表5-8　试乘试驾评估表

评估者姓名		联系电话			
职　业		驾　龄			
业务代表		评估日期			
评估车型		里　程			
类别	评价项目	评估结果			备注
		非常好	好	一般	
车辆外观	外形尺寸				
	造型美感				
舒适性	乘坐舒适性				
	驾驶座椅舒适性				
	音响效果				
	空调效果				
	轮胎及胎噪				
操纵性	仪表配色及辨色性				
	驾驶方便性				
	转向灵活性				
	视野				

学习笔记

续表

类别	评价项目	评估结果			备注
		非常好	好	一般	
安全性	驾驶安全感				
	ABS 效果				
	倒车雷达				
	安全气囊				
动力性	起步加速				
	中途加速				
汽车内部感受	汽车内饰				
	工艺水平				
	内饰配色				
	内部空间				
	操纵键可控性				
其他	车门进出方便性				
	玻璃升降方便性				
	天窗				
	配备				

　　汽车销售顾问也可以建议由客户评价车辆情况，由自己执笔填写，然后由客户签字确认。填写的目的在于，趁客户刚试驾完车辆还处于兴奋状态时，取得客户对车辆的认同。汽车销售顾问用此表引导客户给予车辆较高的评价，从而建立信任感，促成交易。

　　在试驾完毕的所有接触过程中，汽车销售顾问应主动询问客户对车辆的感受，并对客户关心或顾虑的问题给予重点说明，其要点如下。

　　（1）客户在试乘试驾结束后，如果情绪不错，汽车销售顾问判断有签约的可能，就一定要将客户带入展厅，不要让客户找借口离开。

　　（2）利用客户在这一时间的热情和冲动尝试签约。汽车销售顾问在展厅内要表现出关怀和热情，要尽量拖延客户在展厅里的时间。

　　（3）引导客户回展厅（洽谈区），总结试乘试驾体验，填写"试乘试驾意见调查表"，适时询问客户的签约意向。

　　（4）请客户填写"试乘试驾意见调查表"并询问客户签约意向，利用"试乘试驾意见调查表"让客户不断回忆试乘试驾中的满意点，激发客户的购买欲望。

　　（5）在交谈中注意观察和留意客户表现的购买意向，就客户的抗拒点适时利用展车再次讲解，促成交易。

2. 试乘试驾后发生情况的处理

　　在客户试乘试驾结束后，一般存在三种情况：第一种是客户已相信所试驾的车辆符合其要求，对汽车的各项性能感到满意，进而转向协商阶段；第二种情况是客户提出另外有关产品的问题，这时进一步转向产品介绍阶段；第三种情况是客户有新的要求和想法，还不适应车辆所带来的感受，这时客户转向咨询阶段。对第三种情况要注意区别对待。汽车销售顾问可以采取不同的措施，但是切记此时不要主动谈论价格。

　　（1）客户感觉良好，可以转向协商阶段。这时客户对自己看中的汽车一般没有其他意见，汽车销售顾问可以根据客户所表现出来的成交意愿，趁热打铁，着重强调客户比较在意的特性和优点，以打动客户，促成交易。

（2）客户还有一些有关产品的问题没有得到解决时，汽车销售顾问应主动询问客户在驾车的过程中还有哪些问题，进一步进行产品介绍。

（3）客户有新的要求和想法时，会转向咨询阶段。客户会找出一些理由加以拒绝，这时，汽车销售顾问根据客户所提出的要求和想法帮助解决问题或进行详细的解答，解答之后不妨问一句："那现在您的感觉如何呢?"如果客户对汽车的性能不甚满意，而问题的根本并不在于汽车本身，就无须做无用功，可以转向介绍其他车型来弥补客户的遗憾。

客户试驾后的工作内容见表5-9。

表5-9　客户试驾后

视频：试乘试驾
异议处理

第五阶段：客户试驾后				
序号	体验内容	工作	工作关键点	参考说明
1	—	恭候客户归来		汽车销售顾问站在试乘试驾区旁恭候客户归来
				试驾专员打开天窗和车窗，为演示一键关闭功能做准备
				试驾专员提醒客户关闭车辆电源，拔下车钥匙，让客户体验驾驶座椅自动后退功能
				汽车销售顾问帮客户打开车门，做好客户下车保护手势，客户下车后接过客户交还的车钥匙
				试驾专员正面赞美客户的驾驶技能，将客户交给汽车销售顾问后与客户道别
2	—	演示一键关闭功能		汽车销售顾问邀请客户回展厅，同时为客户演示一键关闭功能
3	—	试乘试驾评价		引领客户到洽谈桌入座，倒上茶水或饮料，询问客户对试乘试驾的感受和建议，同时请客户填写"试乘试驾评价表"，以强化客户对产品亮点的记忆
4	—	探询客户的购买意向和需求		询问客户对车辆的购买意向和需求，引导客户成交

跟大师学

乔·吉拉德——推销产品的味道：让产品吸引客户

每一种产品都有自己的味道，乔·吉拉德特别善于推销产品的味道。与"请勿触摸"的做法不同，乔·吉拉德在和客户接触时总是想方设法让客户先"闻一闻"新车的味道。他让客户坐进驾驶室，握住转向盘，自己触摸操作一番。如果客户住在附近，乔·吉拉德还会建议客户把车开回家，让他在自己的太太、孩子和领导面前炫耀一番，客户会很快地被新车的"味道"陶醉。根据乔·吉拉德本人的经验，凡是坐进驾驶室把车开上一段距离的客户，没有不买他的车的，即使当时不买，不久后也会来买，因为新车的"味道"已深深地烙印在他们的脑海中，使他们难以忘怀。

学习笔记

乔·吉拉德认为，人们都喜欢自己尝试、接触、操作，人们都有好奇心。不论你推销的是什么，都要想方设法展示你的商品，而且要记住，让客户亲身参与，如果你能吸引他们的感官，那么你就能掌握他们的感情。

任务实施

结合 1+X 证书–"汽车营销评估与金融保险服务技术"模块–汽车销售流程–客户试乘试驾对技术和知识的要求标准，以学习小组为单位，讨论制订工作计划，小组成员合理分工，完成任务并记录。

项目五	试乘试驾		任务2		试乘试驾流程	
组别（姓名）				成绩		日期
接受任务	晓宁的客户王先生比较时尚，喜爱旅游，比较注重车辆的外观、舒适性。王先生今天第二次到店，晓宁为王先生对北京 X7 这款车做了一次详细的介绍，为了让王先生更好地了解车辆性能，晓宁邀请王先生试乘试驾，她该怎么做呢？请设计一次试乘试驾体验活动吧。					
小组分工						知识检测
场地及工具						

制订计划	序号	工作流程	操作要点
	1	试乘体验点及话术设计	（可自行附加单页）
	2	试驾体验点及话术设计	（可自行附加单页）
	3	试乘试驾后执行要点	

实施过程	实施要求： （1）完成计划中相应的操作要点； （2）天气、时间等以授课当天为准，每个小组派出一名同学扮演汽车销售顾问，一名同学扮演客户，一组的汽车销售顾问邀约二组的客户试乘试驾，轮流完成各小组的试乘试驾流程任务并录制视频； （3）根据评价指标，小组内、小组间、教师进行评价； （4）将视频及设计话术上传到平台。
任务完成情况反馈	

任务评价

任务名称		试乘试驾流程				
考核项目		评分要求	分值100	实际得分		扣分原因
				内部评价	外部评价	
素质评价	学习态度	态度积极，认真完成任务	4			
	语言表达	表达流畅，内容有条理、逻辑性强；用词准确、恰当，语调语气得当	4			
	团结协作	分工协作，安排合理，责任人明确	4			
	创新能力	进行试乘试驾介绍时具有创新性思维	4			
	职业素养	遵纪守法，实事求是	4			
过程评价	技能评价	1. 询问客户试乘试驾的重点项目，针对客户需求结合车型特点试乘试驾	5			
		2. 起步前，预热发动机并将空调调整到合适的温度，同时为客户讲解车型的体验点和重点配置及相关操作	5			
		3. 在换手时，将发动机熄火并拔出车钥匙，然后从车头走到副驾驶位置递交给客户，让客户亲自体验发动机起动的感觉	5			
		4. 在客户试驾前，提醒并协助客户调节好转向盘、内外后视镜、座椅高度、安全带	5			
		5. 试乘试驾时每过一个体验点，要寻求客户认同，尤其是客户的试乘试驾重点	10			
		6. 在试乘试驾过程中，记录客户对试乘试驾的反馈	5			
		7. 试乘试驾结束后，适时称赞客户的驾驶技术，请客户帮助完成"试乘试驾意见调查表"并签名确认	5			
		8. 试乘试驾满意度调查结束后，借机探询客户的成交意愿	5			
		9. 客户离店后，把客户的试乘试驾资料交给销售前台登记	5			
结果评价	知识掌握	扫描"任务实施"中的知识检测二维码，检测知识掌握情况	20			
	工单质量 实施计划	要点齐全、准确、可执行，填写认真	5			
	任务反馈	完成任务，反馈及时有效	2			
	填写质量	记录规范、书写整洁	3			
总分		100分				

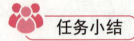

本任务主要完成试乘试驾任务，给客户良好的感性体验，让客户对汽车有真实直观的接触和了解，有效促进成交。通过本任务的实施，查找并总结自己在技能上和知识上需要加强的地方，并对照知识体系图（图5-5），对所学内容进行再次梳理。

掌握试乘过程中的体验点及异议处理　1

掌握试驾过程中的体验点及异议处理　2

掌握试乘试驾后的注意事项　3

试乘试驾流程

技能

知识

6　能完成试乘试驾后的促进成交工作

5　能及时询问客户体验及处理客户异议

4　能按照试乘试驾的体验点为客户进行介绍

图5-5　项目五任务2知识体系图

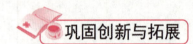

一、任务巩固

完成练习，巩固所学知识。

二、任务创新

客户张先生专程到4S店了解最近很热门的一款车型，汽车销售顾问小林为他做了详细的介绍，张先生里里外外将这款车看了个遍，看起来很是喜欢，于是小林向张先生提出了试驾的建议，不料，张先生摆摆手，连连表示不用试驾。如果你是汽车销售顾问，对这种情况应该怎么处理？

三、学习拓展

职场法则——詹姆斯定律

詹姆斯定律又叫作欣赏定律，意思是渴望得到别人的认可和赞赏，是人类埋藏最深的本性。

　　试乘试驾能让客户动态地体验车辆，将车辆的优势及利益充分展示出来，是促进成交的很好的手段。我们要抓住这个时机，在试乘试驾过程中要多夸赞客户，赞美客户的驾驶技术，赞美客户的眼光等，提高客户的满意度，促进成交。

学习笔记

教师寄语

自我分析与总结

学生改错	学习收获	学习完成度	
		自我成就	我理解了
			我学会了
			我完成了
		同学认可	（小组贡献、树立榜样、进步方面等）
		教师鼓励	（突出表现、进步方面、重要创新等）

学生总结及目标

学习笔记

项目学习成果实施与测评

项目学习成果名称：试乘试驾			
班级：	组别（姓名）：		成绩：
小组分工		知识检测	
场地及工具			

一、接受任务

今天，北汽 4S 店中来了一位年轻女士，她是一位刚入职的国企白领，比较关注车辆的外观、智能科技以及安全性，购车预算为 15 万~20 万元。你已经为她推荐了 BEIJING-EU7 这款车，并为她做了详细的介绍，作为汽车销售顾问，为了给客户更直观的体验，尝试邀请客户试乘试驾并完成试乘试驾任务吧！

二、任务准备

1. 试乘试驾邀约注意事项

2. 试乘的操作流程

3. 试驾的操作流程

4. 试乘试驾后的操作流程

三、制订计划

序号	工作流程	操作要点
1	推荐车型	

续表 学习笔记

序号	工作流程	操作要点
2	试乘试驾前 准备	（可自行附加单页）
3	试乘试驾的体验点	（可自行附加单页）
4	试乘试驾后执行要点及 促进成交跟进话术	

四、任务实施

（1）完成计划中相应的操作要点；

（2）天气、时间等以授课当天为准，每个小组派出一名同学扮演汽车销售顾问，一名同学扮演客户，一组的汽车销售顾问接待二组的客户，轮流完成车辆试乘试驾任务并录制视频；

（3）根据评价指标，小组内、小组间、教师进行评价；

（4）将视频及设计话术上传到平台。

五、质量检查

根据实施评价标准检查项目完成情况，并针对实训过程出现的问题提出改进措施及建议。

六、反思总结

任务完成情况	
团队合作情况	
通过实训创新思维及 语言表达能力有何变化	
需要改善的方面	

 学习笔记

项目成果评价标准

项目名称			试乘试驾			
考核项目		评分要求	分值 100	实际得分		扣分原因
				内部评价	外部评价	
素质评价	学习态度	态度积极，认真完成任务	4			
	语言表达	表达流畅，内容有条理、逻辑性强；用词准确、恰当，语调语气得当	4			
	团结协作	分工协作，安排合理，责任人明确	4			
	创新能力	进行试乘试驾介绍时具有创新性思维	4			
	职业素养	遵纪守法，实事求是	4			
过程评价	技能评价	1. 在展厅内设置"欢迎试乘试驾"指示牌	2			
		2. 主动向客户提供试乘试驾服务	2			
		3. 尽量满足客户试乘试驾车型要求，如不能满足客户要求，应征询客户可否提供相关车型代替	2			
		4. 是否有2条或以上试乘试驾路线供客户选择	2			
		5. 试乘试驾时间是否充足（15分钟或6千米）	2			
		6. 试乘试驾前，将试乘试驾车辆准备好，保证试乘试驾车辆干净、油量充足，放置原厂脚垫	2			
		7. 试乘试驾前让客户出示驾驶证并复印留档，同时让客户签订试乘试驾协议书	3			
		8. 试乘试驾前对客户概述整个试乘试驾的流程、路线及时间	5			
		9. 询问客户试乘试驾的重点项目，针对客户需求结合车型特点进行重点体验	5			
		10. 在试乘试驾过程中为客户讲解该车型的体验点和重点配置及相关操作	5			
		11. 在客户试驾前，提醒并协助客户调节好转向盘、内外后视镜、座椅高度、安全带	3			
		12. 试驾时每过一个体验点，要寻求客户认同，尤其是客户的试驾重点	5			
		13. 在试乘试驾中记录客户对试乘试驾的反馈	4			
		14. 试乘试驾结束后，适时称赞客户的驾驶技术，请客户帮助完成"试乘试驾意见调查表"并签名确认	4			
		15. 试乘试驾满意度调查结束后，借机探询客户的成交意愿	4			

续表　学习笔记

考核项目		评分要求	分值 100	实际得分		扣分原因
				内部评价	外部评价	
结果评价	知识掌握	扫描"任务实施"中的知识检测二维码，检测知识掌握情况	20			
	工单质量　实施计划	要点齐全、准确、可执行，填写认真	5			
	工单质量　任务反馈	完成任务，反馈及时有效	2			
	工单质量　填写质量	记录规范、书写整洁	3			
总分		100分				

项目六　报价成交

项目导读

　　报价是汽车销售中不可逾越的一个环节，成交是汽车销售顾问的战果，汽车销售顾问要准确捕捉客户成交的信号，灵活运用报价的方法及成交的技巧，报出合适的价格，与客户进行价格商谈，促进成交。

项目目标

　　（1）掌握客户成交的信号，及时报价。
　　（2）灵活运用报价的方法对车辆进行报价。
　　（3）灵活运用成交的技巧促进成交。

项目实施

　　本项目主要包括报价、成交及跟衍生服务三个任务，让学生能够在恰当的时机灵活报价，推介置换、分期等相应业务，并运用成交的技巧促进成交。

项目六　报价成交	任务1	报价
	任务2	成交
	任务3	衍生服务

学习笔记

任务1 报 价

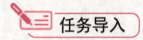 任务导入

王先生试乘试驾结束了，问晓宁这款北京 X7 汽车多少钱，晓宁从试乘试驾过程中看出王先生对车辆还是比较满意的，决定趁热打铁，争取让王先生把车订下来，但是她还是挺忐忑的，怕报价太高会吓走客户，而报价过低，议价让步空间又小，她该怎么做呢？

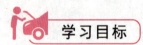 任务分析

很多汽车销售顾问都比较畏惧报价，报价高了，怕客户接受不了，报价低了，自己权限不允许，这个环节成为最难攻克的环节，我们要做好报价前的准备，灵活运用报价的方法，让客户认定物有所值，提高客户的接受度，促进成交。

学习目标

【知识目标】

（1）掌握汽车价格组成的原理；

（2）了解客户常见的价格异议；

（3）掌握常见的报价方法。

【能力目标】

（1）能运用讨价还价的技巧与客户交流；

（2）面对客户提出的价格异议能够进行有技巧的处理。

【素质目标】

（1）培养与客户进行交流及协商的能力；

（2）热爱该专业领域工作，提高学生灵活应变的能力及谈判能力；

（3）具备规范报价、信守承诺的职业素养。

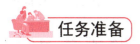

任务准备

一、工具准备

（1）车型资料、销售政策资料、金融政策资料、报价单等销售资料。

（2）笔、本、名片、计算器等办公用品。

二、知识储备

1+X 报价模块
考核标准及
融合

根据本任务的要求，结合 1+X 证书–"汽车营销评估与金融保险服务技术"模块–汽车销售流程–报价成交对技术和知识的要求标准，确定本任务的知识储备内容及实施要点。

步骤 1：做好报价前准备

议价成交是整个汽车销售流程中非常重要的一个环节。在此环节中客户希望汽车销售顾问从客户的角度出发，给出诚实公正、透明的价格。同时，客户的戒备心理也非常强，担心被汽车销售顾问攻破心理底线而"吃亏"，所以汽车销售顾问经常遇到客户说"价格太高，便宜××我就买，不便宜我就不买了"或者"别家店的比你家店的便宜好几百呢，你这边太贵了"。这个时候汽车销售顾问应该如何应对呢？价格虽然不是谈判的全部，但有关价格的讨论必然是谈判的主要组成部分。在商务谈判中，价格的协商通常会占据 70% 以上的时间，很多没有结局的谈判也是由双方价格上的分歧所导致的。

在报价成交的过程中，首先要做好报价前准备。

（1）准确分析，把握客户各方面的情况。认真分析客户的真正需求、性格特征、购买习惯、购买意愿等有助于汽车销售顾问有针对性地报价，即"个性报价"。

 案例分析

职场案例——报价

王先生一进展厅就直奔斯柯达晶锐汽车，参观了很久。通过交谈，汽车销售顾问发现王先生对这款车的配置、性能非常熟悉，并且先后在其他斯柯达品牌店看过这款车，最终都由于对方的报价远高于王先生了解的成交价而放弃购买。

分析结论：此时，作为汽车销售顾问，应该判断王先生已基本锁定该车型，最大的问题就是价格。汽车销售顾问在这种情况下报出相对较低的价格，往往能够吸引王先生进入价格协商阶段，赢得订单的可能性就很大。

视频：报价前
准备

（2）最好进行市场调研，及时掌握最新市场行情、动态。由于现在汽车市场信息

透明度较高，市场价格变化迅速，因此汽车销售顾问必须依据最新的指导价进行报价才有成交的可能。

另外，随着信息技术的发展，客户通过各种途径能够掌握国内各地行情，这就要求汽车销售顾问必须及时、准确地掌握市场的行情、动态。

（3）准备好计算器，报价单，按揭、保险资料等进行价格计算、说明所需要的工具。

步骤 2：把握报价时间

在销售中，常有客户打电话询问某款车的价格；有些客户一进展厅就问价格。作为汽车销售顾问，应该思考的是"到底什么时候报价"才能既不得罪客户，又对成交有利。

作为汽车销售顾问，应该避免过早提出或讨论价格。报价的最佳时间应该是在客户对汽车产品的价值有了一定的认识后。因此，汽车销售顾问应该巧妙地将报价时间选择在产品性能的展示与介绍结束后（如试乘试驾后或静态展示之后），客户产生购买欲望的时候。

  案例分析

视频：报价时机

> #### 职场案例——报价时机
>
> 话术范例 1：对于电话询问价格的客户
>
> 汽车销售顾问："先生，非常感谢您的来电，您刚才所咨询的这个车型有多种配置级别，不同的级别价格又有所不同，所以建议您最好来我们展厅作进一步的了解，毕竟购车是一件大事，您觉得呢？价格您不用担心，我保证给您最优惠的价格……"
>
> 话术范例 2：客户刚进展厅的询价应对
>
> 汽车销售顾问："我们每款车的价格都有一定的优惠，关键是看哪款车更适合您，不如我帮您参考一下，然后给您一个理想的价格；要不然，谈了半天价，这款车并不适合您，反而耽误您的时间，您说呢？"

步骤 3：运用报价方法报价

（1）顺向报价法。顺向报价法是在销售市场中最常见的一种传统报价法，即卖方首先报出最高价格，买方报出最低价格。

（2）逆向报价法。逆向报价法是一种反传统报价法，即卖方首先报出低价或买方报出高价，以吸引对方，逐步再从其他交易条件寻找突破口，抬高或压低价格，最终在双方预期的价位成交。这种方法对于首先报价的一方风险较大，因此用得较少。

（3）尾数报价法。尾数报价法是利用具有某种特殊意义的尾数或"心理尾数"报价，避免整数报价。这种方法由于抓住了客户的心理偏好，因此效果显著，应用广泛。

（4）"化整为零"报价法。"化整为零"报价法又称为拆分报价法，即将价格与产品的使用寿命或零件、配置结合起来，计算出单位时间的价格或突出整车的性价比。

（5）"三明治"报价法。"三明治"报价法即报价时采用"认同+原因+赞美和鼓励"的方式。汽车销售顾问报出价格后，客户对价格的第一反应大多是"这么贵，可不可以便宜点"。汽车销售顾问切忌直接给予否定的答复，而应首先认同客户的说法，让客户觉得汽车销售顾问是站在他的立场上的。

（6）比较报价法。比较报价法是将企业的产品与另一种价格高的产品比较或与消费者一些日常的开支进行比较，或者与竞品的价格进行比较。

（7）负正报价法。该方法的特点是顺序不同，强调的重点不同。

学习笔记

知识应用

知识应用——报价方法的应用

1. 尾数报价法

某汽车产品定价为 9.88 万元时的销量远比价格为 10 万元时大。客户总觉得这款车花费不到 10 万元，很划算。当报价 10 万元时，客户马上会觉得花 10 万元买车，可选择面很大，还是要好好考虑一下。另外，有些地方对 8、6 这样的数字有特殊偏好，认为购车更应该讨吉利，所以很多车的定价大多含有这些数字。

2. "化整为零"报价法

案例 1：我们经常会发现汽车经销商在推广活动中打出这样的广告横幅："每天花费 66 元，您就可以拥有一款××爱车"。这样的广告往往能够吸引许多人上门问价。

案例 2：王先生看中了一款 10 万元左右的汽车，但是觉得价格有点高，一直犹豫不定。汽车销售顾问："王先生，这款车售价为 10 万元，但可以使用好多年，你每年只需要花费 0.667 万元，算下来每天仅花 19.3 元。19.3 元就可以为您带来全家出行的方便，还节约了打车费用，何乐而不为呢？"这么一算便说服了王先生，王先生马上订购了这台车。

3. "三明治"报价法

话术范例："您说得对，很多客户刚开始跟您有同样的反应，其实我刚接触这款产品时也这么认为。但是当大家真正了解这款车的性能之后，都认为当初的决策是明智的。这款车虽然价格比同级别的车略高一点，但是它在兼备了良好的动力性能与操控性能的同时，还比同档次的车省油，这一点您在驾驶一段时间后就能明显感觉到了。像您这么专业、懂行的客户是一定不会看错的。"

4. 比较报价法

话术范例："这辆车价格虽然略高，但也只相当于几次出国旅游的费用。用少旅游几次即可换取您全家每日出行的方便，并且有了车之后还可以带着全家自驾旅游，您说是不是很值啊？"

5. 负正报价法

对于同一产品，汽车销售顾问 A："虽然我们的产品价格稍高一点，但是产品的质量非常可靠。"汽车销售顾问 B："我们的产品质量绝对可靠，一分价钱一分货，所以价格上就稍微高了点"。汽车销售顾问 A 的报价方法让客户首先感觉到产品价格高；相反，汽车销售顾问 B 则重点强调产品的高质量，所以客户首先产生了产品质量好的印象，无形中增强了客户对产品的信心。

视频：报价实战

 学习笔记

自主学习资源

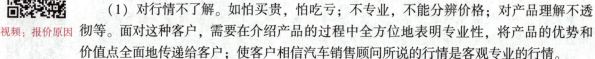

汽车的价格组成

在汽车销售过程中，客户对价格存在异议是不可避免的。因此，汽车销售顾问必须掌握一定的价格技巧，从而灵活处理汽车价格的确定。国产汽车按国家有关定价规定，即将上市的车型由企业定价后，物价主管部门批准备案后生效。进口汽车由国家物资管理部门和物价部门制定，再经销售单位公开挂牌销售，并根据市场供求变化适时调整，市场销售的汽车价格可随行就市，但均需公开挂牌销售。汽车价格一般由三部分组成，即汽车成本、汽车厂家利润、经销商利润。其中汽车成本包括汽车的制造成本、销售成本和物流运输成本。消费者在4S店里看到的汽车标价是厂家指导价，也指裸车价，为了避免经销商之间恶意竞争，厂家规定所有4S店的厂家指导价都是统一的，而通过客户与汽车销售顾问的讨价还价，最终成交价格一般会低于厂家指导价。

最终客户购车需要付出的费用包括厂家指导价、车辆购置税、车辆上牌费、车辆保险费、车辆装饰费、车船使用税等。若贷款购车，还会产生按揭费用，甚至有一些紧俏车型还有加价的费用。汽车销售顾问应该先确定客户所选车型，了解客户的车辆保险需求、付款方式、加装精品的要求，制作"商谈MEMO"，根据"商谈MEMO"内容详细地向客户说明各种费用，回答客户的问题。

步骤4：杀价

报价之后，客户的第一反应就是杀价。

1. 分析杀价原因

客户常用的杀价原因主要如下。

视频：报价原因

（1）对行情不了解。如怕买贵，怕吃亏；不专业，不能分辨价格；对产品理解不透彻等。面对这种客户，需要在介绍产品的过程中全方位地表明专业性，将产品的优势和价值点全面地传递给客户；使客户相信汽车销售顾问所说的行情是客观专业的行情。

（2）习惯性思维。客户认为买件衣服都需要讲价，更何况买几十万的车。这是人们购买任何商品时的习惯性思维，并不是便宜了就会买。客户在能力范围内考虑的还是品质，在品质差不多的情况下才考虑价格。因此，如果客户有预算，汽车销售顾问要通过介绍把自信传递给客户。

（3）预算较低。这部分客户大多预算不高，且认同车辆的品质。汽车销售顾问要做的就是帮客户计算，或者确认是否可以选择贷款购车方式。

2. 杀价招数及应对

视频：报价应对

（1）直截了当。特点：买得爽快，砍得也狠，若给予优惠会直接付款提车。

应对：

①如果出价低于底价，则一口回绝。

②如果出价高于底价，则对其提出相应要求，坚持对等，双方退让。例如："一次

性也就优惠 500 元啊!"（为难地自言自语）。反复确认客户是否马上付款签约。避免放价过程太快，可以假意询问经理等。忌讳与客户一样兴奋。

（2）道听途说。特点：根据不确定的消息误认为价格较低。

应对：

①坚决否认。汽车销售顾问马上表明我店的价格是完全透明的，一定是做了很多装饰才优惠多一点，如果客户做一样的优惠，也可以拿这么多优惠。

②有可能是假的，只是在诈底价。先不要当面揭穿，只当是玩笑，暂不回应价格，强调产品的价值。

③问清细节，作出回应。如汽车销售顾问："您的朋友什么时候买的车？是在哪家企业购买的啊？"客户 A："半年前买的。"汽车销售顾问："半年前，也就是去年年底了，去年年底为了冲销量、完成年度计划也很正常。但是今年市场环境不同了，半年前房价每平方米还要低好几百元呢，您说对吧？那时候市场低迷，属于过了那个村没有那个店的情况。"

（3）自称认识领导。特点：自称认识汽车销售顾问的领导，若价格不满意就直接跟领导谈。

应对：

①满足其虚荣心。如汽车销售顾问："哎呀，既然您认识××经理，您就更应该放心订购了，要是价格高了的话我们经理都不答应啊，您说对吗？"

②如果客户犹豫是否要找领导，说明二人的关系很勉强，此时就要咬死价格或者把关系户的优势说得很小，强调请客吃饭也要上千元，还得搭个人情。

（4）刻意挑毛病。

应对：让客户发言，待其挑完全部毛病后再谈。要确定对方是否有买车的诚意，如果确实在犹豫，问题少的可以逐一解决，问题多的，挑能解决的主要问题解决，强调产品性价比高、售后保养费用低、二手车残值高等优势。

（5）比较竞争个案。

应对：不诋毁竞品，但放大产品优势（特别是客户较在意的性能、配置）。

📖 立德树人

下午汽车销售顾问兴高采烈地去找客户时，发现谈判依然困难重重。

结论：无论你为对方做了什么，你所做的一切在他心目中的价值很快就会贬值。

面对此案例中的情况，我们应该怎么做呢？

视频：守价

步骤 5：守价

汽车销售顾问面对客户的杀价，为了最大化地维护企业利益，顺利成交，应该做到先守价，再议价、放价，让客户觉得价格优惠得来不易，确实已经讲到底线了，有一定的成就感。汽车销售顾问对于不能成交的价格，要一口回绝；对于现场能够确定的价格，也要有守价过程。

1. 守价说辞

（1）强调物有所值。守价时不能一味地说"不行"，一定要告诉客户为什么不行。最好的方法就是强调车辆的品质、优势。这样一方面能够继续加强客户的认同感，同时也可以渐渐提高客户的心理价位。

（2）强调实价销售。守价时，要给客户实价销售的概念。在守价过程中，要给客户讲明由于 4S 店的正规性，各店价格基本相同，根据现在的市场环境，目前优惠的幅度已经很大了。

（3）强调热销状况。让客户感受到现场的热销氛围和产品的巨大销量。只有这样，才能说明汽车产品的优势是大多数客户认同的，价格也是同样被认同的。甚至可以拿出销售记录等凭证，用事实来说话，这样更加可信，客户也不会觉得吃亏，从而让客户羞于讲价。

（4）强调其他优势。守价时可以强调与其他经销店相比的优势，例如交车时间、便捷的服务等。

2. 守价注意事项

（1）切忌死守。守价的目的是成交，一味死守会激怒客户，或使客户失去耐性，选择放弃。例如客户初次提出打折时，汽车销售顾问可以说："这个价格已经是最优惠的了，您一打听便知道了。"然后等待客户的第二次试探。

（2）切忌不守。将价格一放到底，会使客户总觉得价格没到底线，于是客户一味讲价，无法成交。

（3）不能犹豫。汽车销售顾问越坚持，客户就越相信汽车销售顾问所说的是实情，这是后面议价的铺垫。

视频：议价

步骤 6：议价（图 6-1）

对于议价的主动权，前期的守价起着决定性作用。议价与守价没有明显的阶段区分，议价中会不断守价，议价是更深层次的守价。议价就是和客户进行讨价还价，再把成交价格以合理的方式放给客户。

图 6-1　议价

1. 议价协商前提

（1）确定客户是否带有足够的定金。

（2）确定客户是否是决策者或者说决策者是否到场。

（3）经过一个守价的阶段，将客户的心理价位固定在可成交价格之上。

（4）确定客户已经选定车辆，只是对价格有异议，最好能够取得客户购车的相对承诺。

2. 议价技巧

（1）有效利用已签订的成交单。相比汽车销售顾问的陈述，客户更愿意相信已有的事实依据。因此，汽车销售顾问要有效利用最高成交价的成交单（订单或交货单），让客户知道这个价格已经比别人低，产生心理上的优势。

（2）强调先价值、后价格，即通过突出产品本身优势，如精湛的加工制造工业、得力的后续支持、周全的配套服务项目等，将客户的注意力吸引到产品价值上来，淡化对价格的关注。

话术范例："女士，您觉得价格稍高了点，我也认同您的看法，但这款产品可以说是物有所值，就像奔驰、宝马汽车比其他一般品牌的汽车要贵得多。同样，我们的这款产品是我们品牌全力打造的一款 B 级车，它的设计理念是'B 级车的价格，C 级车的配置'。虽然比其他 B 级车价格稍高，但您享受的是 C 级车的配置，您买回的是您的家人、朋友都赞同的产品和服务，你不觉得更值吗？"

（3）探明虚实，掌握重点。以中肯的态度与客户交流，探明客户的真实想法，掌握核心问题，有针对性地进行说服。

话术范例："您的想法我完全能够理解，我想了解一下您认为这款产品价格高，主要是从哪些方面理解和比较的呢？""你是认为配置有问题还是对款式不满意呢？"

（4）转嫁决定权，配合议价策略。在价格谈判过程中汽车销售顾问可以将价格的

学习笔记 决定权交给上级领导（如销售经理），让客户相信这个价格已经是汽车销售顾问权限内的底线了。通过销售经理或主管的配合，使客户更加确信价格已经触底，自己在这场议价协商中是"赢者"。

创新思维

议价应对

汽车销售顾问："这个价格确实已经是小李能够给您的最低价了，咱们也交流了这么长时间了，小李要是能够给您优惠的话也不会耽误您这么长时间了对吧？您看这样吧，如果您确定马上订购的话，小李去向我们经理特别申请一下，冒着被经理数落的风险，看能不能最后为您争取优惠。"

汽车销售顾问暂时离开一段时间后再回到谈判桌前："我刚刚去跟我们经理软磨硬泡，结果被数落了一顿，并被警告下不为例，最后终于为您争取到了一点折扣……，这个价格简直是史无前例，所以请您一定要保密哦，一会咱们交费时还需要经理签字才能生效呢！"

（5）绝不报底价。汽车销售顾问要记住，在议价过程中决不能报底价，无论将价格报得多低，客户依然会讨价还价。一旦报出底价或将价格报得太低，就会使后面议价协商时没有空间可让步，反而难以成交。

（6）其他辅助方式。在价格协商过程中，汽车销售顾问还可以巧妙利用其他辅助方式让客户以最愉快的心情自愿成交（而不是以最低价格成交），最终实现"双赢"。其他辅助方式包括：列数产品费用组成，如附加费用（运费、出库费、服务费、额外配置费用）；夸赞客户的价格协商技巧；巧用赠品或装饰品替代价格折扣等。

视频：放价

步骤7：放价

放价是在与客户进行多番议价协商后，汽车销售顾问在一定权限范围内对价格、优惠做出一定让步，以达到促成交易的目的。放价的方法与技巧如下。

1. 放价要有合理的理由

没有理由或理由牵强的放价，只会在心理上给客户一种"价格让步空间仍然很大"的暗示。因此，汽车销售顾问应该在坚持守价的基础上适时应景地合理放价。

2. 放价幅度先大后小

汽车销售顾问在与客户进行价格协商的过程中，应该把握先大后小、先易后难的让价策略。开始以合理的理由进行一定的价格让步，激发客户的购买、谈判欲望，以后不再轻易让步，并且让步幅度逐次递减。

3. 开始让价格，后面让赠品、服务等项目

放价初期可以在车辆产品的价格方面进行让步，到谈判后期则尽可能避免让价，而是以赠品、保养卡、服务券等作为替代品，这不仅能够让客户知难而退，感觉价格触底，而且能够帮助企业拓展其他业务。

4. 在协商后期应用置换原则

面对客户永无止境的杀价，汽车销售顾问在后期可以采用置换原则，即要得到进

一步的优惠也可以，但前提是客户需要在这里办理保险、上牌等业务。这样做不仅能学习笔记
够防止一味守价造成客户的流失，而且还能够最大限度地保障企业利益。

诚实守信

职业道德——诚实守信

2019 年 4 月，汽车销售公司与张某签订合同，将 1 辆新能源汽车出售给张某，价格为 13.83 万元。汽车销售公司的宣传彩页显示，该车的续航里程为 501 公里。张某提车后发现，车辆证明文件上记载的实际续航里程是 476 公里。因续航里程不同，两种版本价格相差 4 000 元。现张某起诉，要求汽车销售公司将已交付的车辆更换为续航里程 501 公里的汽车，并赔偿两种版本的差价。

教师寄语

法院经审理认为，张某与汽车销售公司是针对购买续航里程 501 公里的车型达成了合同，但实际交付的是较低配置、续航里程为 476 公里的车辆。对于电动汽车，续航里程是衡量车辆价值的重要指标，也是消费者购车时考虑的重要因素。汽车销售公司在没有充分告知张某的情况下，交付了低于双方约定配置的车辆，违反了合同约定。经营者承担责任的目的是填补消费者因经营者违约行为而产生的损失。张某既要求更换车辆，又要求赔偿两款车的差价，两种方式具有重复性，不能同时适用。考虑到车辆已经使用了较长时间，法院判决汽车销售公司赔偿张某差价 4 000 元。

任务实施

结合 1+X 证书-"汽车营销评估与金融保险服务技术"模块-汽车销售流程-报价成交对技术和知识的要求标准，以学习小组为单位，讨论制订工作计划，小组成员合理分工，完成任务并记录。

项目六	报价成交	任务 1	报价		
组别（姓名）			成绩		日期	
接受任务	王先生试乘试驾结束了，问晓宁这款北京 X7 汽车多少钱，晓宁从试乘试驾过程中看出王先生对车辆还是比较满意的，决定趁热打铁，争取让王先生把车订下来，但是她还是挺忐忑的，怕报价太高会吓走客户，而报价过低，议价时让步空间又小。作为汽车销售顾问，你该怎么报价呢？				
小组分工			知识检测		
场地及工具					

续表

学习笔记

序号	工作流程	操作要点
1	报价前准备	客户情况： 工具准备：
2	报价方法及话术 （按照报价单完 整计算出价格）	报价方法： 话术设计：
3	议价应对	客户说："太贵了，便宜点吧！"

制订计划（位于序号2行左侧）

实施过程

实施要求：

（1）完成计划中相应的操作要点；

（2）天气、时间等以授课当天为准，每个小组派出一名同学扮演汽车销售顾问，一名同学扮演客户，一组的汽车销售顾问接待二组的客户，轮流完成各小组的报价任务并录制视频；

（3）根据评价指标，小组内、小组间、教师进行评价；

（4）将视频及设计话术上传到平台。

任务完成情况反馈

任务评价

任务名称		报价				
考核项目		评分要求	分值 100	实际得分		扣分 原因
				内部 评价	外部 评价	
过程评价	素质评价	学习态度	态度积极，认真完成任务	4			
		语言表达	表达流畅，内容有条理、逻辑性强；用词准确、恰当，语调语气得当	4			
		团结协作	分工协作，安排合理，责任人明确	4			
		创新能力	成果展示时具有创新性思维	4			
		职业素养	规范报价，信守承诺	4			
	技能评价	1. 再次总结满足客户需求的车辆功能和价值		10			
		2. 主动邀请客户入座，并提供三种以上的饮料		5			
		3. 口头报价快速、清晰		5			
		4. 书面报价时将统一格式的报价单提供给客户		5			
		5. 运用报价方法灵活报价		10			
		6. 提供总报价及报价构成		5			
		7. 灵活处理报价环节中客户的异议		10			
结果评价		知识掌握	扫描"任务实施"中的知识检测二维码，检测知识掌握情况	20			
	工单质量	实施计划	要点齐全、准确、可执行，填写认真	5			
		任务反馈	完成任务，反馈及时有效	2			
		填写质量	记录规范、书写整洁	3			
总分		100 分					

任务小结

　　客户在充分掌握了解汽车产品性能的基础上，最关心的就是产品的价格。因此，

汽车销售顾问在全面展示汽车产品的性能、配置、优势后，应该主动报出产品的价格，引导客户进入报价协商环节。按照报价的方法，运用报价的技巧可以有效促进成交。本任务知识体系图如图6-2所示。

图6-2 项目六任务1知识体系图

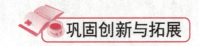

一、任务巩固

完成练习，巩固所学知识。

二、任务创新

客户对车辆较满意，但在价格方面与汽车销售顾问谈不妥，客户对汽车销售顾问说："为什么网上报价低，店里报价就高了呢?"

三、学习拓展

诚信篇——乔·吉拉德：推销的最佳策略是诚实

诚实，是推销的最佳策略，而且是唯一的策略。但绝对的诚实是愚蠢的。推销容许"谎言"，这就是推销中的"善意的谎言"原则，乔·吉拉德对此认识深刻。诚为上策，这是你所能遵循的最佳策略。

在推销过程中有时需要说实话，一是一，二是二。说实话往往对推销员有好处，尤其是客户事后可以查证的事。

乔·吉拉德说："任何一个头脑清醒的人都不会卖给客户一辆六汽缸的汽车，而告诉对方他买的车有八个气缸。客户只要一掀开车盖，数数配电线，你就死定了。"

如果客户和他的太太、儿子一起来看车，乔·吉拉德会对客户说："这个小孩真可爱。"这个小孩也可能是有史以来最难看的小孩，但却绝对不可以这么说。

乔·吉拉德善于把握诚实与奉承的关系。尽管客户知道乔所说的不尽是真话，但他们还是喜欢听到赞美，赞美可以使气氛变得更愉快，交易也更容易达成。

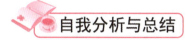 **自我分析与总结**

学生改错	学习收获	学习完成度	
		自我成就	我理解了
			我学会了
			我完成了
		同学认可	（小组贡献、树立榜样、进步方面等）
		教师鼓励	（突出表现、进步方面、重要创新等）

学生总结及目标

学习笔记

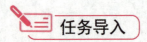

任务2 成　交

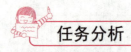 **任务导入**

　　4S店内，王先生试乘试驾后对车辆很满意，晓宁也抓住时机比较委婉地报了价格，但是价格一直谈不下，王先生说之前咨询过另一家4S店，其报价更低，所以王先生希望晓宁的报价再低一些，晓宁应该怎么办呢？

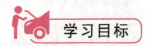 **任务分析**

　　签约成交是整个汽车销售过程的最终目标，其他销售阶段的活动都是为了最终成交做准备，只有到了成交阶段，客户才决定是否购买。成交是面谈的继续，汽车销售顾问不仅要继续接近和说服客户，而且要采取有效的措施及运用成交的技巧帮助客户做出选择，促成交易。

 **学习目标**

【知识目标】

（1）掌握识别客户的成交信号的方法；
（2）正确认识汽车销售顾问在成交时的心理活动，并具有积极的成交态度；
（3）掌握成交的技巧。

【能力目标】

（1）掌握与客户进行讨价还价的技巧；
（2）面对客户提出的价格异议能够进行有技巧的处理。

【素质目标】

（1）培养与客户进行交流及协商的能力；
（2）热爱该专业领域工作，培养谈判能力；
（3）具备守信、自信、专业规范的职业素养。

任务准备

一、工具准备

（1）车型资料、销售政策资料、金融政策资料、特殊优惠申请表、报价单等销售资料。

（2）笔、本、名片、计算器等办公用品。

1+X 成交模块
考核标准及
融合

二、知识储备

根据本任务的要求，结合 1+X 证书-"汽车营销评估与金融保险服务技术"模块-汽车销售流程-产品确认对技术和知识的要求标准，确定本任务的知识储备内容及实施要点。

步骤 1：把握成交信号（图 6-3）

汽车销售顾问在经历了客户接待、需求分析、产品介绍、试乘试驾环节后，像是进行了一场持久战，到了签约环节，心情应该是比较激动轻松的。但越是到最后越是要小心，否则很容易功亏一篑。很多汽车销售顾问没有在必要的时刻大胆地提出成交请求，或者没有抓住客户的购买信号而进行"趁热打铁"，导致错失良机。一般来说，客户在充分了解车型和价格信息后，会表现出一些购买信号，汽车销售顾问应该及时抓住这些购买信号。

视频：成交时机

图 6-3　把握成交信号

1. 语言信号

很多时候，当客户提出如下问题时，说明其有成交意向。

（1）询问何时可以交车。

（2）要求再度试乘试驾。

（3）询问一条龙服务和交车细节。

（4）讨论按揭、保险的操作要求。

2. 行为信号

当客户有以下行为表现时，说明其有成交意向。

（1）反复绕车仔细查看，表现出对车的喜爱。

（2）带亲人、朋友来看车。

（3）用心仔细查看说明书，并逐条检视。

汽车销售顾问应该提供时间与空间，让客户在展厅中再想一想，或与亲朋好友商量，尽量制造机会，使客户在不离开展厅的情形下做出决定。此时，汽车销售顾问应该抓住机会再次为客户总结产品优势，以协助客户应付心理挑战，增强客户的购买决心。

视频：请求成
交法

步骤 2：运用促成成交的方法

客户进行长时间选择之后有时会因为选择太多而不知道购买哪款车型，这种犹豫的状态持续越久，客户的购买欲望就越低，汽车销售顾问要想重新让客户进入购买状态就要花费更多的时间和精力，所以针对这些对产品或者价格依然有顾虑但的确对车辆有兴趣的客户，汽车销售顾问可以使用一些促成成交的方法，帮助客户尽快做出决定。常用方法有以下几种。

1. 请求成交法

请求成交法是一种最简单、最常见的成交方法，也叫作直接成交法。它是指在接到客户的购买信号后，用明确的语言向客户直接提出购买建议，以求适时地成交。汽车销售顾问和客户在经过一番洽谈以后，就主要问题达成一致的看法，这时汽车销售顾问应抓住时机主动向客户提出成交请求。

请求成交法的优点在于，若能正确运用，其能够有效促成成交，可以避免客户在成交的关键时刻故意拖延时间，贻误成交时机，从而节约销售时间，提高效率。该方法也存在一定的局限性，若汽车销售顾问不能很好地把握时机，盲目要求成交，很容易给客户造成压力，从而产生抵制情绪或者怀疑的态度，使汽车销售顾问失去成交的主动权，而客户则获得心理上的优势。

知识应用

> **知识应用——请求成交法**
>
> 汽车销售顾问对客户说："×女士/先生，现在您把车开走保证您不会后悔。您看吧，我们的现车也就这么几辆了，其中又有您喜欢的颜色，您试了这辆车后也觉得不错。其他几辆车都有准客户了，您来得可真是时候，这款车再次到货多半又要等上一两个月，所以您现在购买是最佳选择，那我们准备签单吧。"

视频：假定成
交法

2. 假定成交法

假定成交法也叫作假设成交法，是指不管成交与否，汽车销售顾问假定客户已经接受销售建议，而直接要求其购买的一种策略。采用假定成交法有利于节省销售时间，提高销售效率。在整个销售过程中，客户随时可能流露成交意向，若汽车销售顾问及时察觉则可促成成交。但是，汽车销售顾问若在把握时机上出现偏差，很容易给客户造成过大的心理压力，使客户产生怀疑，增加成交的难度。

知识应用

知识应用——假定成交法

作为汽车销售顾问，你已将一部汽车开出去给客户看过，而感到完成这笔交易的时机已经成熟，这时你可以进一步处理这个问题，使客户真正签下订单。你可以这样对客户说："×先生/女士，现在您只要花几分钟时间就可以将换取牌照的手续办妥，再有半小时您就可以将这部车开走了。如果您有事办理，那么就把这一切交给我们吧，我们会为您打点好一切。"经你这么一说，如果客户根本没决定购买，自然会向你说明，如果客户有心购买，但因为觉得办理手续很麻烦而仍然犹豫，那么你的话会产生一种推动力量。尽管客户迟早会下决心，但如果没这种推动力，可能客户会花一段时间才决定购买或者根本不买。

3. 小点成交法

小点成交法又叫作局部成交法，是指汽车销售顾问利用小点（局部）成交促成大点（整体）成交的一种策略。一般情况下，客户在做出重大决策时往往存在较大的心理压力，而对较小的问题做出决策则比较轻松容易。

正确地使用小点成交法有利于创造良好的成交气氛，减轻客户的压力，但若此方法使用不当，将提示的小点集中在客户比较敏感或不满的地方，则很容易使客户只看到缺点或放大缺点，而不利于成交。

 知识应用

知识应用——小点成交法

汽车销售顾问："王先生，您要是觉得全款购买我们的车负担比较重的话，您可以考虑按揭购买该车。"

客户："按揭购买是怎么个算法？"

汽车销售顾问："是这样，您现在只需首付三成的价格就可以提车了。剩下的贷款您可以分 12 期、24 期或 36 期还。如果您按 36 期还款的话，您每月只需还 1 600 元，每天只需还款 53.3 元。这样不仅减轻了您的压力，您还可以把钱用到其他投资方面，说不定您投资的回报就可以帮您还每个月的贷款呢！"

客户："嗯，我可以好好考虑一下。"

4. 选择成交法

选择成交法是指汽车销售顾问向客户提供几种购买方案来促成交易的策略。这种

视频：选择成交法

学习笔记 方法的前提是客户已下定决心购买，但尚未确定买哪款，在这种情况下汽车销售顾问可提供几种选择，促使客户下定决心。

采取选择成交法可以解决客户难以下决心购买的问题，这时客户掌握一定的主动权。真正的主动权在汽车销售顾问手中，无论客户选择哪种方案都能促成交易。有时采取选择成交法会让客户感到无所适从，丧失购买信心，增加新的成交心理障碍，从而产生抵触情绪，并拒绝购买。

知识应用

知识应用——选择成交法

客户在购买雪佛兰科鲁兹汽车时下不了决心，汽车销售顾问可以采用选择成交法来促成交易。

汽车销售顾问："您是要买 1.6 L 排量的雪佛兰科鲁兹是吗?"

客户："是的。"

汽车销售顾问："您是需要动力强劲点、配置高点的吗?"

客户："是的。"

汽车销售顾问："那我给您一个建议，……"

---

5. 从众成交法

从众成交法是指汽车销售顾问利用大众购买行为促进客户购买的方法。从众是一种普遍的社会现象，汽车销售顾问往往利用这种心理来促成交易。

采用从众成交法可以用一部分客户去吸引另一部分客户，有利于汽车销售顾问寻找和接近客户，提高销售效率。由于产品得到其他客户的认可，汽车销售顾问在销售时更有说服力，可消除客户的疑虑。但使用从众成交法可能引发某些客户的反从众行为，从而破坏交易。

 知识应用

知识应用——从众成交法

汽车销售顾问给客户打电话时说："王先生您好。您对上次试驾的车型考虑得怎么样了? 这款车外观豪华气派，流线型的造型显得时尚而简洁，空间感也非常棒。来我们这里看车的很多成功商务人士的首选就是这款车，它非常符合您的身份。上次跟您一起来试驾的那位张总昨天就购买了这款车，他买的是白色的，您试驾的那辆黑色的车还给您留着，有时间您还是过来再看看吧。"

---

6. 保证成交法

客户在考虑购买产品时，往往因害怕受骗上当而拖延成交时间，甚至最后放弃购买。保证成交法是指汽车销售顾问向客户提供某种成交保证来促成交易的方法，它可以解除客户的疑虑，增强其成交信心。

保证成交法通过提供保证使客户没有疑虑，增强其购买信心。若汽车销售顾问能够出示有关销售的证据，则更有利于增强说服力和感染力。使用保证成交法时，要针对客户的疑虑进行保证，否则会让客户产生反感，不利于与客户发展长久关系。

 知识应用

> **知识应用——保证成交法**
>
> 　　一位客户在看中车以后很不放心，怕买亏了，为此迟迟不肯成交。汽车销售顾问指出："您大可放心，汽车不是衣服或手机电器之类的物品，市场行情您也看到了，不可能一直降价，说不定过完这个节日就涨价了。这个价格是厂家在节日期间回馈客户的最优惠的价格，您不在这个节骨眼上提车会后悔的。如果以后降价您再来找我，我补差价给您怎么样？这样您该放心了吧？"

7. 优惠成交法

优惠成交法是指汽车销售顾问通过提供某种优惠条件来促成交易的方法。它利用客户在购买时希望获得更大利益的心理，实现让利销售，从而促成交易。

正确地使用优惠成交法，利用客户的求利心理，可以吸引并招揽客户，提高成交效率。该方法尤其适用于销售某些滞销车型，减轻库存压力，加快存货周转速度。但若没把握好让利尺度，该方法会减少销售利益，此外还会让客户误认为优惠产品是次货而不予信任。

 知识应用

> **知识应用——优惠成交法**
>
> 　　很多4S店在周末实行闭馆销售。所谓闭馆销售，主要就是利用大多数客户休息的周末时间以优惠的活动吸引客户。例如，汽车销售顾问说："张总，这周我们店回馈准客户，实行闭馆销售，也就是专门为准客户服务，在以往优惠的基础上再优惠3%，您要是觉得合适就可以尽早提车，错过了闭馆销售活动我们就没有优惠了。"

8. 富兰克林说服法

富兰克林说服法是美国著名政治家富兰克林发明的。他说服别人的方法后来被人们称为富兰克林说服法，被推销人员广泛地运用到推销中。该方法的核心内容是，推销员把客户购买产品所能得到的好处和不购买产品的不利之处一条一条地列出，用列举事实的方法增强说服力。富兰克林说服法是从理智上打动客户的好方法，这种方法的优点在于利弊分明。它适用于那些做事谨慎、擅长分析和对比、思虑周到、理智稳重的客户。这些人通常不会冲动地做决定，只要事实未得到充分的证明，哪怕汽车销售顾问说得天花乱坠，他们也很难为之动容，而富兰克林说服法可以帮助此类客户迅速做出决定。

运用富兰克林说服法的时候要注意引导客户参与其中，如果没有客户的参与，就

视频：富兰克林
说服法

225

视频：让步成交法

变成汽车销售顾问自说自话，不会有太大的说服力。因此，汽车销售顾问应在控制得当的情况下，让客户参与进来，使客户感受到自己的意见得到了充分的重视，从而产生一种自我价值的满足感，以利于其做出购买决定。

9. 让步成交法

让步成交法是指汽车销售顾问在销售的关键时刻让步来促成交易的方法。在双方僵持不下时，汽车销售顾问退让一步就可能将洽谈推进一大步，从而达成交易，而且汽车销售顾问可以采用先紧后松的方法。这种方法一般不会给实际销售带来损失，但要注意的是，汽车销售顾问切不可一次性让步太多，这样反而会失去洽谈的优势，从而让客户产生汽车销售顾问可以继续让步的错觉，推迟成交的时间。

10. 饥饿成交法

饥饿成交法是通过让产品处于一种供不应求的状态来促成交易的方法。事实上产品未必供不应求，只是在供求之间始终保持时间差。这种方法一般只适用于名优产品，只有这类产品才会使客户耐心等待。使用此方法时，如果在产品定位上有偏差，会造成客户"饥不择食"的情况，使客户选择其他产品。

 **职场案例**

职场案例——顺利地成交

汽车销售顾问："张先生，您也亲自试乘试驾过这款车了，感觉怎么样？"

客户："哦，这款车你确定十天后可以提车吧？不会让我等上好几个月吧？"（购买信号）

汽车销售顾问："您放心，十天后肯定可以提车。"

客户："我只喜欢灰色的车，另外内饰一定是深色调的，这也没问题吧？"（购买信号）

汽车销售顾问："没问题的，一定满足您的要求，您之前提到要分期付款，是吗？"

客户："嗯，分期付款压力小一点。"

汽车销售顾问："您看中车子品质，一定懂得追求生活品质，真是个难得的理性之人。您打算首付几成？想分期几年还款呢？"

客户："首付六成吧，剩下的分两年还清，你帮我算算月供吧。"

汽车销售顾问："这款车总价是××元，贷款额是××元，包含保险费、上牌费等杂费，一共是××元，每月月供为××元，您看看这份费用明细表。"

客户："嗯，还不错，我担心现在交了钱，十天后你们交不了车，或者你们交了车，但是车有质量问题，那怎么办？"（购买信号）

汽车销售顾问："这个您放心，我们在合同里都有写明，请看我们的合同，我跟您详细说说比较重要的条款……您看，合同解释得清楚吗？您还有别的问题吗？"

客户："明白了，基本没什么问题了。"

汽车销售顾问："那么张先生，您需要在这份合同上填写一些信息……"

 **思路拓展**

思路拓展——价格异议处理

客户都希望能少花钱买到自己心仪的车。因此，客户有价格异议是一件很正常的事情，汽车销售顾问要正确认识，巧妙处理。以下是经常出现的价格异议以及应对要点。

（1）"你能不能再优惠 5 000 元？行的话我就过来，不行的话就算了。"

这样吧，看得出您是真心喜欢这辆车，现在报给您的价格已经很优惠了。如果您还想再优惠，只能到展厅来详谈了，您也别让我去找经理申请了。经理没看到您本人在店，我去问了也没用。实话跟您说，我跟我们经理的关系还是不错的，他也知道我这个人的缺点，就是心太软，经常帮客户申请权益，所以他每次给我批价格都要求看到我的客人是否已经到了店里。您是不方便来的话，我过去接您也可以，您看是您直接过来，还是我过去接您呢？

（2）价格已经降到底线，但客户还是在使劲还价。

汽车销售顾问 A："先生，我非常理解您！我也当过消费者，我知道大家挣钱都不容易，最怕就是买到根本不值那么多钱的产品，先生您放心，如果您买回家发现我们给您的报价比别人高，我们双倍把钱退给您！如果您还是不信的话我可以写个证明给您，您看好不好。买卖方相互信任才是最重要的，先生，您到这边来，我再给您讲讲车。"

汽车销售顾问 B："看得出您是个特别会过日子的人。买东西也好，生活也好，就应该像您一样，每分钱都该花在刀刃上。如果给您的报价还有可以商量的余地，我一定不会让您为难的，也请您理解我们，其实现在我们赚钱也不容易，竞争越来越激烈，利润越来越小，可能您没有想到我们在这里卖车也是有经营成本的，去掉成本和费用，我们能挣到的钱可以说是真正意义上的'薄利'了，最关键的是我们还要承担这款车的售后服务，三包期内好多项目都是免费的，这对我们来说都是有成本的，所以您买的不是一辆车，而是一种信任。好啦，您请到这边来，我们就您刚才提出的一些问题再讨论一下。"

（3）"我不想再谈了，你就说最多优惠多少吧。"

应对要点：价格是影响客户购买行为的最重要的因素，很多客户喜欢讨价还价以获得实惠。但没完没了地讨价还价会使双方疲惫，因此在客户谈价格时必须降低客户期望，缩小客户的期望与成交价格的期望。

可设置谈判的条件，如说"今天能不能定""能交定金吗""自己能做决策吗"等话语，也可以控制客户的期望，如将降价变为赠送精品等。在让步阶段必须让客户感觉降价越来越困难，幅度越来越小，得到的实惠越来越少。

汽车销售顾问："我很理解您的心情，也知道您有诚意买这款车，我也非常想做您这笔生意，但是我没有这个权限啊，价格已经降到最低了。"

客户："那你就找你的经理申请吧"。

学习笔记

> 汽车销售顾问："您要真能决定今天就买，而且带足了订金，我就去找经理。"
>
> 客户："我当然今天买啊，你只要答应优惠1 000元，我马上就签合同订车。"
>
> 汽车销售顾问："那好吧，我草拟一份合同，价格就再优惠1 000元，您先签字，我再找经理申请，如果他同意了，那就成交，您说呢？"

步骤3：签订合同

一般情况下，当客户决定购车时，应该先签订购车协议，交付订金，然后在新车到店后再签订正式的购车合同，交齐尾款提车。合同作为一种正式的买卖文件，签订时要注意的事项很多，以避免"节外生枝"。

视频：签订销售合同的内容

1. 签约前准备

签约是一个正式的销售环节，一定要做好事前的准备工作，以规避签约阶段可能出现的风险，防止在成交后出现争议。签约前应当准备好正式的合同样本、过去三个月成交客户的名单、过去三个月成交客户合同的复印件、过去一个月的潜在客户的清单、现有库存的车型清单与数量等材料。

2. 签约时的注意事项

首先，应请客户再次确认报价内容，力求使客户对每一项支出都非常清楚。包括车辆价格、保险费、上牌费、赠品加装等各项目的费用明细，另外还要重点核对项目、单价、合计总价是否正确。

视频：签约时的注意事项

其次，要确认交车时间。在汽车销售过程中，由于受车型、颜色等的影响，一般经销商会存在货源不足的情况，尤其对于一些紧销车型，客户可能要等待一段时间才能提车，所以汽车销售顾问一定要再次检查库存情况。对于没有现车的车型，要确认新车到店时间，并向客户说明真实情况，确保客户同意交车时间，绝对不可以为了促成交易而欺骗客户。

最后，要准确填写合同中的相关资料。汽车经销商都使用厂家统一打印的合同，在填写合同时，一定要认真填写车型、颜色、车架号、客户资料等内容，不能出现错误，填写完毕后要请客户检查确认。在签订合同之前还要交由销售经理进行审核，特别要审核车辆的成交价格优惠幅度、赠品、交车时间等信息，得到销售经理的认可后，才可以与客户正式签订合同。

3. 签约后的注意事项

客户签约后，汽车销售顾问应向客户提供下一阶段的服务。签约后，汽车销售顾问的心情比较兴奋愉悦，但是不宜过多地在客户面前表现出来，否则会引起客户的疑心，怀疑汽车销售顾问在此次交易中获得额外利益，而自己掉进陷阱。尤其要提醒客户注意阅读购车合同，避免漏看而造成误会，尤其注意合同中的汽车品牌制造商、型号、批号、配置、颜色、装潢、发动机号码、汽车代码（车架号）等汽车本身应有的要素。随车交付的文件以及价款要明确列明，如购置费，保险费、税，以及销售商代办保险，贷款，竞拍牌照、上牌、装潢等费用。另外，还要明确是否有加急费、手续费运费、出库费等费用，以及有无免费项目、是否有折扣等。合同中要明确交车的时

间、地点、方式，以及交付车辆时发现车辆质量问题和交车手续问题等的处理方法。 学习笔记
同时，合同中也应明确付款的时间和方式。

此外，汽车销售顾问还应安排好对客户的电话回访。这主要是为了体现本品牌优质的售后服务，以及增强客户对产品和汽车销售顾问的信心。汽车作为一种耐用消费品和高新技术产品，周全的售后服务是必要的。汽车销售顾问不仅要进行成交后的回访，也要协助客户与售后服务部门建立长期的联系。

信守承诺

职业道德——信守承诺

【案情简介】甘女士向武汉市消费者协会反映，她于 2017 年 9 月在武汉市富鑫汽车销售服务有限公司签订购车合同，订购广州本田冠道 1.5 精英版汽车一辆，并付订金 3 000 元，合同约定交车时间为 2017 年 11 月底，车辆价格为 21.7 万元。签订合同后，4S 店告知甘女士不能按照合同约定条款交车，需要甘女士缴纳车款 22.6 万元方可提车（比合约价高出近 1 万元）或者贷款提车须支付 6 000 元贷款手续费。甘女士认为不合理，要求按合约价提车。

教师寄语

【处理过程及结果】消费者协会约谈经销商并向其宣讲相关法律法规。2017 年 7 月 1 日新实施的《汽车销售管理办法》明确要求汽车经销商不得在标价之外加价销售或收取额外费用。根据《消费者权益保护法》第十条"消费者在购买商品或者接受服务时，有权获得质量保障、价格合理、计量正确等公平交易条件，有权拒绝经营者的强制交易行为"，本案中交易双方事先已签订了购车合同，约定了合约价格，那么 4S 店就有义务执行合同约定的款项，"加价提车"属于违反相关法律法规且侵犯消费者公平交易权的行为，应予以纠正。经调解，甘女士最终按照合约价提车。

从此案例中，你学到了什么？

任务实施

结合 1+X 证书-"汽车营销评估与金融保险服务技术"模块-汽车销售流程-产品确认对技术和知识的要求标准，以学习小组为单位，讨论制订工作计划，小组成员合理分工，完成任务并记录。

项目六	报价成交	任务 2	成交		
组别（姓名）			成绩		日期
接受任务	在 4S 店内，王先生试乘试驾后对车辆很满意，王先生说之前咨询过另一家 4S 店，其报价更低，王先生希望晓宁的报价再低一些，晓宁应该怎么办呢？				

📝学习笔记

小组分工		知识检测
场地及工具		

	序号	工作流程	操作要点
制订计划	1	客户异议处理话术	
	2	向经理申请或者进行价格让步的条件	
	3	成交应用策略及话术	
实施过程	实施要求： （1）完成计划中相应的操作要点； （2）天气、时间等以授课当天为准，每个小组派出一名同学扮演汽车销售顾问，一名同学扮演客户，一组的汽车销售顾问接待二组的客户，轮流完成各小组的成交处理任务并录制视频； （3）根据评价指标，小组内、小组间、教师进行评价； （4）将视频及设计话术上传到平台。
任务完成情况反馈	

任务评价

任务名称			成交			
考核项目		评分要求	分值 100	实际得分		扣分 原因
				内部 评价	外部 评价	
过程评价	素质评价	学习态度	态度积极，认真完成任务	4			
		语言表达	表达流畅，内容有条理、逻辑性强；用词准确、恰当，语调语气得当	4			
		团结协作	分工协作，安排合理，责任人明确	4			
		创新能力	成果展示时具有创新性思维	4			
		职业素养	灵活应对，信守承诺	4			
	技能评价	1. 确定了客户所需车型的库存情况并告知客户提车的大致时间	5			
		2. 询问客户是否当场签单	5			
		3. 根据客户需求向客户推荐装潢、保险等附加销售内容	5			
		4. 灵活处理成交过程中的异议	5			
		5. 灵活应用成交技巧	5			
		6. 向客户解释相关书面文件，将易引起分歧的内容解释清楚，以避免引起不必要的误会	5			
		7. 解释完书面文件后询问客户意见，并及时处理客户异议，必要时请展厅经理协助解释	5			
		8. 对一些专业性较强的书面文件如保险、福特金融等文件的解释，及时寻求相关人员的帮助	5			
		9. 向客户明确需要办理手续的大致时间	5			
		10. 客户离开时，离店远送，向客户表示感谢，并约定下次到店或通话的时间	5			
结果评价	知识掌握		扫描"任务实施"中的知识检测二维码，检测知识掌握情况	20			
	工单质量	实施计划	要点齐全、准确、可执行，填写认真	5			
		任务反馈	完成任务，反馈及时有效	2			
		填写质量	记录规范、书写整洁	3			
总分			100 分			

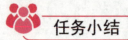 任务小结

很多时候客户是不会主动提出签约成交的，需要汽车销售顾问主动提出。本任务通过有效把握成交信号，选择一些比较委婉的技巧性成交方法，灵活运用，促进签约成交。本任务知识体系图如图6-4所示。

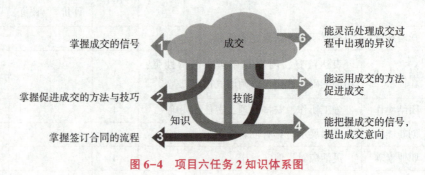

图6-4　项目六任务2知识体系图

巩固创新与拓展

一、任务巩固

完成练习，巩固所学知识。

二、任务创新

客户对车辆较满意，但与其在价格方面谈不妥，客户要求必须降3 000元才购买，应该怎么做才能有效促进成交呢？

三、学习拓展

职场法则——皮格马利翁效应

皮格马利翁效应（Pygmalion Effect）也被称为"毕马龙效应"，是由美国著名心理学家罗森塔尔和雅格布森在小学教学的基础上经过验证提出来的，又名"罗森塔尔效应"或"期待效应"。"说你行，你就行，不行也行；说你不行，你就不行，行也不行"，是对此效应的形象描述。它意味着，在本质上人的情感和观念会不同程度地受到别人下意识的影响。人们会不自觉地接受自己喜欢、钦佩、信任和崇拜的人的影响和暗示，而这种暗示，可能正是让你梦想成真的基石之一。

在汽车销售过程中，皮格马利翁效应能给你带来什么启示呢？

学习笔记

教师寄语

🔖 自我分析与总结

学生改错	学习完成度		
	学习收获	自我成就	我理解了
			我学会了
			我完成了
		同学认可	（小组贡献、树立榜样、进步方面等）
		教师鼓励	（突出表现、进步方面、重要创新等）

学生总结及目标

任务3 衍生服务

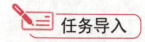

任务导入

　　王先生是一位老师，30岁左右，有5年驾龄，拥有一辆POLO汽车，开了5年。汽车销售顾问晓宁给王先生推荐了北京X7 1.5TD双离合致领版汽车，经过晓宁的详细介绍及王先生的试乘试驾，王先生对该车非常满意，现在终于谈妥了价格，但是目前王先生手头有点紧张，请你在王先生的预算范围内，为他推荐相应的业务吧。

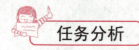

任务分析

　　衍生服务（包括汽车保险、汽车信贷、二手车置换等）能够提高汽车销售企业为客户提供服务的价值，使汽车销售企业在获得利润增长的基础上提高竞争力，拥有一定规模的忠实客户。因此，提供细致、全面、品质高、人性化的附加服务是汽车销售企业赢得优势的一大法宝。

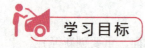

学习目标

【知识目标】

（1）了解汽车衍生服务的主要内容；

（2）掌握汽车信贷、汽车保险、二手车置换业务的内容；

（3）掌握汽车信贷、汽车保险、二手车置换业务的办理流程。

【能力目标】

（1）能根据客户的需求提供最佳的汽车保险方案，并能向客户提供基本的保险咨询；

（2）能正确地向客户推荐汽车信贷业务，并能向客户提供必要的业务咨询；

（3）能正确地向客户推荐二手车置换业务，并能向客户提供必要的业务咨询；

（4）能够根据客户的需求推荐汽车内饰。

【素质目标】

（1）培养与客户进行交流及协商的能力；

（2）为客户着想，具有诚实守信、细致严谨的职业素养；

（3）具有平易近人、热情大方的职业态度。

一、工具准备

（1）保险政策资料、二手车置换政策资料、金融政策资料等销售资料。

（2）笔、本、名片、计算器等办公用品。

1+X 衍生服务
模块考核标准
及融合

二、知识储备

根据本任务的要求，结合1+X证书-"汽车营销评估与金融保险服务技术"模块-汽车销售流程-衍生服务对技术和知识的要求标准，确定本任务的知识储备内容及实施要点。

步骤1：推介保险产品

1. 向客户介绍保险条款

汽车保险条款是保险合同的组成部分，其由保险公司单方面制定，应详细了解条款的含义，确切知晓所购买的保险所能保障的范围。同时要向客户介绍各保险公司的服务质量、服务项目以及保险费用，让客户自行选择。

1）机动车交强险

机动车交强险即机动车交通事故责任强制保险，是在机动车保有量增加、交通事故日益突出的情况下，国家或地区基于维护社会大众利益的考虑，为保障交通事故受害者能获得基本赔偿，以颁布法律或行政法规的形式实施的机动车责任保险，也是我国首个由国家法律规定实行的强制保险。机动车交强险是由保险公司对被保险机动车发生道路交通事故造成受害人（不包括本车人员和被保险人）的人身伤亡、财产损失，在责任限额内予以赔偿的强制性责任保险。

机动车交强险只是对于第三者损害的基本保障，在许多情况下不能完全补偿第三者的损失，按照现行机动车交强险的规定，在事故中，有责财产损失赔偿限额为2 000元，无责财产损失赔偿限额为100元。

 提示引导

提示引导——车险改革（1）

新机动车交强险将其总责任限额从12.2万元提高到20万元，其中将死亡伤残赔偿限额从11万元提高到18万元，将医疗费用赔偿限额从1.1万元提高到1.8万元，财产损失赔偿限额维持0.2万元不变。原则上是满足交通事故受害人基本保障需要。该金额的制定与国民经济发展水平和消费者支付能力相适应，并参照了国内其他行业和一些地区赔偿标准的有关规定。

2）机动车商业保险

机动车商业保险的险种分为主险和附加险两个部分。目前，各保险公司的主险险种包括商业第三者责任险、车辆损失险等。为了满足被保险人对与汽车有关的其他风险的保障要求，保险人一般还提供许多附加险种。附加险是对主险险种的补充，它承保的一般是主险险种不予以承保的自然灾害或意外事故附加险，不可以独立购买，必须附加在某一主险险种之上。常见的附加险种主要有车身划痕损失险、设备损失险、车上货物责任险等。下面主要介绍主险险种和几个常见的附加险种。

（1）商业第三者责任险。

商业第三者责任险是指在保险期间内，被保险人或其允许的合法驾驶人在使用被保险机动车过程中发生意外事故，致使第三者遭受人身伤亡或财产直接损毁，依法应当由被保险人承担损害赔款责任，保险人依照保险合同约定，对于超过机动车交强险各分项赔偿限额以上的部分负责赔偿。注意，这里的第三者不包括被保险机动车本车的车上人员投保人、被保险人。

（2）车辆损失险。

车辆损失险是指在保险期间，被保险人或其允许的合法驾驶人在使用被保险机动车过程中，碰撞、倾覆、火灾爆炸、外界物体倒塌或坠落、保险车辆行驶中平行坠落等意外事故和雷击、暴风、龙卷风、暴雨等自然灾害造成保险车辆的损失，保险人依照保险合同的约定负责赔偿。

提示引导

提示引导——车险改革（2）

自从 2020 年 9 月 19 日车险综合改革之后，新车辆损失险除了包括改革前的车辆损失险本体外，还同时包括发动机涉水险、玻璃单独破碎险、自燃险、指定修理厂、无法找到第三方特约险、不计免赔率以及盗抢险等保险责任项目。

（3）车上人员责任险。

车上人员责任险是指在保险期间，被保险人及其允许的合法驾驶人在使用保险车辆过程中发生意外事故，致使保险车辆上人员遭受人身伤亡，依法应当由被保险人承担经济赔偿。

（4）车身划痕损失险。

车身划痕损失险是指在保险期间，保险车辆发生无明显碰撞痕迹的车身表面油漆单独划痕，保险人根据合同的规定按照实际损失负责赔偿。

2. 为客户设计承保方案

为客户设计承保方案时，汽车销售顾问应该根据客户车辆的使用情况，评估可能发生的风险，为其设计保险程度较高、费用相对经济的保险方案，同时要告知客户每种方案承保的范围以及预计保费金额。

1）最低保障方案

（1）方案一。

险种组合：机动车交强险。

保障范围：只能在机动车交强险的责任范围内对第三者的人伤和物损负责赔偿。

优点：只有最低保障，费用低。只有机动车交强险，而且机动车交强险和车辆的价格没有任何关系，仅与座位数相关。

缺点：保障额度不高，一旦撞车或撞人，对方的损失能得到保险公司的部分赔偿，且自己车辆的损失只由自己负担。

推荐适用对象：适用于车价低、驾龄长、急于上牌照或通过年检的车主。

（2）方案二。

险种组合：机动车交强险+商业第三者责任险（5万元）。

保障范围：基本能够满足一般事故对第三者的损失所负的赔偿责任。

优点：可以满足上牌照或验车需求，第三者的保障基本能满足。

缺点：一旦撞车或撞人，对方的损失能得到保险公司的少量赔偿，且赔偿限额只属于"基本宽裕"，另外自己车辆的损失只由自己负担。

推荐适用对象：保险意识不是很强，但又担心自己不小心对他人造成损失的车主。

2）基本保障方案

险种组合：机动车交强险+车辆损失险+商业第三者责任险（10万~20万元）。

保障范围：只投保基本险，不含任何附加险。

优点：费用适合，能够提供基本的保障。

缺点：不是最佳组合，最好加上不计免赔特约险。

推荐适用对象：经济实力不太强或短期资金不宽裕，有一定经济压力的车主。这类车主一般认识到事故后修车费用较高，愿意为自己的车辆和第三者责任寻求基本保障，但又不愿意多花钱寻求更全面的保障。

3）经济保险方案

险种组合：机动车交强险+车辆损失险+商业第三者责任险（30万元）+车上人员责任险。

保障范围：在经济投保方案的基础上，加入了车上人员责任险，使乘客及车辆易损部分得到安全保障。

优点：投保价值大的险种，不花冤枉钱，物有所值。

推荐适用对象：经济较宽裕、保障需要比较全面、乘客不固定的私家车主或一般单位用车。

4）完全保障方案

险种组合：机动车交强险+车辆损失险+商业第三者责任险+车上人员责任险+设备损失险。

保障范围：保全险，居安思危才有备无患，能保的险种全部投保，从容上路，不必担心交通所带来的种种风险。

优点：几乎与汽车有关的全部事故损失都能得到赔偿，不会因为少保某个险种而得不到赔偿，也不必承担投保决策失误的损失。

缺点：保费高，某些险种出险的概率非常低。

推荐适用对象：经济宽裕的车主、价格偏高的车辆和企事业单位用车。投保时要注意：一是不要重复投保，各保险公司一般是按其保险金额与保险金额总和的比例承担赔偿责任，不存在重复赔偿的问题，重复投保只会多付保险费；二是不要超额投保，投保

学习笔记　时，超过保险价值的，超过部分无效，因此，投保人不要超额投保，避免多花保险费。

思路拓展

思路拓展——保险销售

　　汽车销售顾问：×先生/女士，我们公司不仅可以实现新车销售和售后维护，还帮忙代理上牌买保险等一条龙服务，实实在在地为客户带来方便。我们的新车主几乎都选择在4S店买保险。

　　客户：我的朋友是做保险的，我不在你们这里买。

　　汽车销售顾问：×先生/女士，很多客户一开始都跟您一样，都觉得在朋友那里买保险比较好，碍于面子，帮朋友做个业务。但是您先听我的解释，您自己衡量一下，看是在我们4S店买还是在您朋友那里买比较合适。

　　首先，4S店是以新车销售、零配件提供、售后服务和信息反馈为一体的汽车特许经销商。它并不是通过上牌和保险盈利的公司。为了更好地服务客户、方便客户，4S店利用自身的优势与保险公司协商，为其代办新车保险业务。在4S店购新车保险不仅可以打8.55折，第二年可以享受保险最低折扣价6.8折，还可以得到一张VIP卡，利用VIP卡可享受保养、维修工时8折优惠。这是价格上的优势。从服务上来讲，若在我们这边购买保险无论有什么事情都可以直接致电4S店，我们都会为客户处理好。您也知道，保险公司不会跟我们一样什么都站在客户的角度上去考虑，如果为客户考虑，他们是要自掏腰包的。

　　客户：为什么呢？

　　汽车销售顾问：您可能不清楚。之前我们的一个客户是通过朋友手买的保险。后来车辆出了事故，造成了4 000多元的损失，保险公司给他定损，很多东西都是选择修理，而不是更换。他打电话给朋友，朋友也无能为力，因为保险公司有规定。这样可能还会造成他跟朋友的关系不融洽。在同样的情况下，如果是在4S店购买的保险，有事情客户可以第一时间通知我们，我们会通过自己的平台跟保险公司沟通，能换的东西我们会尽量换，使保险公司赔付得更多，使客户收益更多。

　　其实很多客户都觉得我们提供这样的服务是为了赚钱。今天我就什么都跟您说明白吧。我们提供保险服务一是为了客户的利益，二是为了我们自己的利益。当客户出了事故时，我们会第一时间跟保险公司协商，尽量让客户的损失更小，能更换的配件就更换，这样让客户收益，同时也提升了我们售后价值。这一个双赢的行为。为什么99%的客户都选择在4S店买保险，想必您现在什么都明白了吧！

　　客户：那我还是选择在你们这里购买保险吧！

3. 填写保单

　　被保险人为自然人的新保险业务需要提供车辆行驶证、被保险人身份证复印件、投保经办人身份证原件；被保人为"法人或其他组织"的新保险业务需要提供车辆行驶证、被保险人组织机构代码复印件、投保经办人身份证原件。被保险人需要填写相应的保险单。

4. 保险公司审核

　　保险公司需对保险申请人的相关资料进行审核，对保险费用进行核对，审核通过后告知车主可以缴费，保险业务正式生效，若审核不通过则将向被保险人说明理由。

5. 缴纳保费，送达保单

车主按照保单金额缴纳保费，保险公司同时将保单送达被保险人，保险责任开始时间应由双方在保险合同中约定，如果没有约定，保险实务中规定于次日零时生效。

步骤 2：推荐二手车置换业务

二手车是指在公安交通管理机关办理完注册登记手续后，在国家规定的报废标准之前进行交易并转移所有权的车辆。

二手车置换业务是指消费者用二手车的评估价值加上另行支付的车款从品牌经销商处购买新车的业务。由于参加置换的厂商拥有良好的信誉和优质的服务，其品牌经销商也能够给参与二手车置换业务的消费者带来信任感和更加透明安全、便利的服务，因此现在越来越多想换新车的消费者希望尝试这一新兴的业务。

二手车置换业务有广义和狭义之分。狭义的二手车置换业务就是以旧换新业务，品牌经销商通过二手产品的收购与新产品的对等销售获取利益。广义的二手车置换业务指在以旧换新业务的基础上，兼容二手产品整新、跟踪服务、二手产品再销售乃至折抵分期付款等一系列业务组合，这是一种有机而独立的营销方式。

二手车置换业务的办理首先由4S店内专业的二手车评估师对客户的旧车进行初步评估，初步评估结果得到客户的认可后，可将车辆转到维修部进行专业检测鉴定。接着二手车收购评估师凭借检测单和报修定价与客户商谈收购价格。双方达成成交意愿后，由二手车收购评估师带领客户办理车辆的移交手续，再进行选购新车等业务。

1. 二手车残值计算

了解客户手的二手车的情况，请专业的二手车收购评估师对二手车进行检测，一般要进行三十多项检测，准确评估二手车的折旧率并告知评估的依据和评估的折旧率结果，以及评估价格。

二手车残值计算分为以下四个步骤。

1）查询新车的市场价格。

先要了解对应的二手车的品牌和车型，然后查询该款二手车的新车最新市场价格，即新车实际销售价格。如果没有与要购买的二手车同型号的新车，可以用最接近该款车型的同品牌新车做参照。

2）初步估算折旧率

车龄的计算以新车车辆上牌的时间为准，按照经验算法，新车前5年的折旧率分别为15%、12%、10%、8%、7%，而5年后每年可按照5%的折旧率进行计算。另外，新车的出厂时间未必是上牌时间。

3）车价的其他影响因素。

车辆的外观、行驶里程、保有量等都会影响车辆的折旧率。折旧率各项指标会有1%左右的增加或减小，如果车辆在使用期间发生过较严重的交通事故，会根据车辆的损毁程度适当调整折旧率。在同一系列中，旧车的收购价格以基本型价格为参考，若车辆配置高，收购价格可适当增加，但是增加幅度不会很大。豪华型汽车配置更具科技含量，折旧率也会相对低。淡季和旺季的车价也会有一定浮动，一般每年的长假之前以及年底之前都是二手车销售的高峰期，车辆的价格要略高于平时。

学习笔记

4）计算最终车价

修正车价的折旧率，将新车市场价格乘以折旧率，就可以计算出该二手车的大约价格，行内也称其为车辆残值。

一般消费者缺乏专业二手车评估师的鉴别能力，可以借助网络上二手车价格估算公式，只需输入车型、年份、里程等因素就可以初步得到二手车评估价格，以此作为二手车置换的参考。

案例展示

案例展示——二手车评估过程

车主：陈女士。

车身颜色：红。

燃油种类：汽油。

排量：0.8 L。

出厂日期：2006 年 7 月。

手续、规费情况：行驶证、机动车登记证书、购置税证、机动车交强险、车船使用税等手续齐全。

配置：助力转向、铝合金圈、手动挡。

静态检查：工作台整洁，各指示灯工作正常，车内空气好、无异味，车身色彩一致，整车线条流畅，原车漆，原车玻璃，轮胎状况良好，各附加设备完整，但是前、后保险杠发生刮擦未修复。

动态检查：发动机无异响，制动系统良好，空调效果良好，高速时车身稳定，加速性能良好，车况很好。

综合评定：此车内饰整洁，无事故，行驶里程为 41 510 千米，各系统工作正常，结合奇瑞 QQ0.8L 目前市场价格以及车况，针对置换给出评估价为 2.2 万元。

提示引导

提示引导——使用时间短还是使用时间长的车辆置换更划算？

马自达 62.3AT 豪华型汽车，登记日期为 2016 年 1 月，出手日期为 2016 年 10 月，行驶里程为 2.2 万千米。同型号新车售价为 20.58 万元，含购置税约为 22.3 万元。此车收购价格为 18.8 万元，与收购价格对比，车主损失为 22.3−18.8＝3.5（万元）。一般使用 9 个月以上或者接近 1 年的车辆，二手车商家会按照使用 1 年的标准计算收购行情价。也就是说，购买时间很短便进入二手车交易，车主的损失相对较大。置换时，先由车行的专业二手车评估师进行二手车评估，二手车评估师要先看使用年限，再看行驶里程、车况优劣等。原则上，车辆的行驶里程越短，车辆价值越高，折旧率也会随之相应降低。

2. 交易车辆手续

进行二手车残值评估后，了解客户对评估结果是否接受，耐心解释存疑之处，告知客户二手车置换业务的优惠政策，说服客户在本店进行置换，双方签订二手车购销协议并告知客户办理二手车过户手续时客户需要提供的协助和材料。

1）证件齐全

相关证件包括机动车行驶证、机动车登记证书、车辆购置税完税证明、养路费缴费凭证、车船使

用税交付凭证、保险单、购车发票、有效的机动车安全技术检验合格标志、维修保养记录等。

2）车主证件

车主证件包括身份证（外地人可持一年期内暂住证）、户口簿（车主本人最好在场）；公车户要带法人代码证书、公章、介绍信、资金往来发票或收据。

自主学习资源

详细了解二手车市场

了解二手车市场首先要充分了解新车及二手车的价格行情，做到心中有数。二手车置换时要将旧车评估价格、新车价格、售后服务、融资服务和保险服务等综合考虑，单一考虑二手车价格或单一考虑新车价格是不科学的。了解二手车实际车况，关注评估过程，评估时最好邀请车主本人跟随二手车评估师一起进行评估。

出售的二手车应在年检有效期内，且消除车辆违章，车辆必须在交易日之前不拖欠税费，且第三者商业责任险有效。另外，车辆外观基本符合机动行驶证照片，改装以及相关损伤部分按照车辆管理要求恢复正常状态。

3. 协助客户办理二手车置换业务

帮助客户选择新车，确定车型和价格后，将旧车折旧价格冲抵新车部分首付，如果旧车贷款尚未还清，可由经销商垫付还清贷款，款项计入新车需交款项，客户补足新车差价后办理提车手续。一切工作都完成后，客户就可以安全放心地提车了。

立德树人

诚信二手车

一位消费者于 2018 年 11 月 28 日在朋友（二手车经营者）的介绍下到某二手车市场购买迈腾二手车。当时经营者口头承诺该车为使用 1 年半的二手车、行驶里程为 2 万多千米，无大事故。消费者当时未考虑其他问题，出于对朋友的信任，未签订购车合同便交纳 17 万元购买该车。2019 年 5 月初，消费者到迈腾 4S 店进行保养，此时得知该车在购买前已行驶 9 万多千米，并且有多次维修的记录，其中一次事故还出现驾驶员安全气囊弹出的情况。由于购买时未签订购车合同，也没有相关文字承诺，该消费车不知如何维权，所以到消费者协会进行咨询。

学习笔记

　　分析：《中华人民共和国消费者权益保护法》第八条规定，消费者享有知悉其购买、使用的商品或者接受的服务的真实情况的权利。第十六条第三款规定，经营者向消费者提供商品或者服务时，应当恪守社会公德，诚信经营，保障消费者的合法权益，不得设定不公平、不合理的交易条件，不得强制交易。

　　同时第二十条规定，经营者向消费者提供有关商品或者服务的质量、性能、用途、有效期限等信息应当真实、全面，不得进行虚假或者引人误解的宣传。第四十五条规定，消费者因经营者利用虚假广告或者其他虚假宣传方式提供商品或者服务，其合法权益受到损害的，可以向经营者要求赔偿。广告经营者、发布者发布虚假广告的，消费者可以请求行政主管部门予以惩处。广告经营者、发布者不能提供经营者的真实名称、地址和有效联系方式的，应当承担赔偿责任。第五十五条规定，经营者提供商品或者服务时有欺诈行为的，应当按照消费者的要求赔偿其受到的损失，赔偿的金额为消费者购买商品的价款或者接受服务的费用的三倍；赔偿的金额不足五百元的，按五百元计。法律另有规定的，依照其规定。

　　本案例中，消费者所购买车辆的里程数是经过调整后的里程数，经营者隐瞒了此重大事实，消费者可要求其承担法律责任。

步骤3：推荐信贷业务

1. 了解汽车消费信贷知识

　　消费信贷是金融机构提供的，以特定商品（如汽车、住房、耐用消费品等）为对象，要求居民以未来收入作为保证的贷款。汽车消费信贷是消费信贷的一种形式，以抵押、质押担保或第三方保证等方式为条件，向可以开办汽车消费信贷业务的金融机构申请贷款，用于支付购车款，再由购车人按照约定的还款方式向金融机构偿还本金、利息的一种消费贷款。

　　银行受理了消费者提出的汽车消费贷款申请后应按照有关规定，要求消费者提供担保，消费者可以以所购车辆和银行认可的抵押物或者质押物进行抵押或质押，也可以第三方担保的方式提供连带责任担保。担保一般有以下三种方式。

　　1）抵押

　　抵押是银行以消费者（借款人）或第三方提供的，以银行认可的符合条件的财产作为抵押而向消费者发放贷款的一种担保方式。

　　申请贷款抵押物必须是银行认可的，能够进行抵押登记的消费者或第三方所购房屋或其他符合法律规定的财产，具体包括：抵押人所有的房屋和其他地上定着物、机器、交通运输工具和其他财产，依法有处分权的国有土地使用权、房屋和其他地上定着物、机器、交通运输工具和其他财产，依法承包并经发包方统一抵押的荒山、荒沟、荒丘、荒滩等的土地使用权，银行认可的其他可以抵押的财产。

　　2）质押

　　质押是银行以消费者或第三方提供的，以银行认可的符合条件的权利凭证作为质押权利而向消费者发放贷款的一种担保方式。

　　可以质押的权利有：汇票、支票、本票、债券、存款单、仓单、提单，依法可以转让的股份、股票，依法可以转让的商标专用权、专利权、著作权中的财产权，依法可以质押的其他权利。要签订质押合同，内容包括：被担保的主债权种类、额，债务人履行债务的期限，质物的名称、数量、质量、状况，质押担保的范围，约定的其他事项。

质押凭证交于银行并由银行保管，消费者不得对质押的权利凭证以任何理由挂失。质押担保的期限至还清贷款本息为止。提前到期的质押凭证，应转换为储蓄存单、银行认可的有价证券继续质押，或用银行认可的财产替换质押改为抵押。

3）连带责任保证

连带责任保证是银行以消费者提供的、银行认可的具有代为清偿债务能力的法人、其他经济组织或自然人作为保证人并承担连带责任而向消费者发放贷款的一种担保方式。

如果是法人或其他经济组织，必须具有代为偿清全部贷款本息的能力。如果是自然人，必须有稳定的收入，具有代为偿还贷款本息的能力，并在银行存有一定数额的保证金，比如有的销售商开展的"您买车，我担保"的服务项目。

保证人与银行以书面形式订立保证合同，主要内容有：被保证的主债权种类、数额，债务人履行债务的期限，保证的方式，保证担保的范围，保证的期间，约定的其他事项。合同一经签订，保证人承担全额连带责任。在保证期间，出现保证人变更、撤销、破产、死亡等情形时，银行可以要求消费者提供新的保证人，否则提前收回贷款。

2. 申请汽车消费贷款的条件

只有在银行特约经销商处购买汽车的消费者才能申请汽车消费贷款。凡申请汽车消费贷款的消费者必须具有下列条件。

1）个人汽车贷款

消费者必须年满18周岁，有固定和详细住址且是具有完全民事行为能力的中国公民；消费者必须具有稳定的合法收入或足够偿还贷款本息的个人合法资产；个人信用良好，能够支付规定的首期付款，以及贷款人要求的其他条件。

向金融公司或当地银行提供被认可的担保。如果消费者的个人户口不在本地，还应提供合法财产用于设定抵押或质押，或者银行、保险公司提供连带责任保证。

2）机构汽车贷款

机构具有政府核发的企业法人营业执照或事业单位法人证书及法人分支机构营业执照、个体工商户营业执照等证明借款人主体资格的法定文件；具有合法、稳定的收入或足够偿还贷款本息的合法资产；能够支付规定的首期付款；无重大违约行为或信用不良记录；愿意接受贷款人要求的其他条件。

3）汽车消费贷款额度、期限和利率

2018年1月1日起开始执行新颁布的《汽车贷款管理办法》，某对原来的汽车贷款比例等内容进行了相应的调整。

（1）贷款额度。

消费者向银行或金融公司申请汽车消费贷款，有一定借款限额。自用传统动力汽车贷款最高发放比例为80%，商用传统动力汽车贷款最高发放比例为70%；自用新能源汽车贷款最高发放比例为85%，商用新能源汽车贷款最高发放比例为75%；二手车贷款最高发放比例为70%。

自用车是指借款人通过汽车贷款购买的、不以营利为目的的汽车；商用车是指借款人通过汽车贷款购买的、以营利为目的的汽车；二手车是指从办理完注册登记手续

到达到国家强制报废标准之前进行所有权变更并依法办理过户手续的汽车；新能源汽车是指采用新型动力系统，完全或者主要依靠新型能源驱动的汽车，包括插电式混合动力（含增程式）汽车、纯电动汽车和燃料电池汽车等。

（2）贷款期限。

汽车的贷款期限（含展期）不得超过5年，其中，二手车的贷款期限（含展期）不得超过3年，经销商汽车的贷款期限不得超过1年。有的金融机构规定，如果车辆用于出租营运、汽车租赁、客货运输等经营用途，贷款最长不能超过2年（含2年）。近几年，各家银行或汽车集团内的金融公司根据汽车消费信贷的需求、汽车销售情况、汽车寿命、汽车价格和用户的资信状况等因素，对开办汽车消费贷款的期限制定了不同的规定。

（3）贷款利率。

汽车贷款利率按照中国人民银行公布的贷款利率规定执行，计结息办法由借款人和贷款人协商确定。

 自主学习资源

什么是共同购车人

共同购车人指与购车人具有配偶关系或直系亲属关系的自然人，其愿意在购车人的消费信贷购车活动中共同承担风险责任，共同认可合同条款，共同偿付欠款。在购车人出现问题而不能偿还车款时，共同购车人具有不可推卸的偿付欠款的责任。

3. 协助客户办理汽车消费信贷业务的步骤

1）接受客户咨询

客户咨询工作主要是了解客户的购车需求，帮助客户选择车型，介绍购车常识和如何办理汽车消费信贷购车、报价手续等。由于客户咨询工作是直接面对客户的，所以礼貌待客、耐心解说、准确报价、周到服务是客户咨询员的基本要求。

2）指导客户填写申请材料

在客户咨询员的介绍和协助下，客户选中了某种车型并决定购买，此时客户咨询员应指导客户填写"消费信贷购车初、复审意见表"和"消费信贷购车申请表"，报审查部门审查。

3）复审

审查部门应根据客户提供的个人资料、消费信贷购车申请、信贷担保等进行贷款资格审查，并根据复审结果填写"消费信贷购车资格审查核查表"等表格，还要在"消费信贷购车初、复审意见表"中填写复审意见，然后将有关资料报送银行。

4）与银行交换意见

将经过复审的客户资料提交银行进行初审鉴定。

5）交首付款

收取客户的首付款后，应出具收据，并为客户办理银行账户和银行信用卡。

6）客户选定车型

客户选定车型后，根据选定车型填写车辆验收交接单，以备选车和提车时使用。

7）签订购车合同

客户选定车型后，准备好购车合同的标准文本，交客户仔细阅读，确认无异议后，双方签订购车合同。

8）进行公正，办理保险

进行公证和办理保险需要许多资料，手续繁复。

9）终审

审查部门将客户文件送交银行进行初审确认，将签订合格的有关文件提交领导签署意见。

10）办理银行贷款

受银行委托，给客户办理相关个人消费信贷借款手续。

思路拓展

思路拓展——汽车消费信贷业务话术

（1）客户：办理贷款比一次性付清多花多少钱？

汽车销售顾问：买10万元左右的车，不算利息，您只需多花4 500元（贷款额×5%+1 000元资信调查费）。还款三年期间，向银行贷来的钱给您带来的利益要远大于这多花的4 000多元钱。

（2）客户：我觉得贷款不划算。

汽车销售顾问：这对于钱在银行放着不用的人来说是不划算，但是对于做生意的人来说流动资金需求量比较大，和一次性付款相比，贷款非常合适，因为买10万元的车，可以向银行贷款7万元，7万元每月可以给您赚2 000元吗？你想7万元一年可以给您挣回多少钱啊，三年以后，您手里的钱不只7万元吧？这相当于拿银行的钱给自己挣回一辆新车的钱。买20万元的车可以向银行贷款14万元。

（3）客户：现在还利息太费劲，利率高。

汽车销售顾问：现在利息并不高，以往我们向银行贷款，即使托人找关系都不好贷出来，但走车贷却不用你去欠别人的人情，按照正常的贷款手续办理即可。您只要按时还款即可，但借了别人的钱就不一样，利息高不说，欠人情的滋味也让您不好受。

（4）客户：进行分期贷款感觉可没面子了，好像买不起车似的。

汽车销售顾问：如果您因工作需要全款买了辆20万元的车，日后需要用钱的时候去借钱才没面子呢，贷款让您资金周转更灵活，可以腾出更多的钱去投资做生意，获取更多的利润。

（5）客户：我要买一辆低端车，自己做生意用。

汽车销售顾问：您自己做生意，现在买几万元的车开两年就得换车，车一卖就赔钱。现在花10万元买20万元的车，开五年再换也没问题，而且您开高档车去谈业务，人们会认为您信得过，乐于与您合作，您的业务开展得就顺利。街坊邻居及周边的朋友也会对您刮目相看，更乐于跟您打交道。总之好车可以给您挣足面子。另外，买车跟买其他的东西不一样，买到手就贬值，新车更新快，贬值更快，现在还是花一样的钱通过贷款买一辆高档车最合适。

学习笔记

任务实施

结合 1+X 证书-"汽车营销评估与金融保险服务技术"模块-汽车销售流程-衍生服务对技术和知识的要求标准，以学习小组为单位，讨论制订工作计划，小组成员合理分工，完成任务并记录。

项目六	报价成交		任务 3		衍生服务	
组别（姓名）				成绩		日期
接受任务	王先生是一位老师，30 岁左右，有 5 年驾龄，拥有一辆 POLO 汽车，开了 5 年。汽车销售顾问晓宁已经为王先生推荐了北京 X7 1.5TD 双离合致领版汽车并谈妥了价格，但是目前王先生手头有点紧张，请你在王先生的预算范围内，为他推荐相应的业务吧。					
小组分工				知识检测		
场地及工具						

	序号	工作流程	操作要点
制订计划	1	保险业务推荐方案及话术	（可自行附加单页）
	2	二手车置换业务推荐方案及话术	（可自行附加单页）
	3	信贷业务推荐方案及话术	（可自行附加单页）
	4	汽车精品业务及其他	

实施过程	实施要求： （1）完成计划中相应的操作要点； （2）天气、时间等以授课当天为准，每个小组派出一名同学扮演汽车销售顾问，一名同学扮演客户，一组的汽车销售顾问接待二组的客户，轮流完成各小组的衍生服务任务并录制视频； （3）根据评价指标，小组内、小组间、教师进行评价； （4）将视频及设计话术上传到平台。
任务完成情况反馈	

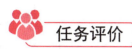 **任务评价**

任务名称		衍生服务				
考核项目		评分要求	分值100	实际得分		扣分原因
				内部评价	外部评价	
过程评价	素质评价	学习态度：态度积极，认真完成任务	4			
		语言表达：表达流畅，内容有条理、逻辑性强；用词准确、恰当，语调语气得当	4			
		团结协作：分工协作，安排合理，责任人明确	4			
		创新能力：成果展示时具有创新性思维	4			
		职业素养：热情友好，灵活应对，诚实守信	4			
		1. 对开车来的客户，应询问客户是否有二手车置换需求，如有需求，可以安排二手车部门提供车辆免费评估服务	5			
		2. 主动询问客户现有车辆情况，以及二手车交易意愿	5			
		3. 如客户需要咨询二手车置换业务，带领客户到二手车部门和相关人员一起洽谈	5			
		4. 主动提供金融贷款服务	5			
		5. 能给顾客推荐合适的金融产品及报价	10			
		6. 主动提供保险服务	5			
		7. 能给客户推荐合适的保险产品并报价	10			
		8. 主动推荐汽车精品业务	5			
结果评价	知识掌握	扫描"任务实施"中的知识检测二维码，检测知识掌握情况	20			
	工单质量	实施计划：要点齐全、准确、可执行，填写认真	5			
		任务反馈：完成任务，反馈及时有效	2			
		填写质量：记录规范、书写整洁	3			
总分		100分				

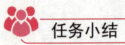 任务小结

本任务主要介绍了保险、金融、二手车置换等衍生服务，除此之外还包括汽车购买后涉及的上户、缴费等相关业务。附加服务的提供可以减少客户的人力成本，为客户带来便利，除此之外，附加服务的专业、集成化办理，可以节约更多的社会资源，有利于行业、社会的发展。通过本任务的实施，查找并总结自己在技能上和知识上需要加强的地方，并对照知识体系图（图6-5），对所学内容进行再次梳理。

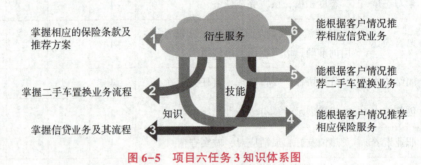

图6-5 项目六任务3知识体系图

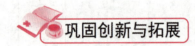 巩固创新与拓展

一、任务巩固

完成练习，巩固所学知识。

二、任务创新

张先生今年35岁，有3年驾龄，拥有一辆桑塔纳轿车，已经使用了三年。张先生没有固定的车位，经济条件适中，比较节约。请你根据张先生的情况，为其推荐相应的衍生业务。

三、学习拓展

修德篇——诚信销售

诚信是我国传统道德中最重要的规范之一，诚信的基本内涵包括"诚"和"信"

两个方面，"诚"主要是讲诚实、诚恳；"信"主要是指讲信用、信任。

诚信作为一种基本的道德要求，从古至今像一棵常青树一样存活在人间。孔子曾说"人无忠信，不可立于世"，又说"人而无信，不知其可也"，他把"言必信，行必果""敬事而信"作为规范弟子言行的基本要求，把诚信看作做人立世的基点。孟子则把追求诚信看作做人的准则。所谓"诚者，天之道也。思诚者，人之道也。至诚而不动者，未之有也；不诚，未有能动者也"即其证。诚信是做人之本，也是企业的立业之基，人不讲诚信就无法在社会上立足，企业不讲诚信就不可能发展。

自我分析与总结

学生改错	学习完成度		
	学习收获	自我成就	我理解了
			我学会了
			我完成了
		同学认可	（小组贡献、树立榜样、进步方面等）
		教师鼓励	（突出表现、进步方面、重要创新等）

学生总结及目标

项目学习成果实施与测评

项目学习成果名称：报价成交			
班级：	组别（姓名）：		成绩：
小组分工		知识检测	
场地及工具			

一、接受任务

今天，北汽 4S 店来了一位年轻女士，她是一位刚入职的国企白领，打算购买一款汽车，用于上下班。她喜欢旅游，比较关注汽车的外观、智能科技以及安全性，预算为 15 万~20 万元。你为她推荐了 BEIJING–EU7 这款车，该女士试乘试驾后对车辆也比较满意，但她之前咨询过另一家 4S 店，说报价更优惠，她刚入职，手头也不宽裕，希望你能让价。面对这种情况，你作为一名汽车销售顾问应该如何完成报价签约流程？

二、任务准备

1. 报价的方法

2. 刚入职手头不宽裕的异议处理

3. 促进成交的技巧

三、制订计划

序号	工作流程	操作要点
1	报价前准备	

续表

序号	工作流程	操作要点
2	报价方法应用及话术 （按照报价单完整计算 出价格）	（可自行附加单页）
3	报价成交过程中 的异议处理	
4	促进成交的策略	（可自行附加单页）
5	签约说明	

四、任务实施

（1）完成计划中相应的操作要点；

（2）天气、时间等以授课当天为准，每个小组派出一名同学扮演汽车销售顾问，一名同学扮演客户，一组的汽车销售顾问接待二组的客户，轮流完成各小组的报价成交任务并录制视频；

（3）根据评价指标，小组内、小组间、教师进行评价；

（4）将视频及设计话术上传到平台。

五、质量检查

根据实施评价标准检查项目完成情况，并针对实训过程中出现的问题提出改进措施及建议。

六、反思总结

任务完成情况	
团队合作情况	
通过实训成交技巧及灵活 应对能力有何变化	
需要改善的方面	

新车报价单（样例）

新车报价单							
填表日期：　　　年　　月　　日				汽车销售顾问：		手机：	
客户姓名				电话			
购买车型			颜色			台数	
全款购车	一、车价			选装配置	①		
	二、保险费				②		
	三、购置税				③		
	四、车检费				④		
	五、上牌费				⑤		
	合计①						
	应付定金						
	应付余款				合计②		
	全款购车费用合计①+②						
保险明细	机动车交强险			按揭贷款/元			
	车船使用税/元			车价/元			
	商业第三者责任险/元			首付比例/%			
	车辆损失险/元			贷款金额/元			
	全车盗抢险/元			月均还款(按揭期数)/元			
	车上人员责任险/元			手续费/元			
	车身划痕损失险/元			挂牌保证金/元			
	玻璃险/元			购置税/元			
	自燃险/元			保险/元			
	轮胎险/元			上牌费/元			
	驾驶员责任险/元			续保保证金/元			
	不计免赔险/元			按揭贷款购车费用合计/元			
	预计保险费合计/元						
按揭贷款购车所需材料	夫妻双方身份证、户口本、驾驶证、结婚证、房产证或购房合同或村委会证明、收入证明、银行存折或银行对账单（其他能证明收入的材料）。						

项目成果评价标准

项目名称			报价成交				
考核项目			评分要求	分值 100	实际得分		扣分原因
					内部评价	外部评价	
过程评价	素质评价	学习态度	态度积极，认真完成任务	5			
		语言表达	表达流畅，内容有条理、逻辑性强；用词准确、恰当，语调语气得当	5			
		团结协作	分工协作，安排合理，责任人明确	5			
		创新能力	成果展示时具有创新性思维	5			
		职业素养	热情友好，灵活应对，诚实守信	5			
	技能评价	报价	1. 再次总结满足客户需求的车辆功能和价值	5			
			2. 运用报价方法灵活报价	3			
			3. 提供总报价及报价构成	3			
			4. 灵活处理报价环节的异议	3			
		成交	5. 确定了客户所需车型的库存情况并告知客户提车的大致时间	3			
			6. 主动提供金融贷款服务	5			
			7. 能为客户推荐合适的金融产品并报价	3			
			8. 主动提供保险服务	2			
			9. 能为客户推荐合适的保险产品并报价	2			
			10. 主动推荐汽车精品业务	2			
			11. 灵活处理成交过程中的异议	5			
			12. 灵活应用成交技巧促进成交	2			
			13. 向客户解释相关书面文件	2			
		离店	14. 客户离开时，离店远送，向客户表示感谢，并约定下次到店或通话的时间	5			

学习笔记

考核项目		评分要求	分值 100	实际得分		扣分原因
				内部评价	外部评价	
结果评价	知识掌握	扫描"任务实施"中的知识检测二维码，检测知识掌握情况	20			
	工单质量 实施计划	要点齐全、准确、可执行，填写认真	5			
	任务反馈	完成任务，反馈及时有效	2			
	填写质量	记录规范、书写整洁	3			
总分		100分				

项目七　交车与售后服务

项目导读

新车交付是汽车销售的高潮阶段，既是一个销售过程的结束，又是一个新的销售过程的开始。一个好的新车交付过程，既能满足客户即时的心理满足感，又能够为汽车销售企业带来潜在的服务利润和更多的潜在客户，而且还是售后服务的开始，因此要抓住契机。本项目主要为客户提供令其难忘的新车交付服务及紧随而来的售后服务。

项目目标

（1）能独立完成交车前的资料准备和车辆准备。
（2）能正确按照交车流程向客户交车。
（3）能完成成交客户与未成交客户的售后服务。

项目实施

本项目通过完善的交车前准备，按照交车流程，为客户提供令其难忘的交车服务，提高客户的满意度，同时完成成交客户与未成交客户的售后服务。

项目七　交车与售后服务	任务1	完美交车
	任务2	售后服务

 学习笔记

任务1　完美交车

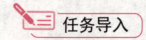 任务导入

　　经过种种努力，汽车销售顾问晓宁终于卖出了第一辆新车。明天就是客户的提车日，但是她时刻牢记师傅对她的叮嘱，交车既能让客户深刻体会到拿到车的心理满足感，又能看到销售人员为客户着想的诚意，还可以为汽车销售企业带来潜在的服务利润和更多的潜在客户，因此，她打算给客户一个难忘的交车体验，你也来完成这个任务吧。

 任务分析

　　新车交付至关重要，良好的新车交付环节能够为汽车销售企业带来潜在的服务利润和更多的潜在客户。汽车销售顾问应认真掌握新车交付的基本流程和工作内容，完美完成新车交付的工作。

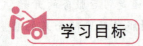 学习目标

【知识目标】

（1）熟知交车前的准备工作，明确车辆状况检查要点；

（2）掌握交车流程各环节要点；

（3）了解4S店验车流程。

【能力目标】

（1）能独立完成交车前的资料准备和车辆准备；

（2）能正确地按流程验车；

（3）能正确按流程为客户交车。

【素质目标】

（1）具有为客户着想的高度服务意识；

（2）具有专业可靠、遵纪守法、认真细致的职业素养。

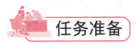

一、工具准备

（1）购车发票及合同、车辆相关证件或手册、三包服务卡、其他票据、交车确认单等文件资料。

（2）所交付车辆。

（3）笔、本、名片、计算器、面巾纸等办公用品。

1+X 交车模块
考核标准及
融合

二、知识储备

根据本任务的要求，结合 1+X 证书–"汽车营销评估与金融保险服务技术"模块–汽车销售流程–交车对技术和知识的要求标准，确定本任务的知识储备内容及实施要点。

步骤 1：做好交车前准备

1. 车辆准备

1）新车检测（又称 PDI 检查）

由于新车从生产厂家到达汽车 4S 店经历了较远的运输路途和较长时间的停放，为了保证新车的安全性和原厂性能，PDI 检查必不可少。PDI 检查是一项售前检测证明，新车在交车前必须通过这项检查。检车结果多以表格的形式呈现，由售后服务部门的 PDI 检查专员完成。进行 PDI 检查时，最好车主同时在场检查，确认检查项目正常后签字。但是在实际销售过程中，由于 PDI 检查项目繁多、耗费时间长（至少 3~4 小时），往往由汽车 4S 店 PDI 检查专员单方面完成，车主在交车时根据 PDI 检查表再次确认。新车 PDI 检查如图 7-1 所示。

图 7-1 新车 PDI 检查

视频：交车前车辆的准备

学习笔记

PDI 检查的目的是为客户确保车辆无损坏、各方面的性能运转正常，赢得客户的满意。PDI 检查项目范围很广，主要涉及外观、内部各种开关和配置、遥控钥匙、发动机舱内各种工作液、发动机舱内线束机螺丝装配情况等。

PDI 检查的主要项目如下。

（1）核对发动机号、底盘号、车辆标牌是否清晰、是否与合格证号码相符、是否符合交通管理部门规定。

（2）核对随车文件（如果客户要求提供"一条龙服务"，则还应包括上牌所需相关文件）是否正确。

（3）目视检查发动机舱中（上部和下部）的部件有无损坏，工作液有无渗漏。

（4）检查发动机冷却液、制动液、助力转向液、风窗洗涤剂的液位（液位应达到或接近"Ma×"标记处），发动机机油油质和油位。

（5）检查蓄电池状态、电压及电极卡夹是否紧固。

（6）检查车身漆面及装饰、风窗及车窗玻璃是否完好。

（7）举升车辆，检查前桥、主传动轴、转向系及万向节防尘套有无破损、漏油现象。

（8）举升车辆，检查车身底部可见螺栓拧紧力矩是否达标，底板有无破损、变形。

（9）举升车辆，检查制动液软管有无渗漏、破损，排气管有无凹凸变形。

（10）举升车辆，检查轮胎、轮毂、车轮螺栓及拧紧力矩，调整轮胎气压值到正常值。

（11）检查座椅、转向盘、后视镜调整功能，检查安全带、收音机、空调、中央门锁、电动车窗升降等功能键是否正常。

（12）检查刮水器各挡位功能，照明灯、指示灯、喇叭等功能是否正常。

（13）检查内饰各部件、随车文件、行李舱内备用工具、备胎是否齐全、完好。

（14）进行行车试验，检查发动机、变速器、制动系、转向系、悬挂等系统功能是否正常。

（15）除去车内及车门边角各种保护膜、垫。

（16）将各项目检查结果记录在 PDI 检查表中，签字，加盖公章。

立德树人

职场素养——诚实守信、细致严谨

一位客户来到某专营店买车后很开心。客户说："我付全款都没问题，你给我做一下检查。什么时间可以拿，我出去绕一圈。"

汽车销售顾问说："两三个小时以后，我给您车。"

因为这个客户很兴奋，想早点拿到车，所以不到两个小时他就回来了。在对车进行检查时发现了问题，起重机把这个新车抬起来以后发现变速箱漏油，而库房就剩这一台车了。了解到客户在三个小时之后才取车，以为还来得及，就把车拆了，换了油封，把变速箱也拆了下来。拆一个变速箱不是简单的事情，要拆很多零部件。没想到这个客户提前回来了。当时客户对拆车并没在意。

教师寄语

客户问道："你不是说两三个小时吗，现在已经两个小时了。"

汽车销售顾问回答说："还在做检查呢，您再等一会儿。"

这个客户有点不高兴了。三个小时后变速箱还没装好。汽车销售顾问又对客户说："您再稍等一会儿，马上就好了。"

车子拆装完之后开了出来。客户一看，这个车不就是刚才在起重机上拆的那辆吗？他生气地说："你凭什么拆我的车啊？"

从此案例中，你得到什么启示？

2）油料准备

交付新车时必须给客户提供一定的油料，保证燃油警示灯不亮。油料应能够确保客户将车辆驶

入就近的加油站。

3）加装配件

交车前应按照销售时与客户约定的配件加装清单为客户安装好相应配件，并进行核实、检查。

4）清洁车辆。

合理安排车辆清洁时间，以保证交车时客户能够提到崭新的、清洁的车辆。清洁车辆时应注意细节部位的清洗，如车裙、轮胎等极易被忽视的部位。

2. 交车前文件资料的准备

1）购车发票及汽车销售合同

购车发票是购车最重要的证明，同时也是汽车上户的凭证之一，因此在交车前务必仔细清点，确保其有效性和准确性。

汽车销售合同（图7-2）是购车人与经销商签订的正式购销合同，是保证经销商与消费者双方权益的依据。汽车销售合同在办理按揭、处理价格、延期交付、处理产品质量问题、退还定金或预付款、处理口头承诺无法兑现的纠纷等方面都需要用到，因此在交车前务必准备好。

视频：交车前文件资料的准备

2）车辆相关证件或手册

（1）车辆合格证。它是机动车整车出厂的合格证明，是由机动车生产企业印刷并随车配发的载明企业名称、标识及防伪信息的证明文件。对于购车者来说，它是办理机动车注册登记、保险业务、注销等手续时必须提交的证明文件之一。

（2）车辆使用说明手册。用户必须按照车辆使用说明手册规定正确、合理地使用车辆，否则造成的车辆损坏不属于三包范畴。车辆使用说明手册中还注明了车辆的主要技术参数和维护调校所需的技术数据，是维修时的参考文本。

（3）三包服务卡。它是一定时间和里程范围内，对于质量问题导致的故障或损坏，购车者向厂家要求无偿服务的凭证。需要注意的是，灯泡、橡胶等易损件不包含在内。

（4）PDI检查表。它是新车通过售前检测的凭证。

学习笔记

汽车销售合同

NO.0000001

甲方（销售方）		乙方（购车方）	
名称		姓名/身份证	
地址		地址	
联系电话		联系电话	

乙方选购车型

车型	品牌	车名	型号	颜色	内饰	指导价

优惠¥：	成交价：	付款方式：□分期 □全款
代办保险：□是 □否	代办购置税：□是 □否	代上牌：是 □否

改装项目价格	
合计(人民币)： 佰 拾 万 仟 佰 拾 元 ¥：	
备注：	

其他约定事项

一、乙方预定车辆交纳定金＿＿＿＿＿＿元（大写： ），乙方支付定金后不购买车辆的定金不予退还

二、本合同车型配置标准及标准变动均以生产厂家发布标准为准，按乙方要求增加车辆配置对车辆进行改装由乙方按本合同约定承担费用，并承担相应的法律后果

三、交（提）货地点、方式：由甲乙双方在甲方所在地验车交货，乙方自提

四、车辆验收：经乙方验车签字认可，车辆出库视为所购车辆验车合格

五、结算方式：

1. 以现金方式购车的，货到付款，付款提车，定金冲抵货款
2. 以按揭方式购车的，按照按揭贷款合同约定的方式支付

六、乙方委托甲方代办购置税、保险、上牌业务所有费用由乙方承担，驾驶车辆到车管所车辆安全由乙方承担

七、质量保证：车辆质量保证及保质期限按照随车“保养及保修手册”规定执行，由生产厂家授权的特约售后服务中心负责

八、本合同一经签订即具有法律效力，任何一方均不得单独终止或解除，否则适用合同法中的定金条款

九、本合同由甲乙双方共同签署后生效，按合同条款履行后自行终止

十、因履行合同时发生争议，应以协商解决为主，如协议不成，任何一方有权在合同签约地选择仲裁或诉讼

十一、本合同一式两份，甲乙双方各持一份，均具有同等法律效力

一联存根（白）

二联客户（红）

甲方（盖章）：	乙方（盖章）：
销售顾问：	乙方代表：
电话：	联系方式：
日期：	日期：

图 7-2 汽车销售合同

3）其他票据、文件

目前大多数汽车 4S 店都可以提供“一条龙服务”，客户可以委托汽车销售顾问代办相关的手续。因此，对于客户委托代办其他服务的情况，则其他票据、文件还应包括车辆购置税（新能源汽车没有此项）文件、车船使用税（新能源汽车没有此项）文件，办理牌照、保险和信贷等的相关文件。

4）交车确认单

交车确认单不仅列出了车辆基本信息、交车过程中需要向客户提交的文件资料、

车辆状况，以及应向车主说明的相关内容，还包括客户对交车过程所涉及事项的认可声明。

学习笔记

视频：布置新车交付区

3. 人员及场地准备

人员及场地准备包括如下事项。

（1）新车交付场地的布置协调（场地清洁、立牌等）。

（2）新车交付时所需要的展厅设备（相机、鲜花、小礼品等）。

（3）相关人员的通知（总经理、销售经理、服务经理、服务顾问）。

步骤 2：预约客户

车辆到达 4S 店并经过 PDI 检查确认无问题后汽车销售顾问应即时和客户联系，预约交车时间，预约时应提及以下事项。

（1）告知客户车辆已到店，确认客户到店提车时间。

（2）若有"一条龙服务"，与客户确认"一条龙服务"衍生服务的需求及完成状况；

（3）告知客户交车的流程和所需占用的时间，让客户有心理准备。

（4）提醒客户带好必要的提车文件和证件，如果之前客户交了定金，还要提醒客户带好尾款。

（5）询问客户是否需要接车服务。

（6）在约定时间前 15 分钟询问客户是否能按时到店。

（7）前一日事先联系售后服务部门、展厅经理、销售主管做好迎客准备。

（8）交车期较长时，应让客户随时了解供货信息。

（9）预定交车时间发生延迟时，主动向客户说明原因及解决方案。

（10）填写"交车预约登记表"，记录信息。

步骤 3：交车服务

交车过程是交车服务的核心环节，该过程主要包括客户接待、提交文件、验收车辆等步骤，如图 7-3 所示。

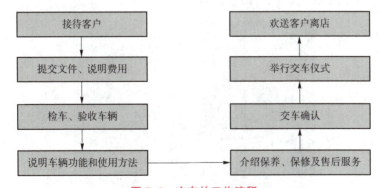

图 7-3　交车的工作流程

1. 接待客户

（1）汽车销售顾问在预约时间，到展厅门口迎接交车客户。

视频：接待客户

学习笔记

（2）汽车销售顾问到门口迎接并祝贺客户。

（3）汽车销售顾问为客户挂上交车贵宾识别标志。

（4）经销店每位员工见到带有交车贵宾识别标志的客户均应热情道贺。

（5）引领客户至商谈桌（室）坐下，并提供饮料。

（6）利用流程图或缩影文件向客户概述交车流程和所需的时间并征询客户意见。

①若客户时间充足，则按照标准流程交车，并预估时间（一般在45分钟以上）。

②若客户没有足够的时间，则寻求客户认同，并向其说明必须确认的事项，如车辆确认、保修条款、"交车确认单"的项目等。

注意：

面对初次购车的客户，应为客户详细说明费用清单、车辆功能与使用方法、维修保养、保修政策等事项，少讲给予客户的附加值，时间应控制在1.5小时左右。

面对再次购车的客户，应多为客户介绍给予客户的附加值，花少量时间说明车辆的功能、维修保养、保修政策等内容，时间应控制在45分钟左右。

2. 提交文件、说明费用

（1）按照"交车确认单"的文件资料内容向客户移交相关文件（图7-4）。

视频：交车-提交
文件、说明费用

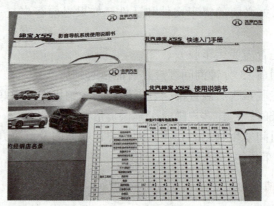

图7-4　交车文件

①购车发票（图7-5）、汽车销售合同。

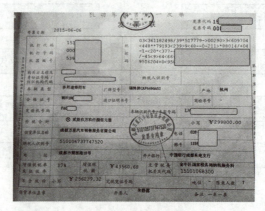

图7-5　购车发票

②车辆合格证、车辆使用说明手册、车辆保修手册、三包服务卡。

③车辆钥匙（一般为两套钥匙）。

④其他文件或附件（与其他附加服务的办理相关的文件，如信贷合同、保险发票、保险合同、购置税发票、路桥费发票等）。

（2）在发票移交过程中，依次说明各项费用。

①说明购车费用组成，如裸车价、车辆购置税。

②说明其他服务产生的相关费用，如加装配件的费用。（对于办理"一条龙服务"的客户需要详细说明保险的费用组成、上牌费用组成、信贷手续费、利率等。需要注意的是，有时客户在购车付款时提前预交的费用与实际产生的费用会有一定的出入，此时要着重说明相关费用差额的原因，多退少补。）

3. 检查、验收车辆

将客户带领至新车交付区，陪同客户完成车辆的检查（图7-6），再次确保交付给客户的新车性能良好。

（1）检查车辆内外。

（2）清点原车配备工具、备胎。

（3）检查、说明选装件、赠送件。

视频：检查、验收车辆

图7-6　交车检验

遵守制度

遵守规章制度

客户李先生约好今天13:30到某品牌汽车4S店取车，4S店的汽车销售顾问已经提前做好了各项准备工作，并把李先生预订的越野车擦得干干净净，还戴上了大红花。李先生准时到达4S店交车中心，心情非常愉快。他告诉汽车销售顾问：新车不用介绍了，他知道如何操作，着急要离开。于是让4S店省去了新车介绍等多个环节，拿了车钥匙就开车走了。

交车后第二天，汽车销售顾问接到李先生关于汽车功能操作方面的询问电话，而且工作人员从李先生的电话中感觉到了李先生的不悦心情。

教师寄语

思考：在这个案例中，是什么问题导致客户不满意？如果你是这位汽车销售顾问，你会怎么处理这个情况来确保客户满意？

视频：说明车辆
功能与使用方法

4. 说明车辆功能与使用方法

陪同客户对车辆检查完毕后，应结合车辆使用说明手册或车辆使用说明书对新车各项功能的操作进行演示，主要包括以下内容。

（1）座椅、转向盘、后视镜的调整。

（2）电动车窗、天窗、中央锁等的操作。

（3）空调制冷制热功能的开启及除雾功能的设置。

（4）车内音响设备的功能、使用与设定。

（5）灯光、仪表、时钟的使用、设置，仪表板上各种显示信号的含义。

（6）安全带高度的调节方法，安全气囊的位置、作用及儿童锁的使用方法。

（7）自动泊车、电子驻车制动、一键式启动等车内其他功能键的使用。

（8）解答客户提出的其他问题。

提示引导

提示引导——车辆功能与使用方法说明注意事项

介绍内容应根据客户的不同有所而区别，例如对初次购车的客户应尽可能详细，对再次购车的客户则可简单介绍基本的操作，着重介绍车辆配备的高科技、新技术等特殊功能的操作。

此处的介绍应区别于销售时车辆展示中的介绍，侧重于操作方法与功能说明。

视频：介绍保养、
维修及售后服务

5. 介绍保养、保修及售后服务

汽车销售顾问应向客户详细说明车辆保修手册中的各项内容以减少日后出现争议的可能性，主要说明项目如下。

（1）告知相关的服务联系方式，如售后服务800或400免费服务电话、其他服务专线电话及24小时救援服务电话。针对初次购车者可以适当详细介绍一些紧急情况的处理方式。

（2）向客户说明相关的保养政策，如免费首保、首次保养里程以及定期保养项目等。

（3）提供全国服务网点一览表，并对承诺的服务进行说明。

（4）针对保修政策中容易理解错误的地方作特别说明，如保修时间和保修里程，以先到者为标准，即表示已到保修期。

（5）介绍服务站的功能、营业时间、地点及车辆进站作业流程。

（6）向客户推荐一位专业的服务顾问，并确保客户留下服务顾问的联系方式。

6. 交车确认

让客户审核"交车确认单"（图7-7）中所列的项目，客户仔细阅读后若无异议，请客户签字确认。

视频：交车确认
及交车仪式

7. 举行交车仪式

举行交车仪式（图7-8）的作用是可给客户留下一次难忘的、满意的交车经历，提高客户满意度，与客户建立长期的合作关系。

学习笔记

交车确认单

车主姓名：_____　　移动电话：_____

车　　型：_____　　固定电话：_____

VIN号码：_____　　车　　色：_____

发动机号码：_____　　临时号牌：_____

内饰颜色：_____　　交车日期：_____

地　　址：_____

身份证号码：_____

备　　注：_____

首先感谢您对誉诚比亚迪公司的厚爱，并恭喜您拥有了这样一部好车并开始享受更加美好的生活．在您使用这部车之前，让我们来为您的爱车做点交与说明．谢谢您！

1. 合格证 ☐　　　　　　2. 发　票 ☐

3. 保养手册 ☐　　　　　4. 说明书 ☐

5. 光盘说明 ☐　　　　　6. 警示牌 ☐

7. 轮胎扳手 ☐　　　　　8. 备　胎 ☐

9. 钥匙两把 ☐　　　　　10. 点烟器 ☐

11. 千斤顶 ☐　　　　　12. 牵引钩 ☐

_____

注明：此车内饰外观完好无损！

销售顾问确认：_____　　客户确认：_____

日期：___年___月___日　　　日期：___年___月___日

图7-7　交车确认单

图7-8　交车仪式

学习笔记

（1）将客户及随行人员引导至新车旁，向客户赠送鲜花并一起拍摄纪念照；也可安排其他小活动，如赠送小礼品或爱车小贴士、让客户亲手为爱车绑上红丝带等。

（2）介绍参加仪式的所有工作人员，以便日后交流。

（3）邀请客户推荐朋友、同事前来赏车、试车。

（4）再次恭喜和感谢客户。

（5）列队欢送客户离店，直至客户视线范围。

 职场案例

职场案例——热情交车

汽车销售顾问：赵小姐，您好，欢迎再次光临。今天是交车的日子，也是值得庆贺的日子。从今天开始，有车的日子会让您的生活更有意义。

客户：我也是这样想的。

汽车销售顾问：赵小姐，我今天才发现，这款车配上您如果用两个字来形容，就是"绝配"，只有您这样的气质配上这款车，才能体现车的高贵和您的气质。

客户：你过奖了。

汽车销售顾问：这是我的真心话。不论从色彩、造型上，还是从其他的方面来看都体现了一种高贵的品质，要不您怎么千挑万选最终选择了这款车呢！

客户：当然还是你们销售得到位，让我有机会与这款车结缘。

汽车销售顾问：是啊！我们也相信当您驱车前往公司时，会有更多的目光关注您及这款漂亮的车。

客户：你再说我都有些不好意思了。

真诚服务

职场素养—真诚服务

韩师傅是一位朴实的企业员工，他已经多次来到吉利4S店看车，今天他准备提车，汽车销售顾问小赵负责接待他。

韩师傅选中的是一款吉利远景，小赵了解到韩师傅的年收入不高，本打算过几年再买车，但是3个月前，韩师傅的妻子被查出得了癌症，处于晚期，医生告诉他他的妻子估计还有半年的生命期，韩师傅如五雷轰顶，在积极给妻子治疗的同时，他在想如何让妻子在有限的时间内实现她最大的梦想。妻子曾经跟他说，过几年等钱攒够了，买一辆车一起去看大海。现在，他想提前买车，圆妻子的看海梦。于是，韩师傅就开始了他的买车计划。

教师寄语

接待韩师傅的汽车销售顾问小赵为他推荐了经济实惠的吉利远景汽车，并向销售经理申请了最优惠的价格，韩师傅对价格、车都非常满意，今天他高高兴兴地来提车。

小赵准备好了交车仪式，全体员工都来祝贺，小赵把交车照片做成了微信长图，在上面加上韩师傅与妻子的合影，以及每一位员工给韩师傅和妻子的祝福，还拍了一段小视频，每位员工都说了一段话送给韩师傅和他的妻子。韩师傅把微信长图放在朋友圈里，得到了亲朋好友的众多祝福，并称赞4S店的人文关怀。韩师傅妻子看到后，感动得哭了，感觉病都好了一些。韩师傅出发当天，开着车第一站来到4S店，感谢大家对他和妻子的关心，员工们也祝他们一路顺利、快乐，小赵让韩师傅多拍些照片，他会把他们的故事放在企业的微信公众号里。

从这个案例中你得到了什么启示？

步骤4：交车后的工作

完成新车交付后，汽车销售顾问应及时对客户的资料进行整理归档，并配合公司其他部门对客户进行定期的回访跟踪。

视频：交车后
的工作

1. 客户档案内容

（1）基本信息：客户姓名、地址、邮政编码、联系电话、与销售企业建立关系日期、联系记录、交易记录。

（2）其他信息：尽可能详细的客户背景，如家庭状况、从事职业、经济状况、兴趣爱好、用车记录等。

对于企业购车，则还应包括法定代表人姓名、注册资金、生产经营范围、经营状况等信息。

2. 客户档案处理

处理客户档案时应注意将客户所有的资料统一放入档案袋，以便日后的信息查阅、检查与客户关系的维系。客户档案分别由销售部门（汽车销售顾问）保留一份，作为客户关系维护的依据；移交客服一份，便于售后的客户回访与关怀；交给售后服务部门一份，以便日后的维修、维护的对接。

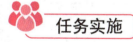 **任务实施**

结合1+X证书-"汽车营销评估与金融保险服务技术"模块-汽车销售流程-交车对技术和知识的要求标准，以学习小组为单位，讨论制订工作计划，小组成员合理分工，完成任务并记录。

项目七	交车与售后服务		任务1		完美交车	
组别（姓名）				成绩		日期
接受任务	汽车销售顾问晓宁终于卖出了第一辆新车。明天就是客户的提车日，她打算给顾客一个难忘的交车体验，你也来完成这个任务吧。					

学习笔记

续表

小组分工			知识检测
场地及工具			

	序号	工作流程	操作要点
制订计划	1	交车前准备	
	2	交车流程	
	3	交车仪式设计	
	4	交车后工作	

实施过程	实施要求： （1）完成计划中相应的操作要点； （2）天气、时间等以授课当天为准，每个小组派出一名同学扮演汽车销售顾问，一名同学扮演客户，一组的汽车销售顾问接待二组的客户，整个小组合作轮流完成交车任务并录制视频； （3）根据评价指标，小组内、小组间、教师进行评价； （4）将视频及设计话术上传到平台。
任务完成情况反馈	

任务评价

任务名称		交车				
考核项目		评分要求	分值 100	实际得分		扣分 原因
				内部 评价	外部 评价	
素质评价	学习态度	态度积极，认真完成任务	4			
	语言表达	表达流畅，内容有条理、逻辑性强；用词准确、恰当，语调语气得当	4			
	团结协作	分工协作，安排合理，责任人明确	4			
	创新能力	交车仪式展示时具有创新性思维	4			
	职业素养	认真细致，贴心服务	4			
过程评价	技能评价	1. 交付车辆外观及发动机舱干净、整洁	2			
		2. 提前准备好交车所需的文件	2			
		3. 在交车前一日，打电话告知客户到车情况并和客户约定交车时间及提醒提车所需手续	3			
		4. 引导客户入座，适当寒暄后向客户概述交车流程	3			
		5. 提交文件及说明费用	3			
		6. 陪同客户完成车辆的检查、验收	10			
		7. 介绍车辆的具体操作、使用注意事项、维修保养常识等	3			
		8. 签订交车合同并按照交车确认单与客户确认交车事项	3			
		9. 在讲解过程中不断向客户确认是否已清楚了解	2			
		10. 征得客户同意，用胶贴将经销商的联络方式贴于驾驶室的合适位置	2			
		11. 在专门的交车区进行交车仪式	10			
		12. 在交车完毕后请客户填写车主问卷调查表，包含满意度和车主基本信息的调查	2			
		13. 整个手续办理完毕后，送客户至展厅外	2			
		14. 预测客户到达目的地的时间，并主动致电以确认客户安全到达	3			

学习笔记

续表

| 考核项目 | | 评分要求 | 分值
100 | 实际得分 | | 扣分
原因 |
				内部 评价	外部 评价	
结果评价	知识掌握	扫描"任务实施"中的知识检测二维码，检测知识掌握情况	20			
	工单质量 实施计划	要点齐全、准确、可执行，填写认真	5			
	工单质量 任务反馈	完成任务，反馈及时有效	2			
	工单质量 填写质量	记录规范、书写整洁	3			
	总分	100分				

任务小结

　　交车是客户最为关注的环节，也是汽车销售顾问与客户保持良好关系的开始，在这一环节可以让客户对品牌及产品的销售和服务有高度的认同，进而提升客户的满意度。因此，汽车销售顾问要熟悉交车过程，做好交车工作。本任务从交车前准备、交车流程实施及交车后工作三个方面，为客户提供贴心服务，带给客户完美的交车体验。本任务知识体系图如图7-9所示。

图7-9　项目七任务1知识体系图

巩固创新与拓展

一、任务巩固

完成练习，巩固所学知识。

学习笔记

二、任务创新

客户明天要提车,请你设计一个交车仪式,达到为客户制造惊喜、提升客户满意度的目的。

三、学习拓展

爱岗篇——交车认真细致

汽车销售顾问小张曾经为了交一辆迈腾汽车,为那个客户换了4辆车。因为那年夏天下冰雹,厂家的车库是露天的,结果导致那批车的车身或多或少都有轻微的坑,其实事先小张是检查过车的,但是迈腾汽车从车盖到 ABC 柱都粘有白膜,这层保护膜不能事前撕掉,以防止客户不满意,所以有几个小坑在白膜的下面,客户刚一撕开车盖白膜,就看到一个小坑。小张只好为客户换车。储运员用了40分钟帮小张换了一辆车。客户撕开白膜,还是有坑,于是小张又花了40分钟换了另一辆车,但还是有坑;换到了第4辆车,小张已经很不好意思。好在客户对第4辆车很满意,小张这才把车交付客户。最后小张为这个客户介绍如何使用和保养汽车,然后介绍了店里的服务顾问给他,并拍照送花,客户才感谢地走了。

教师寄语

从此案例中,你得到什么启示?

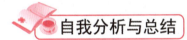 **自我分析与总结**

学生改错	学习收获	学习完成度	
		自我成就	我理解了
			我学会了
			我完成了
		同学认可	(小组贡献、树立榜样、进步方面等)
		教师鼓励	(突出表现、进步方面、重要创新等)

学生总结及目标

任务2 售后服务

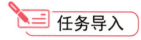

任务导入

　　汽车销售顾问晓宁的客户王先生购车不久，打电话给晓宁，说："这辆车的售后服务人员态度很差，跟你当初介绍的完全不一样！"晓宁问他是怎么回事，他说他开车的时候，老听到车身有异响，于是就给售后服务人员打电话，售后服务人员说这是正常的现象。他朋友们都说这不太正常。他又第二次打电话，结果售后服务人员说之前已经回答过了，有异响是正常现象，就挂了电话。面对客户的不满，晓宁该怎么办呢？

任务分析

　　很多汽车销售顾问会认为客户把车提走后，自己的工作就结束了，至于用车过程中出现的问题，由售后部门负责，售后服务人员态度差，自己没权限管。虽然客户抱怨和投诉的对象是售后部门，但影响的却是整个店方的形象和声誉，所以要把销售成功作为销售的开始，不仅要对成交以及未成交的客户进行定期回访跟踪，还要处理好客户用车过程中存在的问题，从而才能获得忠实客户和潜在客户的机会。

学习目标

【知识目标】

（1）熟知如何为客户提供满意的售后服务；

（2）掌握未成交和已成交客户的回访跟踪方法；

（3）掌握处理投诉的方法和技巧。

【能力目标】

（1）具备客户回访能力；

（2）具备客户投诉应对能力。

【素质目标】

（1）具有为客户着想、贴心服务的高度服务意识；

（2）具有服务精益求精的工匠精神。

任务准备

一、工具准备

（1）客户文件资料。
（2）服务跟踪计划。
（3）笔、本、计算器等办公用品。

二、知识储备

根据本任务的要求，结合 1+X 证书-"汽车营销评估与金融保险服务技术"模块-汽车销售流程-后续促进、客户维系对技术和知识的要求标准，确定本任务的知识储备内容及实施要点。

步骤 1：整理客户资料并建档

1. 对于成交客户

（1）汽车销售顾问应该在客户购买车辆后 2 日之内将客户的有关情况整理制表（图 7-10），并建立档案。

图 7-10　整理客户资料

（2）汽车销售顾问应根据客户的档案资料，分析客户对保养、维修等其他相关方面的服务需求，列出服务内容，并与企业有关部门进行交接、沟通，如提醒客户按期保养、告知客户公司最新的优惠活动、通知客户享受免费检测项目等。

2. 对于未成交客户

汽车销售顾问应收集客户尽可能多的信息、资料进行整理并制表。

步骤2：划分客户级别

1. 对于成交客户

汽车销售顾问或客服部门相关工作人员应根据客户资料对客户进行级别划分，如普通用户、普通会员、VIP会员等。针对不同等级的客户进行售后跟踪服务，如：针对VIP会员组织郊游活动、针对普通会员每年定期免费检测空调系统、针对普通用户开展爱车养护讲座等。

视频：客户级别
划分

2. 对于未成交客户

汽车销售顾问应按照公司的相关政策，进行意向等级划分与管理。

步骤3：开展跟踪服务

1. 已成交客户的跟踪服务流程

汽车销售企业为提高客户满意度、最大限度地开发企业忠实客户，往往对成交客户的跟踪服务高度重视。为保障售后跟踪服务质量、加强对服务人员的约束，企业往往都有内部制定的跟踪服务流程标准。不同品牌或企业的标准大同小异，如图7-11所示。

视频：跟踪服务
的开展

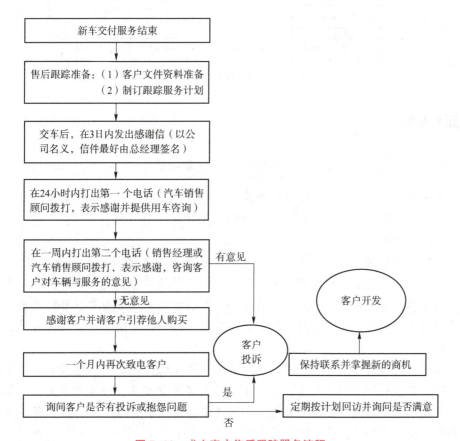

图7-11　成交客户售后跟踪服务流程

学习笔记

视频：售后跟踪
服务的流程

2. 未成交客户的跟踪服务流程

未成交客户是汽车销售顾问的主要潜在客户。种种原因导致客户购买信心不足，因而没有成交，他们之中有些是由于价格没有达到预期值，有些是对产品车型了解不够，还有疑问，有些是在不同产品车型之间犹豫不决，有些则在对比不同店家的优惠政策等。因此，对于未成交客户，汽车销售顾问要利用好手中的客户资料、客户意向管理表，对客户进行分级跟踪，尽可能促成交易。未成交客户跟踪服务流程如图7-12所示。

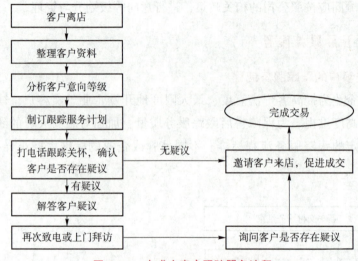

图 7-12 未成交客户跟踪服务流程

跟大师学

乔·吉拉德——汽车销售

乔·吉拉德在销售汽车的过程中除了很用心、很仔细地将整洁的车辆交给客户外，在交车时以及交车以后他还会做以下几件事，即一照、二卡、三邀请、四礼、五电、六经访。

一照：是指在将车辆交给客户的那一刻，除了将车钥匙、证件交给客户外，乔·吉拉德还会同客户和客户的新车一起拍张合影照片；拍完照片后，乔·吉拉德会尽快地洗出照片送给客户，以致过了相当长的时间，每当客户看到或者其他人看到这张照片时，都会引起一段美好的回忆，这一点帮助乔·吉拉德赢得了不少的订单。

二卡：是指两张卡片。第一张卡片是关于购车的交易过程，包括车辆以后的维修记录等，叫作车辆管理卡；第二张卡片是客户管理卡，与客户有关，记录所有与客户有关的信息，如客户的姓名、出生日期、喜好、家里有几个孩子、在哪里念书、太太在哪儿工作等，这些全部被列为管理内容。

三邀请：是指乔·吉拉德每年利用年会、文化活动等机会邀请客户到公司三次，客户到来后，首先到车间去保养和检查车辆，然后回到汽车展示中心，把新车及其相关的信息再向客户进行介绍。

四礼：是指一年当中有四次从礼貌的角度出发去拜访客户，包括生日、节假日等。

五电：是指一年当中要给客户最少打五次电话，询问客户车况如何、什么时间来进行维修保养等，同时打电话问候客户。

六经访：是指一年当中基本上每两个月要去登门拜访一次，感谢客户买车。

步骤4：跟踪回访（图7-13）

图7-13 跟踪回访

1. 成交客户的跟踪回访范例

1）首次回访

（1）回访人员：汽车销售顾问。

（2）回访时间：购车当日或第二天。一般上午交车，下午回访；下午交车，次日上午回访。

注意：如果在工作日回访，应避免在上班时间的前后半小时内及下班前十分钟回访，以免给客户带来不便，一般晚上19:00—20:00回访最佳。

（3）回访内容。

①以问候为主。

②询问客户用车情况，如是否仍存在使用方面的问题。

③告知客户随后会有客户服务部门同事的电话回访。

 案例分析

案例展示——首次回访

汽车销售顾问："您好！××女士/先生！我是（今天/昨天）刚为您提供交车服务的汽车销售顾问小刘。请问您现在接电话方便吗？"

 学习笔记

1. 情况一

客户："方便。"

汽车销售顾问："您驾车回去的路上挺顺利的吧？感觉车辆操控起来还习惯吗？在使用方面有没有不清楚或想要进一步了解的地方呢？如果现在没有的话也没关系，请您记住我的号码和我们公司的电话，今后有什么疑问可以随时打电话过来，我们将竭诚为您服务。对了，稍后我们公司客户服务部门会对您进行一个简短的电话回访，确认您购车和用车的相关事宜。如果打扰到您，还请见谅。最后，祝您用车愉快，非常感谢您对我工作的支持！"

2. 情形二

客户："现在正在忙，不方便。"

汽车销售顾问："不好意思，打扰您了。您看您大概什么时间方便，到时候我再打给您。"

2）三天后的回访

（1）回访人员：客户服务部门回访专员。

（2）回访时间：交车之后的第三天。

（3）回访内容：客户满意度调查。

①询问客户对公司、汽车销售顾问的服务是否满意。

②记录客户投诉的内容，并负责监督投诉处理情况，最后将处理措施告知客户，询问对处理结果是否满意。

③告知客户售后服务部门的联系方式，并提醒客户预约。

④提醒客户稍后汽车品牌公司的回访计划。

3）一周内的回访

（1）回访人员：汽车销售顾问。

（2）回访时间：交车后一周内。

（3）回访内容。

①了解客户车辆使用情况。

② 提醒客户车辆的一些特殊功能。

③对交车之后的后续用车事项表示关心。

 案例分析

案例展示——一周内回访

汽车销售顾问："××先生/女士，您好！不好意思，打扰您了，我是您的汽车销售顾问小刘，您现在接电话方便吗？"

客户："方便。"

汽车销售顾问："您的爱车已经使用一周了，您对车况还满意吗？对于车辆的各项使用功能在操作上还有疑问吗？××（特殊功能）用得习惯吗？如果没有问题，请允许我向您做出下列 提醒：您的爱车在走合期内请尽可能避免载荷过重、

转速和车速过高行驶,一般车速应控制在 80 km/h 以内;您在购车后 3 个月或行驶 5 000 km 左右(不同品牌要求不同)后来店做免费首保,到时候您记得提前打电话与服务顾问预约,这样可以节约您的宝贵时间。再次感谢您对我工作的支持,今后若您对车辆有任何疑问或者有任何宝贵意见及建议,都可以及时跟我们联系。谢谢您!再见!"

4)一个月内的回访

(1)回访人员:汽车销售顾问或销售经理。

(2)回访时间:交车后一个月左右。

(3)回访内容:询问车辆使用情况、行驶里程并表示前几次回访的感谢。

 **案例分析**

案例展示——一个月内回访

　　汽车销售顾问:"××先生/女士,您好!不好意思,打扰您了!我是您的汽车销售顾问××(或××4S 店销售主管××),请问您接电话方便吗?"

　　客户:"方便。"

　　汽车销售顾问:"非常感谢您选择在我店购买××车辆!请问您这段时间车辆使用得还顺利吗?有哪些地方您觉得我们需要改进?不知道您现在车辆行驶了多少公里了呢?请您记得在行驶 5 000 km 左右(不同品牌要求不同)后来店里为您的爱车做免费首保哦!"

5)三个月内的回访

(1)回访人员:服务顾问或客户服务部门回访专员。

(2)回访时间:交车后三个月左右。

(3)回访内容:进行首保与预约提醒。

 **案例分析**

案例展示——三个月内回访

　　汽车销售顾问:"××先生/女士,您好!不好意思,打扰您了!我是您的汽车销售顾问××(或××4S 店销售主管××),请问您接电话方便吗?"

　　客户:"方便。"

　　汽车销售顾问:"××先生,您的爱车已使用 3 个月左右了,已经完成了走合期的磨合,不知道您的首保是否已经完成。如果没有的话,我现在可以帮您做一个首保的预约,这样不仅可以为您节约宝贵的时间,也可以让您得到更周到的服务!"

6）不定期的回访

（1）回访人员：客户服务部门回访专员。

（2）回访时间：一年左右以及客户生日、会员日、节假日、公司活动日。

（3）回访内容：一年左右时——主要进行续保提醒；客户生日、节假日——对客户表示问候与关怀；会员日、公司活动日——告知客户活动的具体内容，邀约客户来店参加活动等。

 案例分析

> ### 案例展示——不定期回访
>
> 客户服务部门回访专员："××先生/女士，您好！不好意思，打扰您了！我是××4S店的回访专员××，请问您现在接电话方便吗？"
>
> 客户："方便。"
>
> 客户服务部门回访专员："是这样的，我们公司将在4月20号举办一次大型的回请老客户活动，届时您到店就可以享受免费空调检查、维护的项目。"

2. 未成交客户的跟踪回访范例

由于汽车产品属于昂贵产品，加上目前汽车市场同级别可供选择的产品类别、品牌众多，所以在汽车销售过程中，一次成交的客户为数不多。对于接触之后未成交的客户，汽车销售顾问的工作重点是通过回访了解客户的相关信息、提供解决客户问题的方案、推荐其他合适的服务、邀约客户再次来店洽谈。

对未成交客户回访的关键是能够在恰当的时机，利用适宜的开场白，让客户消除戒备心理而有兴趣继续交流下去。回访的目的主要是了解客户的真实想法，将客户邀至店内或上门拜访面谈，从而创造再次销售的机会。

精益求精

> ### 工匠精神——服务精益求精
>
> 十九大报告中提到"建设知识型、技能型、创新型劳动者大军，弘扬劳模精神和工匠精神，营造劳动光荣的社会风尚和精益求精的敬业风气"。湖南力天林肯中心的员工张蓓对此感触很深，她说："虽然我不是技术工人，但我在日常的工作和服务中也要学习这样的精神，做到让客户满意。"
>
> 张蓓一直从事销售工作，进入行业已有7年时间。张蓓隶属于电销组，主要对通过网络、广告等渠道收集到的潜在客户进行电话回访，有时一天要回访近百名客户，哪怕客户不耐烦，依然要保持温柔耐心。她日常还需要对客户信息进行维护，并定期回访。
>
> "如有些客户喜欢通过微信的方式联络，有些客户则喜欢用电话的方式联络。"张蓓会仔细地对客户的喜好进行细分，以便与客户进行良好的沟通。她说，即便是朋友圈的广告也很有讲究，选择哪个时间点发布的效果更好、何时与客户联系，她都有自己的心得。

力天林肯中心一直致力于为客户提供个性化的服务，在中国市场开创了"林肯之道"，提供量身定制的个性化体验，与客户建立持久而良好的密切关系。"林肯之道"会在各个细节处得以体现，包括可以令客人仿佛回到家中的客厅般的茶室、带有量身定制技术的个性化定制中心以及高透明度的销售和服务流程。

张蓓的笑容很有感染力，她说，从客户进店开始，便为客户提供多对一的服务，从保安的初步接待，到前台、招待，打造"五星级酒店"般的客户服务，让客户有一种宾至如归的体验。

张蓓觉得："哪怕已经工作多年，依然应该对工作保持激情，对客户充满热情，观察细节，细致入微地了解客户需求。"而正是她对服务的执着苛求，对客户的体贴入微，使她的单月销售业绩出色。在张蓓的眼里，服务行业同样需要工匠精神，只有孜孜不倦地追求，精益求精，才能在激发自我潜能的同时证明自我的价值，创造更美好的生活。

步骤 5：处理客户问题

1. 分析原因

当客户在接受服务的过程中进行投诉时，其原因可能有很多。投诉的行为一旦发生，无论是对客户还是对经销店，都是一件不愉快的事情。客户投诉的原因一般有三个方面：对车辆产品本身，对汽车销售顾问的服务态度以及对企业的管理、制度等的投诉。客户投诉原因的具体表现主要有以下几个方面。

视频：投诉原因

（1）汽车销售顾问的服务态度。

汽车销售顾问在与客户接触的过程中可能服务不够热情、不够耐心，服务礼仪不够规范或客户没有得到及时的接待等。

（2）销售时的承诺未兑现。

汽车销售顾问的承诺由于种种原因未能够在成交时兑现，如未按期交车、未能按约定提供试乘试驾服务等。

（3）汽车销售顾问介绍产品和服务时过分夸大，使客户期望值过高，未能得到满足。

（4）客户未能正确理解相关规定条款，如对保修条款、服务产品的说明理解得不正确。

（5）产品出现问题。

客户不正确的使用或对产品性能不熟悉而误操作，导致产品出现问题；或产品本身出现问题。

有研究资料指出，客户就像经销店的免费广告，当一位客户有好的体验时会带来5位其他客户，但是也会将一个不好的体验告诉20位其他客户。因此，如何让客户成为经销店的免费宣传媒介，使经销店不断发展下去，在一定程度上有赖于经销店服务人员能否谨慎处理客户的投诉。

2. 客户问题处理流程

处理客户投诉的一般流程如图 7-14 所示。

视频：客户投诉处理

学习笔记

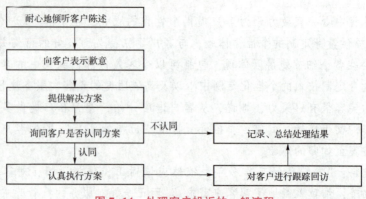

图 7-14 处理客户投诉的一般流程

思路拓展

思路拓展——处理客户投诉的技巧

（1）树立正确的观念。

①没有投诉就没有进步。应对客户的投诉持欢迎态度，不应一开始就从心里产生抵触。应该认识到，没有客户的投诉，就很难发现、暴露企业或工作人员的问题与不足，就没有进步的空间。

②只有自己的错，没有客户的错。对于企业或自己的一些不足造成的投诉，应该勇于承认、承担责任；即使是客户的误解，也应该认为是自己解释不够或工作没做到位造成的。在这样的观念下，才能积极、耐心地为客户解决问题，感化客户，取得客户的谅解与信任。

（2）耐心倾听。客户大多希望通过投诉得到"尊重、重视、补偿、发泄"。倾听是对客户最好的安慰，因此，在客户陈述投诉内容时，不管投诉内容是否属于企业或工作人员的责任，都不应该贸然打断。

（3）提供多种解决方案供客户选择。为客户提供多种解决方案，能够使客户感觉到被重视、被尊重，无形中平复了客户的不满与气愤。

（4）及时执行令客户满意的方案。在允许的范围内，最大限度地满足客户需求是处理客户投诉的宗旨。因此，当客户认同解决方案后，应该及时执行，使客户得到心理和物质需求的双重满足。

提示引导

视频：处理客户投诉的技巧与注意事项

提示引导——处理客户投诉注意事项

（1）将心比心，把自己置身于客户的处境考虑问题。

（2）对客户投诉予以及时处理。

（3）对于不属于我方造成的问题，可采取以下方法。

①不与客户争执、冲突。

②耐心地向客户解释，解释时注意措辞。

③在企业允许的范围内帮助客户解决问题。

任务实施

结合1+X证书-"汽车营销评估与金融保险服务技术"模块-汽车销售流程-后续促进、客户维系对技术和知识的要求标准，以学习小组为单位，讨论制订工作计划，小组成员合理分工，完成任务并记录。

项目七	交车与售后服务	任务2	售后服务		
组别（姓名）			成绩	日期	
接受任务	汽车销售顾问晓宁的客户王先生购车不久，打电话对晓宁说："这款车的售后服务人员态度很差，跟当初介绍的完全不一样！"晓宁问他是怎么一回事，他说他开车时，老听到车身有异响，之后给售后服务人员打电话，售后服务人员说这是正常的现象。他的朋友们都说这不太正常，他又第二次打电话，结果售后服务人员说之前已经回答过了，有异响是正常现象，就挂了电话。面对客户的投诉，晓宁该怎么办呢？				
小组分工			知识检测		
场地及工具					

	序号	工作流程	操作要点		
制订计划	1	处理方案设计	（可自行附加单页）		
	2	跟踪回访设计	（可自行附加单页）		

实施过程	实施要求： （1）完成计划中相应的操作要点； （2）天气、时间等以授课当天为准，每个小组派出一名同学扮演汽车销售顾问，一名同学扮演客户，一组的汽车销售顾问接待二组的客户，轮流完成各小组的客户问题处理及跟踪任务并录制视频； （3）根据评价指标，小组内、小组间、教师进行评价； （4）将视频及设计话术上传到平台。
任务完成情况反馈	

学习笔记

任务评价

任务名称			售后服务			
考核项目		评分要求	分值 100	实际得分		扣分 原因
				内部 评价	外部 评价	
素质评价	学习态度	态度积极，认真完成任务	4			
	语言表达	表达流畅，内容有条理、逻辑性强；用词准确、恰当，语调语气得当	4			
	团结协作	分工协作，安排合理，责任人明确	4			
	创新能力	成果展示时具有创新性思维	4			
	职业素养	真诚服务，精益求精	4			
过程评价	技能评价 — 异议处理	1. 耐心地倾听客户陈述	5			
		2. 向客户表示歉意	5			
		3. 提供解决方案	10			
		4. 询问客户是否认同方案	5			
	技能评价 — 跟踪回访	5. 在回访跟踪时是否准备好话术，做到有准备地打电话	10			
		6. 了解客户的车辆使用情况并及时解答客户在用车时遇到的问题	5			
		7. 如遇到不懂的问题，征询相关人员后再给予回答	5			
		8. 回访跟踪完毕后及时在 DMS 系统中记录回访信息	5			
结果评价	知识掌握	扫描"任务实施"中的知识检测二维码，检测知识掌握情况	20			
	工单质量 — 实施计划	要点齐全、准确、可执行，填写认真	5			
	工单质量 — 任务反馈	完成任务，反馈及时有效	2			
	工单质量 — 填写质量	记录规范、书写整洁	3			
总分		100分				

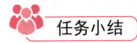 任务小结

　　汽车售出后，售后服务能够提高客户满意度，培养忠诚客户，这是每一名汽车销售顾问不能忽视的工作。客户的投诉对企业来说比较棘手，但是用积极的心态、真诚的服务同样能为企业换来高满意度。本任务主要完成成交客户与未成交客户的回访跟踪服务及客户投诉问题处理。本任务知识体系图如图 7-15 所示。

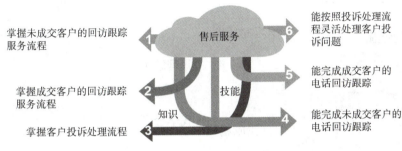

图 7-15　项目七任务 2 知识体系图

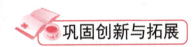 巩固创新与拓展

一、任务巩固

完成练习，巩固所学知识。

二、任务创新

　　客户张先生已经提车，汽车销售顾问需要按时进行回访跟踪服务，你作为汽车销售顾问，请按照回访跟踪服务流程进行电话回访和短信回访。在准备好回访话术的同时，还需要针对可能出现的客户投诉问题做好相关工作。

三、学习拓展

职场法则——250 定律

　　美国汽车销售大王乔·吉拉德说："买过我的汽车的客户都会帮我推销。"他的60%的业绩就来自老客户及老客户推荐的客户。他有一个著名的 250 定律，就是在每个

学习笔记　客户的背后都有"250个人"，这些人是他们的亲戚、朋友、同事、邻居。如果你能发挥自己的才能，拥有一个客户，就等于拥有了250个关系，其中，就有可能有要购买你的产品的人。

　　从250定律中，你学到了什么？

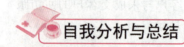

自我分析与总结

学生改错			
	学习完成度		
	学习收获	自我成就	我理解了
			我学会了
			我完成了
		同学认可	（小组贡献、树立榜样、进步方面等）
		教师鼓励	（突出表现、进步方面、重要创新等）

学生总结及目标

项目学习成果实施与测评

项目学习成果名称：交车与售后服务			
班级：	组别（姓名）：		成绩：

小组分工		知识检测	
场地及工具			

一、接受任务

客户周女士是一位刚入职的国企白领，她比较关注汽车的外观、智能科技以及安全性，已经签约购买了北京 EU7 汽车，打算明天提车，你作为一名汽车销售顾问，请做好交车工作并在当天进行回访。

二、任务准备

1. 交车前准备

2. 交车流程

3. 交车仪式要点

4. 交车回访要点

三、制订计划

序号	工作流程	操作要点
1	交车前准备	

📝学习笔记

序号	工作流程	操作要点
2	交车流程	（可自行附加单页）
3	交车仪式设计	（可自行附加单页）
4	交车当天回访	（可自行附加单页）

四、任务实施

（1）完成计划中相应的操作要点；

（2）天气、时间等以授课当天为准，每个小组派出一名同学扮演汽车销售顾问，一名同学扮演客户，一组的汽车销售顾问接待二组的客户，轮流完成交车及回访任务并录制视频；

（3）根据评价指标，小组内、小组间、教师进行评价；

（4）将视频及设计话术上传到平台。

五、质量检查

根据实施评价标准检查项目完成情况，并针对实训过程中出现的问题提出改进措施及建议。

六、反思总结

任务完成情况	
团队合作情况	
通过实训创新思维及接打电话能力有何变化	
需要改善的方面	

学习笔记

项目成果评价标准

项目名称			交车与售后服务				
考核项目			评分要求	分值 100	实际得分		扣分 原因
					内部 评价	外部 评价	
过程评价	素质评价	学习态度	态度积极，认真完成任务	4			
		语言表达	表达流畅，内容有条理、逻辑性强；用词准确、恰当，语调语气得当	4			
		团结协作	分工协作，安排合理，责任人明确	4			
		创新能力	成果展示时具有创新性思维	4			
		职业素养	真诚服务，专业规范，认真细致	4			
		交车	1. 交付的车辆干净、整洁	3			
			2. 提前准备好交车所需的文件	3			
			3. 引导客户入座，适当寒暄后向客户概述交车流程	3			
			4. 提交文件及说明费用	3			
			5. 陪同客户完成车辆的检验	3			
			6. 介绍车辆的具体操作、使用注意事项，维修保养常识等项目	8			
			7. 签订交车合同并按照交车确认单与客户确认交车事项	3			
			8. 在讲解过程中不断向客户确认是否清楚了解	3			
			9. 经客户同意，用胶贴将经销商的联络方式贴于驾驶室的合适位置	3			
			10. 在交车区进行交车仪式	3			
			11. 在交车完毕后请客户填写车主调查问卷，包含满意度和车主基本信息的调查	3			
		回访	12. 问候客户	3			
			13. 询问客户用车情况及是否存在使用方面的问题。	3			
			14. 耐心回答客户的问题	3			
			15. 告知客户随后会有客户服务部门同事的电话回访	3			

学习笔记

续表

考核项目			评分要求	分值100	实际得分		扣分原因
					内部评价	外部评价	
结果评价	知识掌握		扫描"任务实施"中的知识检测二维码，检测知识掌握情况	20			
	工单质量	实施计划	要点齐全、准确、可执行，填写认真	5			
		任务反馈	完成任务，反馈及时有效	2			
		填写质量	记录规范、书写整洁	3			
总分			100分				

参 考 文 献

[1] 刘秀荣. 汽车顾问式销售 [M]. 北京：机械工业出版社，2019.

[2] 官腾. 汽车营销实务 [M]. 镇江：江苏大学出版社，2017.

[3] 林绪东. 汽车销售实用教程 [M]. 北京：机械工业出版社，2021.

[4] 程艳. 汽车销售实务 [M]. 北京：北京理工大学出版社，2016.

[5] 姚丽萍. 汽车销售实务 [M]. 大连：大连理工大学出版社，2020.

[6] 刘娟. 汽车服务礼仪 [M]. 北京：航空工业出版社，2017.